A principis de 1995 el Comitè d'Organització del XIX Congrés de la Unió Internacional d'Arquitectes i les administracions públiques locals van seleccionar tres emplaçaments amb programes representatius dels reptes que es plantegen avui a la pràctica professional, i que s'havien d'oferir a l'especulació projectual d'arquitectes i estudiants d'arquitectura de tot el món. Els tres emplaçaments i programes escollits donaven peu a opinar i a elaborar propostes concretes al voltant del tema central de reflexió del Congrés: el paper que pot tenir l'arquitectura —els arquitectes— en els processos de transformació de les àrees urbanes de tot el món, i es concebien així com una forma de participació en el Congrés, mesos abans que aquest tingués lloc.

Els tres emplaçaments i els seus programes plantegen qüestions d'una important transcedència per a la configuració canviant de Barcelona: la substitució del vell teixit de la ciutat per nous models urbans —una experiència que no és nova en aquesta ciutat i que és compartida per la major part de ciutats amb centres històrics—, la reestructuració urbanística d'importants espais residuals o infrautilitzats a zones que han adquirit una nova centralitat, i la definició de territoris perifèrics que poden jugar un nou paper en l'activitat econòmica de la regió a les properes dècades.

La present publicació recull una part dels resultats d'aquesta consulta. L'elevat nombre de projectes presentats —prop de 1.500— i la diversitat de la seva procedència fan que aquests resultats siguin extremadament variats i difícils d'agrupar o de categoritzar. Com a resposta a aquesta diversitat, la selecció publicada a les pàgines següents correspon a la primera fase del procés de selecció dels diversos jurats, basada en les preferències individuals de cadascun dels seus membres. Es tracta per tant d'una visió plural i heterogènia, representativa del gran ventall de solucions presentades.

In early 1995, the Organi
International Union of Arc
sites with briefs represen
set before architects and
speculation in the form of
encouraged participants to express their opinions and draw up specific proposals on the main theme of reflection of the Congress: the potential role of architecture —of architects— in the processes of transforming urban areas the world over. They were thus conceived as a way of participation in the Congress months before it actually took place.

The three sites and their respective briefs bring up important questions for the changing configuration of Barcelona: the substitution of the old city fabric by new urban models —not a new experience in this city, but one which is shared by most cities with historical centres—, the urban redevelopment of large or under-used remnants of land in areas which have acquired a new centrality, and the definition of peripheral territories which could have a new role to play in the region's economy in coming decades.

This publication brings together some of the results of this consultation. The high number of projects presented —almost 1,500— and the fact that they come from many different countries make them extremely varied and difficult to group or categorize. In response to this diversity, the selection published in the following pages corresponds to the initial phase of selection by the various juries, based on the individual preferences of each of their members. It is therefore a plural, heterogeneous view, representing the wide range of solutions presented.

A principios de 1995, el Comité de Organización del XIX Congreso de la Unión Internacional de Arquitectos y las administraciones públicas locales seleccionaron tres emplazamientos con programas representativos de los retos que se plantean hoy en la práctica profesional, y que se tenían que ofrecer a la especulación proyectual de arquitectos y estudiantes de arquitectura de todo el mundo. Los tres emplazamientos y programas escogidos daban pie a opinar y elaborar propuestas concretas alrededor del tema central de reflexión del Congreso: el papel que puede tener la arquitectura —los arquitectos— en los procesos de transformación de las áreas urbanas de todo el mundo, por lo que se concebían como una forma de participación en el Congreso, meses antes de que éste se celebrase.

Los tres emplazamientos y sus programas plantean cuestiones de una importante trascendencia para la configuración cambiante de Barcelona: la sustitución del viejo tejido de la ciudad por nuevos modelos urbanos —una experiencia que no es nueva en esta ciudad y que es compartida por la mayor parte de las ciudades con centros históricos—, la reestructuración urbanística de importantes espacios residuales o infrautilizados en zonas que han adquirido una nueva centralidad y la definición de territorios periféricos que pueden desempeñar un nuevo papel en la actividad económica de la región en las próximas décadas.

La presente publicación recoge una parte de los resultados de esta consulta. El elevado número de proyectos presentados —cerca de 1.500— y la diversidad de su procedencia hacen que estos resultados sean extremadamente variados y difíciles de agrupar o de establecer categorías. Como respuesta a esta diversidad, la selección publicada en las páginas siguientes corresponde a la primera fase del proceso de selección de los diversos jurados, basada en las preferencias individuales de cada uno de sus miembros. Se trata por lo tanto de una visión plural y heterogénea, representativa del gran abanico de soluciones presentadas.

Entorn de l'estadi del Futbol Club Barcelona
The environs of the Barcelona Football Club
Entorno del estadio del Fútbol Club Barcelona

Habitatge i espai públic al centre històric de Bracelona
Housing and public space in the historical centre of Barcelona
Vivienda y espacio público en el centro histórico de Barcelona

Àrea de serveis de la Zona d'Activitats Logístiques del Port de Barcelona
Service area for the Logistic Activity Zone of the Port of Barcelona
Área de servicios de la Zona de Actividades Logísticas del Puerto de Barcelona

Amongst the most exciting and gratifying aspects of the competitions which are the subject of this catalogue was that they allowed entrants from all over the world to imagine that they were participating in the ongoing transformation of Barcelona. The thrill this offered was not just because this transformation has been the urban success story of recent times. It is also because this success has been achieved by reversing some of the most destructive aspects of modern architecture and the Charter of Athens. Buildings, and plazas and parks, are once again seen not as isolated self-contained entities but as components integral to that complex larger whole, the city. They must not only sustain the continuities of the city's fabric but also take from it cues as to their form and content, as well as to the way they (re)present themselves.

There were, of course, writers/theorists who had earlier argued the need for architecture to recover this traditional role of 'building the city'; and there were individual architectural works showing how this could be done. But Barcelona was the first, and still only, city-wide demonstration of how to simultaneously build and re-knit the city. By comparison, Berlin's IBA and Paris's Grands Projets are still too much about individual buildings, no matter how much these genuinely contribute to upgrading their cities. The triumph of Barcelona is that the totality of its transformation is more than the sum of its parts, that are often in themselves low key and not particularly distinguished. It is probably the only large scale urban intervention implemented since the early part of the century of which such a claim could be made. As a result, Barcelona has become in every way more whole and healthy; its citizens are better served with a more complete range of public/civic and private sector amenities; the parts of the city are better integrated with each other and with their setting, the sea and the mountains; and previously insalubrious areas (such as El Raval, where one of the competition sites is) have been opened up to light, air, greenery and safe play and strolling away from moving vehicles.

Moreover, because each new intervention has been informed by a sensitivity to the whole, which includes the city's past and its traditions as well as its aspirations for the future, Barcelona has retained its unique Catalan character as well as now being undeniably contemporary. The importance of this goes beyond satisfying any chauvinism and a respect for local history. The homogenisation of the machine age (aptly symbolised in architecture by the International Style) will probably be inverted by successful cities during the globalisation of the information age. Cities in different parts of the world are now in direct competition to attract highly mobile investment and skilled labour; and a prime resource in contributing this attractiveness is quality of life, to which the unique character of a particular city can contribute so much. Whether this was a completely thought out strategy or not, Barcelona has probably invested well for its future by positioning itself prominently in this global competition (including that for tourism, now the largest industry of all).

As it intended, Barcelona has turned the eyes of the world upon itself. Architects elsewhere held it up as an example to be emulated; and student projects set in Barcelona have been a staple of architectural schools throughout Europe. Most current and recently-graduated architectural students and their tutors probably assume they know Barcelona almost as intimately as the city in which they live. However, such student exercises can only partially furnish something that has been essential to Barcelona's successful regeneration: the experience of being part of a larger collaborative process. It was this feeling of contributing to a larger process, as well as their genuinely deep familiarity with the city, that has broadened the concerns of local architects beyond a focus on their own work alone, a dimension missing in the contributions of most foreign architects who built there.

The collaborative process at work in Barcelona is multi-faceted. It includes the collaborations: between the public and private sectors (not least between architects working in the public sector as administrators and strategists, as well as designers, and those in private practice); between proudly responsive citizens and charismatic leaders (such as Mayor Pasqual Maragall and the short-termed but seminal director of public works Oriol Bohigas); between such allied, but too often mutually uncooperative, professions as architects, urban designers, landscape-architects (here often all one and the same person) and traffic, road and sewage engineers;

Uno de los aspectos más emocionantes y gratificantes de los concursos que constituyen el objeto de esta monografía es que han permitido a los concursantes de todo el mundo imaginar que participaban en el proceso aún vigente de transformación de Barcelona. La emoción se justifica no sólo por el hecho de que esta transformación representa el triunfo de la ciudad de los últimos tiempos, sino también porque el éxito se ha conseguido invirtiendo algunos de los aspectos más destructivos de la arquitectura moderna y de la Carta de Atenas. La edificación, las plazas y los parques se han dejado de considerar como entidades independientes y aisladas para volver a ser partes integrantes de una unidad compleja más grande, la ciudad. Además de proporcionar el apoyo necesario para la continuidad del tejido urbano, estas partes tienen que encontrar en este tejido la justificación para su forma, su contenido y la manera como se (re)presentan ellas mismas.

Escritores/teóricos vienen manifestando la necesidad de que la arquitectura recupere el papel de "constructora de la ciudad", y algunas obras han marcado el camino para lograr este objetivo. Pero Barcelona ha sido la primera (y todavía la única) demostración a escala urbana de cómo construir y recoser simultáneamente la ciudad. Al lado de este ejemplo, el IBA de Berlín y los Grands Projets de París todavía se basan excesivamente en la obra individual, independientemente de su relevancia en los procesos de renovación urbana. El éxito de Barcelona radica en que la globalidad de su transformación es más grande que la suma de sus partes (unas partes que a menudo son modestas y no especialmente espectaculares). Quizá ésta es la única transformación llevada a cabo desde principios de siglo de la que se pueda hacer una afirmación semejante. Barcelona se ha hecho así más completa y saludable en todos los sentidos, sus habitantes disfrutan de mejores servicios con un conjunto más completo de equipamientos públicos y privados, las partes de la ciudad están más relacionadas entre ellas y con su entorno, y zonas antiguamente insalubres como El Raval, donde se encuentra uno de los solares de los concursos, se han abierto a la luz, al aire, a la vegetación, permitiendo que zonas de juego y de paseo se separen de los vehículos. Además de todo ello y dado que toda nueva intervención está animada por una sensibilidad hacia la globalidad que incluye tanto el pasado y las tradiciones de la ciudad como sus aspiraciones futuras, Barcelona ha conseguido a la vez ser indiscutiblemente contemporánea y mantener su aire específicamente catalán. La importancia de este hecho va más allá del placer chovinista y del respeto por la historia local: la homogeneización promovida por la era maquinista y simbolizada adecuadamente en arquitectura por el *International Style* seguramente se verá invertida, ante la globalización que promueve la era de la información, por las ciudades más innovadoras. Ciudades de diversas partes del mundo compiten ya de forma directa por atraer unas inversiones y una mano de obra cualificada fluctuantes, y un elemento fundamental en la mejora del atractivo de un emplazamiento es la calidad de vida, en la que el carácter específico de una ciudad desempeña un papel importante.

Tanto si ésta ha sido una estrategia preconcebida en su totalidad como si no, Barcelona ha hecho probablemente una buena inversión de futuro al posicionarse de una manera tan prominente en el contexto de esta competencia mundial (incluida la del turismo, actualmente la principal actividad económica).

Tal como se esperaba, Barcelona ha conseguido que todo el mundo la mirase. Arquitectos de cualquier otra ciudad la han adoptado como modelo, y los proyectos de estudiantes emplazados en Barcelona se han convertido en una parte fundamental de los programas de las escuelas de arquitectura de toda Europa. Para la mayoría de los estudiantes actuales y de los que se han licenciado recientemente, así como para sus profesores, Barcelona es tan familiar como la misma ciudad donde viven. Pero los ejercicios escolares satisfacen en poca medida uno de los aspectos principales del éxito de la regeneración de esta ciudad: la experiencia de formar parte de un amplio proceso de colaboración ciudadana. Este sentimiento de participación en un proceso más amplio, junto con un conocimiento muy cercano de la ciudad, hace que los intereses de los arquitectos locales vaya más allá del trabajo propio —una dimensión que se echaría en falta en la obra de muchos de los arquitectos extranjeros que han construido en la ciudad.

El proceso de colaboración que tiene lugar en Barcelona ha implicado agentes muy diversos. Ha implicado el acuerdo entre el sector público y el privado (y especialmente entre los arquitectos que trabajan para la Administración en cuestiones de planeamiento o de proyectación y los arquitectos con despacho propio); entre ciudadanos orgullosamente sensibilizados y líderes carismáticos (como el alcalde Pasqual Maragall y Oriol Bohigas, el decisivo delegado de servicios de urbanismo, a pesar de que estuviese poco tiempo en el cargo); entre profesiones tan próximas y a menudo tan reticentes a colaborar las unas con las otras como los arquitectos, los urbanistas, los paisajis-

Construint Barcelona
Una ocasió per la participació i la crítica

PETER BUCHANAN

Un dels aspectes més emocionants i gratificants dels concursos que constitueixen l'objecte d'aquesta monografia és que han permès als concursants de tot el món imaginar que participaven en el procés encara vigent de transformació de Barcelona. L'emoció es justifica no només pel fet que aquesta transformació representi el triomf de la ciutat dels darrers temps, sinó també perquè l'èxit s'ha aconseguit capgirant alguns dels aspectes més destructius de l'arquitectura moderna i de la Carta d'Atenes. L'edificació, les places i els parcs han deixat de ser considerats com entitats independents i aïllades per tornar a ser parts integrants d'una unitat complexa major, la ciutat. A més de proporcionar el suport necessari per a la continuïtat del teixit urbà, aquestes parts han de trobar en aquest teixit la justificació per a la seva forma, el seu contingut la manera com es (re)presenten elles mateixes.

Escriptors/teòrics han manifestat anteriorment la necessitat que l'arquitectura recuperés el seu paper de "constructora de la ciutat", i algunes obres han indicat la manera com assolir aquest objectiu. Però Barcelona ha estat la primera (i encara única) demostració a escala urbana de com construir i recosir simultàniament la ciutat. Al costat d'aquest exemple, l'IBA de Berlin i els Grands Projets de París encara es basen excessivament en l'obra individual, independentment de la seva rellevància en els processos de renovació urbana. L'èxit de Barcelona és que la globalitat de la seva transformació és major que la suma de les seves parts (unes parts que sovint són modestes i no especialment espectaculars). Potser aquesta és l'única transformació portada a terme des de principis de segle de la qual se'n pugui fer una afirmació semblant. Barcelona ha esdevingut així més completa i saludable en tots els sentits, els seus habitants gaudeixen de millors serveis amb un conjunt més complet d'equipaments públics i privats, les parts de la ciutat es troben més relacionades entre elles i amb el seu entorn, i zones antigament insalubres com el Raval, on es troba un dels solars dels concursos, s'han obert a la llum, a l'aire, a la vegetació i han permès que zones de joc i de passeig se separin dels vehicles.

A més de tot això, i donat que tota nova intervenció està animada per una sensibilitat per la globalitat que inclou tant el passat i les tradicions de la ciutat com les seves aspiracions futures, Barcelona ha aconseguit simultàniament esdevenir indiscutiblement contemporània i mantenir el seu aire específicament català. La importància d'aquest fet va més enllà del plaer chauvinista i del respecte per la història local: l'homogeneïtzació promoguda per l'era maquinista i simbolitzada adequadament en arquitectura per l'*International Style* es veurà segurament invertida durant la globalització de l'era de la informació per les ciutats més innovadores. Ciutats de diverses parts del món competeixen de forma directa per atreure unes inversions i una mà d'obra qualificada fluctuants, i un element principal en la millora de l'atractiu d'un emplaçament és la qualitat de vida, en la qual el caràcter específic d'una ciutat pot jugar un paper important.

Tant si aquesta ha estat una estratègia preconcebuda en la seva totalitat com si no, Barcelona ha fet probablement una bona inversió de futur en posicionar-se d'una manera tan prominent en el context d'aquesta competència mundial (inclosa la del turisme, actualment la principal activitat econòmica).

Tal com s'esperava, Barcelona ha fet que tot el món mirés cap a ella. Arquitectes de qualsevol altra ciutat van adoptar-la com model a seguir, i els projectes d'estudiants emplaçats a Barcelona s'han convertit en una part fonamental dels programes de les escoles d'arquitectura de tota Europa. Per a la major part dels estudiants actuals i aquells recentment llicenciats, com també els seus professors, Barcelona és tan familiar com la mateixa ciutat on viuen. Però els exercicis escolars satisfan en poca mesura un dels aspectes fonamentals en l'èxit de la regeneració d'aquesta ciutat: l'experiència de formar part d'un ampli procés de col·laboració ciutadana. Aquest sentiment de participació en un procés més ampli, junt amb un coneixement molt proper de la ciutat, fan que els interessos dels arquitectes locals vagin més enllà del treball propi —una dimensió que es trobaria a faltar en l'obra de molts dels arquitectes estrangers que han construït a la ciutat.

El procés de col·laboració que té lloc a Barcelona ha implicat agents molt diversos. Ha implicat l'acord entre el sector públic i el privat (i especialment entre els arquitectes que treballen per a l'Administració en qüestions de planejament o de projectació i els arquitectes amb despatx propi); entre ciutadans orgullosament sensibilitzats i líders carismàtics (com l'alcalde Pasqual Maragall i Oriol Bohigas, el decissiu delegat de serveis d'urbanisme tot i que estigués poc temps al càrrec); entre professions tan properes i sovint tan reticents a col·laborar les unes amb

and included what some might see as the elitist collusion between left-wing politician/administrators and avant-garde architect/artists. Important too was a sense of collaboration between the present and the past as being the best way to face the future.

Although the process of transformation continues, Barcelona has already realised what it was once hoped that comprehensive masterplanning might accomplish. But this has been achieved on a project by project basis, with projects just like those that were the subjects of these competitions. When Oriol Bohigas took charge of the regeneration of Barcelona, he rejected the concept of the comprehensive masterplan as too rigid and static, as conceived in the past and obsolete long before implemented, as lacking the richness of local detail and being dauntingly difficult to implement. Instead he initiated an opportunistic and snowballing process that seized opportunities where and when they presented themselves. Slowly at first, and then more quickly, this cohered into a comprehensive, city-wide strategy. Instead of a master plan created by and imposed by a few, Barcelona was and continues to be developed as a rich patchwork elaborated at local level by the talents of many. Moreover, unlike a master plan that only very gradually comes together into anything coherent, individual projects, although also part of a larger strategy, are each fairly quickly completed as pretty much self-contained and coherent works. Significantly too, in this project by project process, the public sector role is not that of mere provider of funds and a referee seeing that preordained conditions are adhered to. Instead, the public sector, particularly its architects, takes on a pro-active role, creating opportunities for action (identifying vacant or cheap sites and conceiving suitable programmes) if not actually undertaking projects themselves.

Bohigas started the ball rolling by skimming money from big-budget infrastructural projects (such as new sewers, that were urgently needed, but also invisible) to pay for comparatively cheap plazas and parks that became highly visible statements of intent and symbols of the new Barcelona. These brought international accolades that helped fuel local enthusiasm for more ambitious investments, including in infrastructure. As he has always made clear, Bohigas could not have started this process alone: he was dependent on the work done by committed professionals who had infiltrated the municipal and regional administrations during the last part of the Franco period. It was they who had already surveyed the city for suitable opportunities for action. And then these projects were carried out by talented professionals working in both the public and private sectors. Here Bohigas's previous experience as head of the local school of architecture was invaluable. Knowing the talents of ex-students and their teachers, he could match these to nature of the individual projects. The enthusiasms generated by having a series of highly visible and applauded projects completed at relatively regular intervals no doubt helped promote the unusual degree of collaboration between the various professions. Important too was the role of Mayor Maragall: in the years leading up to the Olympics he apparently spoke daily, on the phone or in person, to Bohigas's successor, Josep Antoni Acebillo, and to the two men in charge of road building and landscaping within the city, and the four of them met together regularly.

However, Barcelona is now in a critical phase of its development: the big question is whether the snowballing process that has achieved so much is not threatening to get out of hand, so that what was once healthy might be becoming destructive. For instance, opening up the oldest parts of the city to health-bringing light and air might now be unnecessarily destructive of what is perfectly salvageable historic tissue. Hence, in El Raval there is much-needed new open spaces, which also return to view long hidden and historic ecclesiastical buildings. There are also new cultural resources, which will not only benefit the whole city but, by bringing to it tourist money, the local area too. But the area around Richard Meier's Barcelona Contemporary Art Museum, which evokes a nightmarish déja vu in the way it floats like a liner in a sea of destruction (which is surely to take the homage to white modernism too far), has lost a sense of cohesion an containment. These might be recovered by further landscaping and new construction, but there are those, both locals and visitors, who feel the loss of so much old fabric to be brutally unnecessary.

The loss of the old and the inappropriateness of the new is felt by some at the Port Vell complex in the old docks. Gone

tas (aquí generalmente representados por una misma persona) y los ingenieros responsables del tráfico, las carreteras y el alcantarillado; y ha llevado incluso a lo que algunos podrían ver como una conspiración elitista entre políticos/administradores de izquierda y arquitectos/artistas vanguardistas. Finalmente, otro aspecto importante es el sentido de continuidad entre el pasado y el presente como mejor manera de hacer frente al futuro.

Aunque el proceso de transformación todavía sigue, Barcelona ya ha alcanzado aquello que un día imaginó que se podría conseguir con un planeamiento amplio y no exclusivo, y esto se ha hecho a partir de la suma de proyectos individuales, como los que son objeto de estos concursos. Cuando Oriol Bohigas comenzó a dirigir la regeneración de Barcelona desestimó las formas conocidas de planeamiento general por demasiado rígidas y estáticas, como herramienta preconcebida y obsoleta antes de concretarse, carente de la riqueza de los particularismos y de aplicación tan abrumadoramente difícil. En lugar de esto puso en marcha un proceso de actuación que comportaría un alcance creciente de las intervenciones, así como sería creciente la velocidad en que se producirían; un proceso que aprovechaba cualquier ocasión de intervención en el lugar y el momento en que se produjera. A un ritmo creciente, fue conformado una estrategia coherente de intervención en la ciudad. En vez de un plan general pensado e impuesto para una pequeña minoría, Barcelona se ha ido configurando como un complejo *patchwork* creado a nivel local con el talento de muchos autores. A diferencia también de un plan general que sólo consigue algún tipo de coherencia gradualmente, los proyectos individuales — aunque formen parte de una estrategia más general— se acaban con relativa rapidez como obras independientes y completas. En este proceso, el papel del sector público —y especialmente el de los arquitectos— no es sólo el del administrador y árbitro que ha de garantizar que se cumpla con los condicionantes preestablecidos, sino que fomenta también la participación y, mediante la localización de solares vacíos o poco caros y la concepción de programas adecuados, genera ocasiones de intervención para él mismo o para otros.

Oriol Bohigas comenzó la partida reasignando presupuestos de grandes proyectos infraestructurales (como el alcantarillado, muy necesario pero también invisible) para la construcción de plazas y parques relativamente baratos de forma clara y visible los objetivos y la imagen de la nueva Barcelona. Estas actuaciones generaron elogios internacionales que impulsaron el entusiasmo local hacia intervenciones más ambiciosas, incluidas las infraestructuras. Bohigas, como él mismo ha indicado, no habría podido iniciar este proceso solo. Dependía del trabajo de profesionales comprometidos que habían ocupado puestos en las administraciones municipales y regionales durante los últimos años del franquismo. Estos profesionales habían realizado el análisis urbano necesario para indentificar las posibilidades de actuación, y estos proyectos los acabaron realizando buenos profesionales, tanto del sector público como del privado. La anterior experiencia de Bohigas como director de la escuela de arquitectura de la ciudad había sido en este sentido especialmente valiosa: conocedor del talento de exalumnos y profesores, podía encontrar el perfil adecuado para cada proyecto. El entusiasmo generado por el hecho de realizar de forma periódica un conjunto de proyectos claramente visibles y apreciado impulsó, sin duda, el grado poco corriente de colaboración entre los profesionales de diferentes disciplinas. También fue importante el papel del alcalde Pasqual Maragall: en los años inmediatamente anteriores a los Juegos Olímpicos, se dice que hablaba diariamente, por teléfono o en persona, con José Antonio Acebillo, sucesor de Bohigas, y con los dos hombres encargados respectivamente de vialidad y de parques y jardines, y que los cuatro se reunían periódicamente.

Pero hoy Barcelona se encuentra en una fase crítica de su desarrrollo: la gran duda es si el proceso autoacelerador que ha producido tantos efectos positivos no puede perder el control, de manera que lo que había sido saludable pueda volverse destructivo. Abrir, por ejemplo, las partes más viejas de la ciudad a la luz y al aire benéficos puede comportar actuaciones innecesariamente destructivas de un tejido histórico perfectamente recuperable. Así, El Raval pide nuevos espacios libres que permitan recuperar la visión de antiguas estructuras eclesiásticas largamente ocultas. Hay nuevos equipamientos culturales que no sólo beneficiarán a toda la ciudad, sino que atraerán el dinero de los turistas a la zona. Pero el área que rodea el Museo de Arte Contemporáneo de Barcelona, una obra de Richard Meier evocadora de imágenes conocidas e inquietantes por la manera como navega en medio de un mar de destrucción (seguramente llevando más allá de los límites aceptables el homenaje a la modernidad blanca), ha perdido el sentido de cohesión y contención. Se podría decir que este sentido se puede recuperar mediante el tratamiento del espacio público y con nuevas construcciones, pero —tanto entre los barceloneses como entre los de fuera— hay quien piensa que la pérdida de una parte tan grande del viejo tejido es brutalmente innecesaria.

La pérdida de lo viejo y la poca pertinencia de lo nuevo es comparti-

les altres com els arquitectes, els urbanistes, els paisatgistes (aquí normalment representades en una mateixa persona) i els enginyers responsables del trànsit, les carreteres i el clavegueram; i ha portat fins i tot al que alguns podrien veure com una conspiració elitista entre polítics/administradors d'esquerres i arquitectes/artistes avantguardistes. Finalment, un altre aspecte important hauria estat el sentit de continuïtat entre el passat i el present com a millor manera de fer front al futur.

Tot i que el procés de transformació encara segueix, Barcelona ja ha assolit allò que un dia va imaginar que es podria aconseguir amb un planejament ampli i no exclusiu, i això s'ha fet a partir de la suma de projectes individuals, com els que són objecte d'aquests concursos. Quan Oriol Bohigas va començar a dirigir la regeneració de Barcelona, va desestimar les formes conegudes de planejament general per massa rígides i estàtiques, per ser una eina pre-concebuda i obsoleta abans de prendre forma, mancada de la riquesa dels particularismes i d'aplicació tan feixugament difícil. En lloc del gran va iniciar un procés oportunista i auto-accelerador que aprofitava qualsevol ocasió d'intervenció en el lloc i el moment en què es produís. A un ritme creixent, van anar conformant una estratègia coherent d'intervenció a la ciutat. En lloc d'un pla general pensat i imposat per una petita minoria, Barcelona s'ha anat configurant com un complex *patchwork* creat a nivell local amb el talent de molts autors. A diferència també d'una pla general, que només và assolint algun tipus de coherència gradualment, els projectes individuals —tot i que formin part d'una estratègia més general— s'acaben amb relativa rapidesa com obres independents i completes. En aquest procés, el paper del sector públic —i especialment el dels seus arquitectes— no és només el de l'administrador i àrbitre que ha de garantir que es compleixi amb els condicionants preestablerts, sinó que adopta un paper que fomenta la participació i, mitjançant la localització de solars buits o poc costosos i la concepció de programes adients, genera ocasions d'intervenció per a ell mateix o per a d'altres.

Oriol Bohigas va començar la partida reassignant pressupostos de grans projectes infraestructurals (com el clavegueram, molt necessari però també invisible) per a la construcció de places i parcs relativament barats que manifestaven de forma clara i visible els objectius i la imatge de la nova Barcelona. Aquestes actuacions van generar elogis internacionals que van impulsar l'entusiasme local cap a inversions més ambicioses, també en infraestructures. Bohigas, com ell mateix ha indicat, no hagués pogut iniciar aquest procés tot sol. Depenia de la feina de professionals compromesos que havien anat ocupant llocs dins les administracions municipals i regionals durant els darrers anys del franquisme. Aquests professionals havien fet la recerca urbana necessària per identificar les possibilitats d'actuació, i aquests projectes van acabar sent portats a terme per bons professionals tant del sector públic com del privat. L'anterior experiència de Bohigas com director de l'escola d'arquitectura de la ciutat havia estat en aquest sentit especialment valuosa: coneixedor del talent d'ex-alumnes i professors, podia trobar el perfil adient per a cada projecte. L'entusiasme generat pel fet de realitzar de forma periòdica un conjunt de projectes clarament visibles i apreciats va impulsar sens dubte el grau poc corrent de col·laboració entre els professionals de diverses disciplines. També va ser important el paper de l'alcalde Pasqual Maragall: en els anys immediatament anteriors als Jocs Olímpics es diu que parlava diàriament, per telèfon o en persona, amb José Antonio Acebillo, successor de Bohigas, i amb els dos homes encarregats respectivament de vialitat i de parcs i jardins, i que els quatre es reunien de forma periòdica.

Avui, però, Barcelona es troba en una fase crítica del seu desenvolupament: el gran dubte és si el procés auto-accelerador que ha produït tants efectes positius no pot perdre el control, de manera que allò que havia sigut saludable pugui esdevenir destructiu. Obrir, per exemple, les parts més velles de la ciutat a la llum i l'aire benèfics poden esdevenir actuacions innecessàriament destructives d'un teixit històric perfectament recuperable. Així, el Raval demana nous espais lliures, que permeten recuperar la visió d'antigues estructures eclesiàstiques llargament ocultes. Hi ha nous equipaments culturals, que no només beneficiaran tota la ciutat sinó que portaran els diners dels turistes a la zona. Però l'àrea al voltant del Museu d'Art Contemporani de Barcelona, una obra de Richard Meier evocadora d'imatges conegudes i inquietants en la manera com navega enmig d'un mar de destrucció (segurament portant més enllà dels límits acceptables l'homenatge a la modernitat blanca), ha perdut el sentit de cohesió i contenció. Es podria dir que això es pot recuperar amb el tractament de l'espai públic i amb noves construccions, però —tant entre els locals com entre els de fora— hi ha qui pensa que la pèrdua d'una part tan gran del vell teixit és brutalment innecessària.

from here is the once poetically potent feeling of the flat top-ped wharf oriented to the sea. Instead the pavements step and warp, and the approach is via swooping lawns more sui-ted to a country club. This consumerist haven has provoked very contradictory responses. Although immensely popular, it is dismissed by others as being a theme park uncharacteristic of Barcelona (who perhaps forget about the Pueblo Español). But perhaps the real reason it touches such a nerve of some of Barcelona's more thoughtful citizens is that it calls into question whether all of the old city is not in danger of beco-ming an overly-designed playground theme-park. (The sense of inauthenticity this brings may yet prove, as seems the case with other cities too, to be the inevitable price of success in the global competition between cities.)

The projects chosen for the three competitions that are the subject of this catalogue are typical of the sort of problems/opportunities identified by the public sector and put out for imaginative resolution. They are for three very diffe-rent sites requiring very dissimilar solutions. Yet, as well as the panache normally needed to win a competition, they might all also call for a certain caution. They offer the chance to both participate in the ongoing process of transformation while also tempering its potential excesses. The competition open only for students, for housing and public space in El Raval, might suggest opening up, and framing with housing blocks that overlook it, a sunny refuge in one of the oldest and densest parts of the city. Yet, at the same time, care might be needed not to open up too much, and to see if so-me of the old buildings might be salvaged. The competition for the area around the stadium of the Barcelona Football Club is to use new landscaping and buildings to properly integrate these large structures to each other and into the rest of the city. But here the loosely flowing vocabulary of forms and space that is so modish in Barcelona (and has be-en taken up world-wide) might be less appropriate than an unfashionably traditional solution of a sequence of static and contained spaces, like outdoor rooms. The competition for the Logistic Activity Zone for the Port of Barcelona is for a site beyond Montjuïc, and so outside of the central city. Here the problem is to help claim new territory for the city by creating a gateway that gives recognisable identity to the area, per-haps by capitalising on natural/ecological features of the site that was once the mouth of the Llobregat River. In this case, the retention or creation of semi-natural features is truer to history of the site than at Port Vell, and it might be mistake to attempt too urban a solution.

For all their differences, however, all three competitions are concerned not just with solving local problems, but also with the larger project of building the new Barcelona. Yet, with each of them it should also have been kept in mind that the city is now delicately poised: at present it is more diverse and better integrated than ever before; but it might now be threatened by exactly that process which achieved this. Hence the competition projects provided a fascinating if formidable challenge, not just to celebrate and participate in this trans-formation, but also to provide a critique of it. That is, they posed a question: recognising the necessity of change, how do you upgrade a city to compete in the global future by en-hacing rather than destroying both its character and its sense of authenticity.

da también por algunos en relación con el complejo del Port Vell. La impresión poéticamente cargada del muelle plano orientado hacia el mar ha sido arrancada del sitio y sustituida por pavimentos inclinados y alabeados, y el acceso se produce a través de prados en pendiente más propios de un club de campo. Este enclave del mundo del consu-mo ha generado opiniones contrapuestas: a pesar de la gran acepta-ción por parte del público, es despreciado por otros que lo ven como un parque temático ajeno a esta ciudad (olvidando quizá la existenci del Poble Espanyol). Pero el motivo real por el que toca la sensibili-dad de algunos de los ciudadanos más atentos es seguramente por-que plantea la duda de si toda la ciudad histórica no se encuentra en peligro de convertise en un parque temático de juegos sobrediseñado (Como parece que sucede en otras ciudades, la sensación de inauten ticidad que de esto se deriva puede acabar siendo el precio inevitabl del éxito en la competencia mundial entre ciudades).

Los programas escogidos para los tres concursos que conforman esta monografía representan claramente el tipo de problemas/ocasiones de tectados por el sector público, que los ofrece para que sean resuelto de forma imaginativa. Los tres programas se localizan en tres zonas muy diferentes que exigen respuestas diferentes. Pero en estos casos además de las aptitudes necesarias para ganar un concurso, puede que aquí sea necesaria una cierta prudencia. Se ofrece una doble oportunidad de participar en un proceso de transformación que aún está en marcha y de moderar sus excesos potenciales. El concurso pa ra estudiantes sobre vivienda y espacio público en El Raval puede da lugar a la apertura de más espacios soleados, posiblemente rodeados de nueva edificación, en uno de los sectores más viejos y densos de la ciudad. Pero se deberá tener cuidado de no abrir excesivamente y pensar si es posible conservar algunos viejos edificios. En el caso del concurso para los aledaños del estadio del Fútbol Club Barcelona, un nuevo tratamiento paisajístico y nuevas arquitecturas tienen que inte-grar adecuadamente las grandes estructuras existentes entre sí y con el resto de la ciudad. Pero la fácil fluidez del lenguaje formal y espa-cial tan apreciada en Barcelona (y actualmente seguida en el resto de mundo) puede resultar menos efectiva en este caso que una solución tradicional y menos elegante basada en una secuencia de espacios es-táticos y contenidos en forma de salas exteriores. El solar del concur-so para la Zona de Actividades Logísticas del Puerto está al otro lado de Montjuïc y, por tanto, fuera del centro de la ciudad. Aquí se pide conquistar nuevo espacio para la ciudad por medio de la construcción de una puerta representativa para la zona, aprovechando tal vez algu-nas de las características naturales/ecológicas de la desembocadura del río Llobregat. La conservación o recreación de las características seminaturales es más consecuente con las historia del lugar aquí que en el Port Vell, y sería seguramente un error ensayar soluciones exce-sivamente urbanas.

Pese a las diferencias, los tres concursos no sólo se centran en la so-lución de problemas locales, específicos, sino que participan en un proyecto amplio de construcción de la nueva Barcelona. Sin embargo, los tres habrán debido tener en cuenta que la ciudad se encuentra en una situación delicada: más compleja y con una integración de sus partes mejor que nunca, puede estar amenazada por el mismo proce-so que ha logrado esta diversidad armónica. Los concursos han sido un reto fascinante y de grandes dimensiones: han abierto la puerta a la participación en el proceso de transformación, pero han permitido también criticarlo. Reconociendo la necesidad de cambio, han plantea-do la cuestión de cómo mejorar una ciudad de cara a su futuro posi-cionamiento mundial y, al mismo tiempo, consolidar las caracterísitcas propias en lugar de borrarlas.

La pèrdua del que és vell i la poca pertinència del que és nou és compartida també per alguns respecte el complex del Port Vell. La impressió poèticament cargada del moll pla orientat cap al mar ha estat llevada del lloc i substituïda per paviments inclinats i guerxats, i l'accés es produeix a través de prats en pedent més propis d'un club de camp. Aquest enclavament del món del consum ha generat opinions contrapasades: tot i que amb una gran acceptació del públic, és menystingut per altres que el veuen com un parc temàtic aliè a aquesta ciutat (oblidant potser l'existència del Poble Espanyol). Però el motiu real pel qual toca la sensibilitat d'alguns dels ciutadans més atents és segurament que planteja el dubte de si tota la ciutat històrica no es troba en perill d'esdevenir un parc temàtic de jocs sobre-dissenyat. (Com sembla que succeeix a altres ciutats, la sensació d'inautenticitat que se'n deriva pot acabar sent el preu inevitable de l'èxit en la competència mundial entre ciutats.)

Els programes escollits per als tres concursos que conformen aquesta monografia representen clarament el tipus de problemes/oportunitats detectats pel sector públic i donats a resoldre de forma imaginativa. Els tres programes es localitzen a tres zones molt diferents que exigeixen respostes diverses. Però en aquests casos, a més de les aptituds necessàries per guanyar un concurs, pot ser que aquí calgui també una certa prudència. S'ofereix aquí una doble oportunitat de participar en un procés de transformació encara en marxa i de moderar els seus excessos potencials. El concurs per a estudiants, sobre habitatge i espai públic al Raval, pot donar lloc a l'obertura d'espais assolellats, possiblement rodejats de nova edificació, en un dels sectors més vells i densos de la ciutat. Però caldrà segurament tenir cura de no obrir excessivament i pensar si és possible conservar alguns dels vells edificis. En el cas del concurs per als voltants de l'estadi del Futbol Club Barcelona, un nou tractament paisatgístic i noves arquitectures han d'integrar adequadament les grans estructures existents entre elles i amb la resta de la ciutat. Però la fàcil fluïdesa del vocabulari formal i espacial tan apreciada a Barcelona (i actualment seguida a la resta del món) pot resultar menys efectiva en aquest cas que una solució tradicional i menys elegant basada en una seqüència d'espais estàtics i continguts en forma de sales exteriors. El solar del concurs per a la Zona d'Activitats Logístiques del Port és a l'altre costat de Montjuïc, i per tant fora del centre de la ciutat. Es demana aquí conquerir nou espai per a la ciutat mitjançant la construcció d'una porta representativa per a la zona, aprofitant potser algunes de les característiques naturals/ecològiques de la desembocadura del Llobregat. La conservació o recreació de les característiques semi-naturals és més conseqüent amb la història del lloc aquí que al Port Vell, i seria segurament un error assajar-hi solucions excessivament urbanes.

Malgrat les diferències, tots tres concursos no només se centren en la solució de problemes locals, específics, sinó que participen en un projecte ampli de construcció de la nova Barcelona. A tots tres, però, haurà calgut tenir en compte que la ciutat es troba en una situació delicada: més complexa i amb una millor integració de les seves parts que mai, pot estar amenaçada pel mateix procés que ha assolit aquesta diversitat harmònica. Els concursos han estat un repte fascinant i, alhora, de grans dimensions: han obert la porta a la participació en el procés de transformació, però han permès també criticar-lo. Tot reconeixent la necessitat de canvi, han plantejat la qüestió de com millorar una ciutat de cara al seu posicionament mundial futur i, al mateix temps, consolidar les seves característiques pròpies en lloc d'esborrar-les.

Área de serveis de la
Zona d'Activitats Logístiques
del Port de Barcelona

Service area for the
Logistic Activity Zone
of the Port of Barcelona

Área de servicios de la
Zona de Actividades Logísticas
del Puerto de Barcelona

The planning of the ZAL service area is a theme of urban reflection marked by two main defining characteristics. The first is very rare: on the one hand, it represents a huge territorial impact and, on the other, a very restricted effect on the city and its people.

In fact, a surface area of more than 30 hectares is, in itself, of enough entity to give rise to serious reflection on its territorial impact. But if to this we add the questions of infrastructure it involves —basically the road network which has to allow easy access to the logistic activity zone for vehicles of all kinds from the motorway network, the diversion of the river Llobregat to make room for the extension of the ZAL, the modification of current rail infrastructure and the construction of the new Llobregat water treatment plant—, we are dealing with an area of intervention which is larger than Barcelona's historical centre, Ciutat Vella.

Nonetheless, none of this space will be regularly visited by citizens, due to its functional characteristics which make it neither attractive nor pleasant for visitors: changeover of means of transport and light goods handling in the ZAL, services for trucks and their crews, the control of contents, origins and destinations of goods by operating companies and the government.

The predictable lack of visitors to the spaces ought to involve a very low-key urban treatment of unbuilt spaces to ensure that the almost certain lack of maintenance does not lead to a rundown image. This idea induces the creation of "self-maintaining" spaces on which vehicle access is superposed, along with the buildings which are linked more closely to their functional logic and adequate location within the territory than to the habitual logics of urban composition where pedestrian spaces are of greater importance.

The second characteristic is not only frequent; it is also characteristic of urban planning issues and common to all building processes: that is the impossibility of unitary building because of the different time at which the above-mentioned infrastructure work is carried out and the gradual growth of logistic activity and, as a result, its service requirements.

This situation should lead to schemes primarily based on infrastructure and landscape, gradually completed as the various architectural objects are built, eschewing projects which call for a building complex to be complete before it can be used or understood.

La proyectación del área de servicios de la ZAL es un tema de reflexión urbana que tiene dos características definitorias. La primera es muy poco frecuente: representa por un lado un enorme impacto territorial y, por otro, una escasísima repercusión ciudadana.

En efecto, una superficie de más de 30 hectáreas ya tiene, por sí sola, una entidad suficiente como para reflexionar seriamente sobre su impacto territorial. Pero si le añadimos las acciones infraestructurales que lleva asociadas —básicamente la vialidad que ha de permitir una fluida accesibilidad de vehículos de todo tipo a la zona de actividades logísticas desde la red de autopistas, el desvío del río Llobregat que permitirá la ampliación de la ZAL, la modificación de la actual infraestructura ferroviaria y la construcción de la nueva estación depuradora del Llobregat— nos encontramos con un área de intervención mayor que la de Ciutat Vella de Barcelona.

No obstante, todo este espacio no será nunca frecuentado intensamente por la ciudadanía, dado que sus características funcionales no hacen atractiva ni agradable la estancia de los visitantes: cambios de modo de transporte y ligera manipulación de mercancías en la ZAL, atención y servicios para los caminones y sus tripulaciones, controles de contenidos, orígenes y destinos de las mercancías por parte de la empresas operadoras y la administración.

Esta previsible falta de concurrencia de los espacios tendría que comportar un tratamiento muy poco urbanizado de los espacios no edificados, de tal manera que la casi segura ausencia de mantenimiento no lleve asociada una imagen de degradación. Esta idea lleva a plantear unas propuestas de creación de espacios "automantenibles", sobre los cuales se asientan los viales de acceso rodado y los edificios necesarios más pendientes de sus lógicas funcionales y de la adecuada implantación en el territorio que de las lógicas habituales de la composición urbana donde tienen un gran peso los espacios destinados a los peatones.

En cambio, la segunda característica no sólo es frecuente sino que es propia de la disciplina urbanística y común a todas las ordenaciones de procesos edificatorios. Se trata de su imposible construcción unitaria a causa de los diferentes tiempos de ejecución de las grandes infraestructuras mencionadas y del crecimiento progresivo de la actividad logística y, en consecuencia, de su necesidad de servicios.

Este hecho tendría que conducir a propuestas que encuentren el sentido ordenador en los elementos infraestructurales y paisajísticos, que se van completando a medida que se construyen los diferentes objetos arquitectónicos, huyendo de los proyectos que requieren una edificación acabada en su conjunto para ser utilizable o comprensible.

JORDI CARBONELL

La projectació de l'àrea de serveis de la ZAL és un tema de refleció urbana amb dues grans característiques definitòries. La primera és molt poc freqüent: representa d'una banda un enorme impacte territorial i, de l'altra, una escassíssima repercussió ciutadana.

En efecte, una superfície de més de 30 hectàrees ja és, per si sola, d'una entitat suficient com per reflexionar seriosament sobre el seu impacte territorial. Però si li afegim les accions infrastructurals que du associades —bàsicament la vialitat que ha de permetre una fluïda accessibilitat de vehicles de tot tipus a la zona d'activitats logístiques des de la xarxa d'autopistes, el desviament del riu Llobregat que ha de permetre l'ampliació de la ZAL, la modificació de l'actual infrastructura ferroviària i la construcció de la nova estació depuradora del Llobregat— ens trobem amb una àrea d'intervenció més gran que la Ciutat Vella de Barcelona.

No obstant això, tot aquest espai no serà mai freqüentat de manera intensa per la ciutadania, ateses les seves característiques funcionals que no fan atractiva ni agradable l'estada dels visitants: canvis de mode de transport i lleugera manipulació de mercaderies a la ZAL, atenció i serveis als camions i a les seves tripulacions, controls de continguts, origens i destins de les mercaderies per part de les empreses operadores i l'administració.

Aquesta previsible manca de concurrència dels espais hauria de comportar un tractament molt poc urbanitzat dels espais no edificats, de tal manera que la gairebé segura manc ade manteniment no porti associada una imatge de degradació. Aquesta idea empeny a plantejar unes propostes de creació d'espais "automantenibles", sobre els quals s'assenten els vials d'accés rodat i els edificis necessaris més pendents de les seves lògiques funcionals i de la seva adequada implantació sobre el territori que no pas de les lògiques habituals de la composició urbana on tenen un gran pes els espais destinats als vianants.

La segona característica, en canvi, no només és freqüent sinó que és pròpia de la disciplina urbanística i comuna a totes les ordenacions de processos edificatoris i és la seva impossible construcció unitària a causa dels diferents temps d'execució de les grans infrastructures mencionades i del creixement progressiu de l'activitat logística i, en conseqüència, de les seves necessitats de serveis.

Aques fet hauria de conduir cap a propostes que trobin el sentit ordenador en els elements infrastructurals i paisatgístics, que van quedant completades a mesura que es construeixen els diferents objectes arquitectònics, tot fugint dels projectes que requereixen d'una edificació acabada en el seu conjunt per tal de ser utilitzable o comprensible.

Service area for the Logistic Activity Zone of the Port of Barcelona

Located between the coastal mountains and the sea and separated from the historic centre of Barcelona by the mountain Montjuïc, the delta of the Llobregat River is a geographical formation of special landscape value which plays a fundamental role in the region's economy. Due to a long process of colonization based upon irrigation, during the last few centuries this area has been the main agricultural reserve for the city. In the last few decades, it has absorbed programmes that the historic city could not accommodate.

Besides large expanses of irrigated land, the delta accommodates recreation areas, tourism facilities, growing residential and industrial developments, commercial centres, office parks, the expansion of the Fira de Barcelona fairgrounds and important regional infrastructures such as the airport and the expansion of the commercial and industrial port.

Though the delta has been completely integrated into the present metropolitan area, it continues to be an important ecological reserve characterised by coastal vegetation, dunes and numerous lagoons that serve as a vital point in the migratory routes of many bird species. To integrate in a compatible manner the growth of the population, industrial activity and the transportation infrastructures during recent years and forecasted development, a policy of revaluation and reclamation of the of the delta's natural condition is being implemented via rational planning. The proposed measures that will be instituted are principally related with the improvement of drainage conditions, the treatment of residual waters and of solid-waste and the concentration of transport infrastructures.

The Spanish Ministry of Public Works, Transport and the Environment; the Ministry of Public Works of the Catalan government and the local administrations established a global plan in 1992 for the development of infrastructures in the Llobregat Delta which defines the sector's potential as a logistic centre due to the combined activity of Barcelona's airport and port. The lines of action of this plan establish the strenghthening of the logistic activities by a greater coordination of the diverse modes of transportation of goods: by road, train, boat and aeroplane.

The Logistic Activity Zone (ZAL) is promoted by the Barcelona Port Authorities as a response to the region's industrial and commercial activity and the changing trends of maritime traffic. The port's geographical location in Europe makes it an optimal distribution hub for the Iberian Peninsula and Central Europe.

In order to facilitate the expansion of the port and the ZAL in accordance with projected increase in traffic the last two kilometers of the Llobregat River, wich marks the southern boundary of the port, will be diverted. This project is included within a global restructuring plan of the port that aims to increase the port's cargo capacity, raising it from the 18 million tons of cargo moved in 1990 to practically double the amount by the year 2010.

Área de servicios de la Zona de Actividades Logísticas del Puerto de Barcelona

Entre la cordillera litoral y el mar, y separado del centro histórico de Barcelona por la colina de Montjuïc, el delta del río Llobregat es una configuración geográfica de particular interés paisajístico que desempeña un papel fundamental en la economía de la región. Gracias a un largo proceso de colonización basado en el regadío, este territorio ha sido durante los últimos siglos la principal reserva agrícola para la ciudad y ha permitido en las últimas décadas la absorción de programas a los que la ciudad histórica no podía dar cabida.

Además de las grandes extensiones de regadío, el delta acoge zonas de recreo, instalaciones turísticas, una creciente ocupación residencial e industrial, centros comerciales, parques de oficinas, la ampliación del recinto ferial Fira de Barcelona e importantes infaestrucuras regionales como el aeropuerto y la ampliación del puerto comercial e industrial.

A pesar de su total integración dentro de la actual ciudad metropolitana, el delta constituye una importante reserva ecológica caracterizada por la vegetación litoral, formaciones de dunas y numerosas lagunas con una riqueza faunística notable que constituyen un punto fundamental en la cadena migratoria de muchas especies de aves. El crecimiento de la población, de la ocupación industrial y de las infaestructuras de transporte durante los últimos años y en las previsiones del planeamiento se pretenden compatibilizar con la revalorización y recuperación de los parajes naturales mediante una planificación racional de las actuaciones. Las medidas que se emprenden en este sentido están relacionadas principalmente con la mejora de las condiciones de drenaje, la depuración de residuos sólidos y la concentracón de los trazados infraestructurales.

El Ministerio de Obras Públicas, Transporte y Medio Ambiente del gobierno español, la Consejería de Obras Públicas del gobierno catalán y las administraciones locales establecieron en 1992 un esquema global para el planeamiento de las infraestructuras del delta del Llobregat en el que se definen las potencialidades del sector como centro direccional gracias a la acción combinada del aeropuerto y del puerto de Barcelona. Las directrices de este planeamiento establecen la potenciación de las actividades logísticas mediante una mejor coordinación de los diversos modos de transporte combinado de mercancías: por carretera, ferroviario, marítimo y aéreo.

La Zona de Actividades Logísticas (ZAL) es un proyecto promovido por el Puerto Autónomo de Barcelona como respuesta a la actividad industrial y comercial de la región, a su estratégica ubicación en el Mediterráneo (especialmente para los tráficos del Pacífico a través del Canal de Suez y como puerto feeder para los tráficos del Atlántico) y a la evolución de las tendencias internacionales de tráfico marítimo. Su situación geográfica en Europa la convierte en una plataforma óptima de distribución para la Península Ibérica y el centro europeo.

Para posibilitar la ampliación de la zona portuaria y de la ZAL en base a las previsiones de incremento de tráfico, está previsto el desvío de los 2 Km finales del cauce del río Llobregat, que marca el límite sur del puerto. Este proyecto se incluye dentro de un plan de reestructuración global del puerto que tiene por objetivo pasar de los 18 millones de toneladas de mercancías en 1990 a casi el doble en el año 2010.

Àrea de serveis de la Zona d'Activitats Logístiques del Port de Barcelona

Situat entre la carena litoral i el mar, i separat del centre històric de Barcelona per la muntanya de Montjuïc, el delta del riu Llobregat és una configuració geogràfica de particular interès paisatgístic que té un paper cabdal en l'economia de la comarca. Gràcies a un llarg procés de colonització basat en el regadiu, aquest territori ha estat durant els darrers segles la principal reserva agrícola per a la ciutat, i les últimes dècades ha permès l'absorció de programes que la ciutat històrica no podia   acollir.

A més de grans extensions de regadiu, el delta acull zones d'esbarjo, instal·lacions turístiques, una ocupació residencial i industrial creixent, centres comercials, parcs d'oficines, l'ampliació del recinte firal i importants infrastructures regionals com l'aeroport i l'ampliació del port comercial i industrial.

Malgrat la seva integració total dins l'àrea metropolitana, el delta constitueix encara una important reserva ecològica caracteritzada per la vegetació litoral, formacions de dunes i nombroses llacunes que constitueixen un punt fonamental en la cadena migratòria de moltes espècies d'aus. El creixement de la població, de l'ocupació industrial i de les infrastructures de transport durant els darrers anys i en les previsions del planejament es pretenen compatibilitzar amb la revaloració i la recuperació dels paratges naturals mitjançant una planificació racional de les actuacions. Les mesures que s'emprenen en aquest sentit estan relacionades principalment amb la millora de les condicions de drenatge, la depuració de les aigües residuals, el tractament de residus sòlids i la concentració dels traçats infrastructurals.

El ministeri d'Obres Públiques, Transport i Medi Ambient del govern espanyol, la conselleria d'Obres Públiques del govern català i les administracions locals van establir el 1992 un esquema global per al planejament de les infrastructures del delta del Llobregat, en el qual es defineixen les potencialitats del sector com a centre direccional gràcies a l'acció combinada de l'aeroport i del port de Barcelona. Les directrius d'aquest planejament estableixen la potenciació de les activitats logístiques mitjançant una millor coordinació de les diverses maneres de transport combinat de mercaderies: per carretera, ferroviari, marítim i aeri.

La Zona d'Activitats Logístiques (ZAL) és un projecte promogut per l'Autoritat Portuària de Barcelona com a resposta a l'activitat industrial i comercial de la regió i a l'evolució de les tendències internacionals de trànsit marítim. La seva situació geogràfica a Europa la converteix en una plataforma òptima de distribució per a la península ibèrica i el centre europeu.

Per tal de fer possible l'ampliació de la zona portuària i de la ZAL sobre la base de les previsions d'increment de trànsit, s'ha previst la desviació dels 2 quilòmetres finals del llit del riu Llobregat, que marca el límit sud del port. Aquest projecte s'inclou dins un pla de reestructuració global del port que té l'objectiu de passar dels 18 milions de tones de mercaderies mogudes el 1990 a gairebé el doble per a l'any 2010.

OBJECTIVES

The competition proposes as the design theme the planning of the future perimeter access and service area for the ZAL situated on what is, at the moment, the river bed. Even though it is an ideas competition — open to alternative solutions to crucial problems regarding the structure of the city —, the organizers would like to promote a realistic approach on the part of competitors. The peculiar natural conditions of the site — especially in regard to the vegetation and the fauna — and its strategic location in respect to the flow of the delta which nourishes the metropolitan system are factors which should be considered in the planning of this area.

SITE DESCRIPTION

The ZAL project encompasses and area of 250 hectares on the southernmost part of the port. It is bounded to the east by the sea (and in the future by the expansion of the port) and to the west by the A Street of the Zona Franca industrial park, which includes the central wholesale market for the Barcelona metropolitan area.

Its location in respect to transport and communication infrastructures enable it to be a centre with a high capacity for intermodality:

- Maritime connection: direct access to the port installations and new storage areas.
- Highway connection: access to the metropolitan system's highway network.
- Railroad connection: direct connection with Spain's wide-track railroad system and with the projected European-width track.
- Aerial connection: direct access via a high-speed road to the airport which is about 2 kilometers from the area.

At this distribution centre, apart from the regular operations of modal trade (maritime-overland-aerial), other services are conducted such as the management of stocks and their distribution. The competition site consists of the ZAL vehicle access area which is situated on both sides of the present river bed over an approximate area of 800 x 400 meters. This area is envisioned as a small business park with a high environmental quality where the surrounding landscape plays an important role in its characterization. Its development should be structured in two phases in association with the diversion of the river.

PROGRAMME

The programme is divided into a central service area (commercial spaces, a business centre, offices and convention rooms) and a service centre for transportation vehicles and their drivers (lodging, garage workshops and an area for the parking and hiring of industrial vehicles).

These services should be located outside the fenced area of the ZAL and near the main entrance from Streets A (Carrer Lletra A) and 6 (Carrer Número 6). The proposals should consider the necessity to phase development of these installations in accordance with the expansion phases of the ZAL. In general, it is estimated that the first phase, prior to the diversion of the river, can accommodate between 30 and 40 percent of the total surface area of the projected services.

The details of the functional areas and activities included in this zone and the projections of approximate built areas proposed by the port authorities according to their programme of needs is as follows:

—Offices (27,500 m²). Their users would be the host company, business agents, customs administrators, the service control centre, offices for logistical operators, transport agencies, etc.
—Services for personnel and the businesses (11,000 m²): restaurants, entertainment and rest areas, hotel, bank, small businesses, etc.
—Parking for industrial vehicles of ZAL users (600 m²).
—Service (petrol) stations.
—Garages, industrial vehicle showrooms (13,800 m²).

A small reception area is also projected that will include an information desk, a waiting area and offices for security and communication. The rest of the available surface area is planned as green space.
Participants may modify this programme or anticipate other functions that may complement the activity of the area.

OBJETIVOS

El concurso propone como tema de proyecto la ordenación del futur recinto de acceso y el área de servicios anexa a la ZAL, sobre el actual lecho del río. A pesar de que se trata de un concurso de ideas, que busca por lo tanto alternativas a problemas cruciales relativos a la forma de la ciudad, los organizadores desean promover una respuesta realista por parte de los concursantes.
Las peculiares condiciones naturales del emplazamiento —especialmente en cuanto a la vegetación y a la fauna— y su estratégica situación respecto a los flujos que alimentan el sistema metropolitano so factores que deberían ser aprovechadas en la definición de esta zon

EMPLAZAMIENTO

La ZAL ocupa un territorio de 250 hectáreas en el extremo sur del re cinto del puerto de Barcelona. Está delimitada hacia el este con el m (y en un futuro con la ampliación del puerto) y hacia el oeste con la calle A del polígono industrial de la Zona Franca, donde se encuentra el mercado central de abastos del área metropolitana de Barcelona.
Su situación respecto a las infraestructuras y vías de comunicación l permiten ser un centro con una alta capacidad de intermodalidad:

—Conexión marítima: acceso directo a las instalaciones portuarias con las nuevas áreas de contenedores.
—Conexión por carretera: conexión con las vías de circulación de al capacidad del sistema metropolitano que la unen con la red de aut pistas.
—Conexión ferroviaria: conexión directa con el sistema de ferrocarril c ancho peninsular y con la futura línea de ancho europeo.
—Conexión aérea: acceso directo a través de una vía rápida al aer puerto de Barcelona, situado a unos dos kilómetros de la ZAL.

En este centro de distribución, además de realizarse las operaciones habituales de intercambio modal (marítimo-terrestre-aéreo), se presta otros servicios relacionados principalmente con la gestión de stocks su distribución.
El solar del concurso se limita a la zona de acceso a la ZAL, situada ambos lados del actual lecho del río sobre un área aproximada de 800 x 400 metros. Esta zona se concibe como un pequeño parque empresarial con una alta calidad medioambiental, a la que puede con tribuir de forma significativa la definición paisajística del entorno. Su desarrollo se estructura en dos fases asociadas al desvío del río.

PROGRAMA

El programa se divide en un área central de servicios (locales comerciales, un centro de negocios, oficinas y salas de convenciones) y un centro de servicios a los vehículos de transporte y a los conductores (alojamiento, talleres y zona de aparcamiento y alquiler de vehículos industriales).

Estos servicios se dispondrán exteriormente a la zona vallada de la ZAL, en torno al área de acceso principal por carretera desde las calles A y Número 6. Las propuestas deberán tener en cuenta la necesidad de planificar el desarrollo de estas instalaciones de acuerdo con las fases de crecimiento de la ZAL. En general se estima que la primera fase, anterior al desvío del tramo final del río, puede acoger entre un 30 y un 40% de la superficie total de los servicios previstos.
Se detallan a continuación las áreas funcionales y actividades incluidas en esta zona y una previsión aproximada de superficies, propuesta por las autoridades portuarias según su programa de necesidades.

—Oficinas (27.500 m²). Sus usuarios serían la sociedad promotora, gestorías, administración de aduanas integrada, centro de control de servicios, oficinas para operadores logísticos, agencias de transportes, armadores, etc.
—Servicios personales y a las empresas (11.000 m²): restauración, ocio y descanso, hotel, banco, pequeño comercio, etc.
—Aparcamiento de vehículos industriales para usuarios de la ZAL (600 m²).
—Estación de servicio.
—Talleres, locales de exposición y venta de vehículos industriales (13.800 m²).

Se preverá también una pequeña área de recepción, que incluirá un servicio de información, una zona de espera y servicios de seguridad y comunicación. El resto de la superficie disponible se destinará a zona verde.
Los concursantes podrán modificar estos usos o ampliarlos con otros que complementen la actividad del sector.

El concurs proposa com a tema de projecte l'ordenació del futur recinte d'accés per carretera i l'àrea de serveis annexa a la ZAL, sobre l'actual llit del riu. Malgrat que es tracta d'un concurs d'idees —que busca, per tant, alternatives a problemes crucials relatius a la forma de la ciutat—, els organitzadors volen promoure una resposta realista per part dels concursants.

Les peculiars condicions naturals de l'emplaçament —sobretot pel que fa a la vegetació i la fauna— i la seva situació estratègica respecte als fluxos que alimenten el sistema metropolità són factors que haurien de ser aprofitats en la definició d'aquesta zona.

El projecte de la ZAL s'estén sobre una superfície de 250 hectàrees a l'extrem sud del recinte del port de Barcelona. És delimitada cap a l'est amb el mar (i en el futur amb l'ampliació del port), i cap a l'oest amb el carrer A del polígon industrial de la Zona Franca, on es troba el mercat central de l'àrea metropolitana de Barcelona.

La seva situació respecte a les infrastructures i les vies de comunicació permeten que sigui un centre amb una alta capacitat d'intermodalitat:

—Connexió marítima: accés directe a les instal·lacions portuàries i a les noves àrees de contenidors.
—Per carretera: connexió amb les vies de circulació d'alta capacitat del sistema metropolità, que la uneixen amb la xarxa d'autopistes.
—Ferrocarril: connexió directa amb el sistema ferroviari d'ample peninsular i amb la futura línia d'ample europeu.
—Connexió aèria: accés directe per mitjà d'una via ràpida a l'aeroport de Barcelona, situat a uns dos quilòmetres de la ZAL.

En aquest centre de distribució, a més de les operacions habituals d'intercanvi modal (marítim-terrestre-aeri), es presten també altres serveis relacionats principalment amb la gestió d'estocs i amb la seva distribució. El solar del concurs es limita a la zona d'accés a la ZAL, situada a totes dues bandes de l'actual llit del riu sobre una àrea aproximada de 800 x 400 metres. Aquesta zona es concep com un petit parc empresarial amb una alta qualitat mediambiental, a la qual pot contribuir de manera significativa la definició paisatgística de l'entorn. El seu desenvolupament s'estructura en dues fases associades a la desviació del riu.

El programa es divideix en una àrea central de serveis (locals comercials, un centre de negocis, oficines i sales de convencions) i un centre de serveis als vehicles de transport i als conductors (allotjament, tallers i zona d'aparcament i de lloguer de vehicles industrials).

Aquests serveis s'hauran de disposar exteriorment a la zona tancada de la ZAL, entorn de l'àrea d'accés principal per carretera des dels carrers A i 6. Les propostes hauran de tenir en compte la necessitat de planificar el desenvolupament d'aquestes instal·lacions d'acord amb les fases de creixement de la ZAL. En general s'estima que la primera fase, anterior a la desviació del tram final del riu, pot acollir entre un 30 i un 40 per cent de la superfície total dels serveis previstos.

Tot seguit es detallen les àrees funcionals i les activitats que s'inclouen en aquesta zona, i una previsió aproximada de superfícies, proposada per les autoritats portuàries d'acord amb el seu programa de necessitats:

—Oficines (27.500 m^2). Els seus usuaris serien la societat promotora, gestories, l'administració de duanes integrada, el centre de control de serveis, oficines per a operadors logístics, agències de transport, armadors, etc.
—Serveis personals i a les empreses (11.000 m^2): restauració, lleure i descans, hotel, banc, petit comerç, etc.
—Aparcament de vehicles industrials per a usuaris de la ZAL (600 m^2).
—Estació de servei.
—Tallers, locals d'exposició i de venda de vehicles industrials (13.800 m^2).

Es preveu també una petita àrea de recepció, que ha d'incloure un servei d'informació, una zona d'espera i serveis de seguretat i comunicació. La resta de la superfície quedarà definida com a espai lliure obert.
Els concursants podran modificar aquests usos o ampliar-los amb altres que complementin l'activitat del sector.

ZAL

JEAN-LOU RIVIER

Primer Premi First Prize Primer Premio

Al centre d'una ciutat industrial es planta un bosc urbà que esdevé un punt d'atracció al voltant del qual s'organitzen les naus.

Edificis-caixa estenen la zona industrial dins la plantació i proposen noves activitats.

A, B, C, D, E , F: poden sorgir a qualsevol punt de la ciutat industrial, la dimensió de les caixes es pot modificar d'acord amb les necessitats; no cal que es construeixin totes alhora, d'un cop.

Una complexa programació és establerta pels diferents agents segons les necessitats i les oportunitats.

An urban forest is planted in the center of the industrial city and becomes an attraction point around which revolve the industrial buildings.

Boxes buildings extend the industrial quartier to the planted area proposing new activities. A, B, C, D, E, F: They can appear in every part of the industrial city, their dimension can be modified according to the needs, they don't have to be build together at the same time. A complexe programing is assembled by different actors according to the needs and opportunities.

En el centro de una ciudad industrial se planta un bosque urbano que deviene un punto de atracción alrededor del cual se organizan las naves.

Edificios-caja extienden la zona industrial por la plantación y proponen nuevas actividades.

A, B, C, D, E y F: pueden surgir en cualquier punto de la ciudad industrial; la dimensión de las cajas puede ser modificada según las necesidades, no hay que construirlas todas a la vez, de golpe. Los diferentes agentes han establecido una compleja programación de acuerdo con las necesidades y las oportunidades.

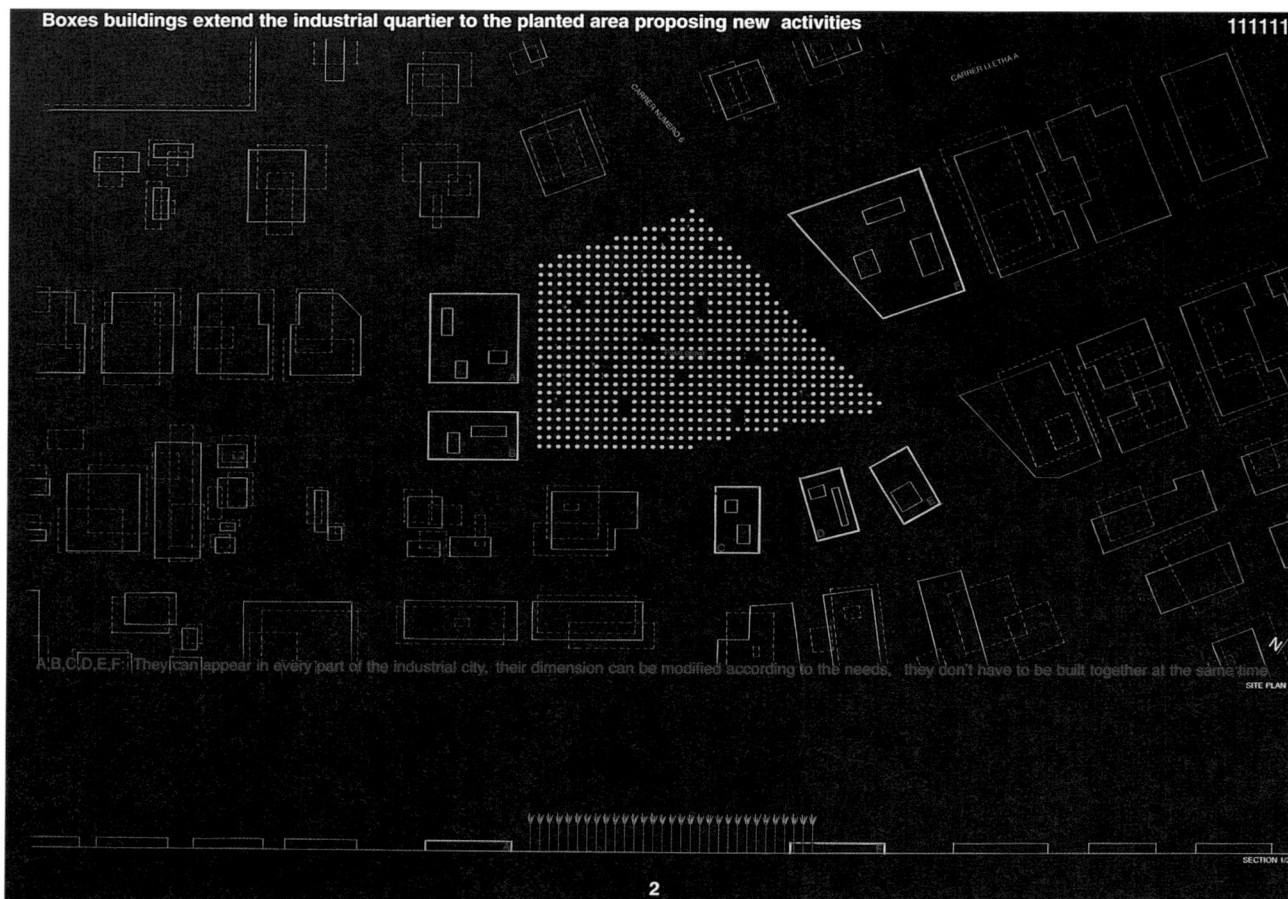

Boxes buildings extend the industrial quartier to the planted area proposing new activities

111111X

A,B,C,D,E,F: They can appear in every part of the industrial city, their dimension can be modified according to the needs, they don't have to be built together at the same time

2

Complementary programs are put next to each other

industry

small businesses

offices
theatre
cinemas
restaurants
reception area
sport facilities
shops

hotel
showrooms
service station
garages
market
bank

palm grove

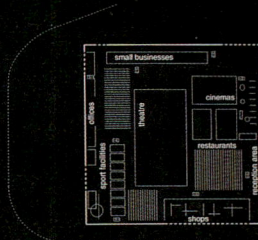

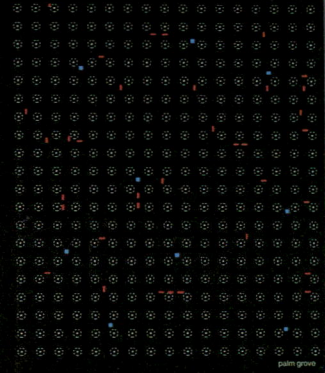

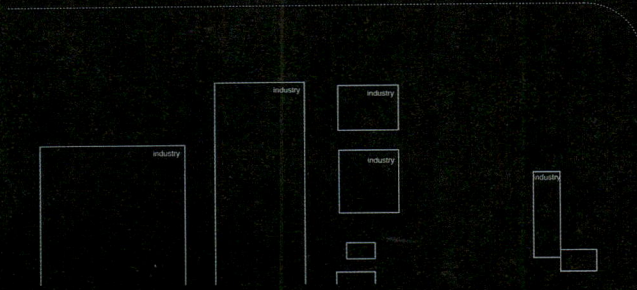

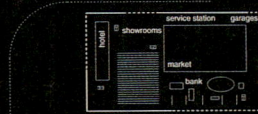

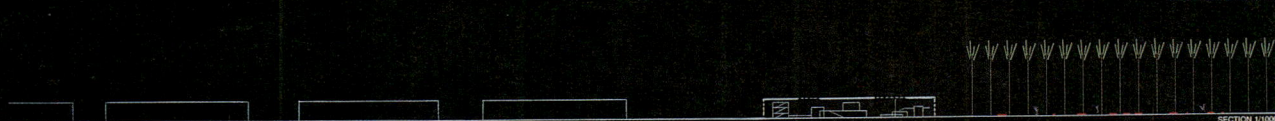

GROUND FLOOR PLAN 1/1000

SECTION 1/1000

Working places

Attractive programs generating the crowd

Palm grove, event in the city

3

Each box is the result of a building strategy

The envelopes gather the programs and regulate the climate (light, air, humidity)

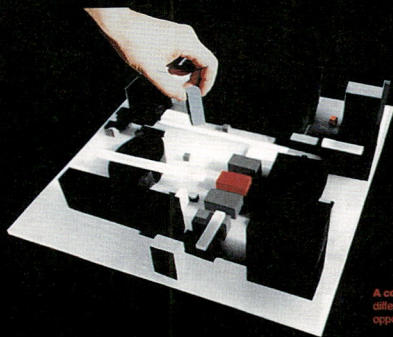

A complexe programing is assembled by different actors according to the needs and opportunities.

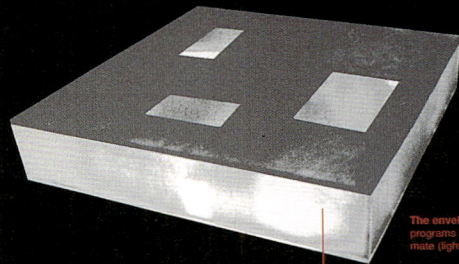

the diversity of the proposed activities creates an always changing atmosphere inside the building.

ZAL

SERVICE AREA FOR THE LOGISTIC ACTIVITY ZONE OF THE PORT OF BARCELONA

1998

4

HASHIM SARKIS
LUIS ROJO DE CASTRO
BEGOÑA FERNÁNDEZ-SHAW
INÉS BENAVENTE

La proposta combina elements de la zona portuària dominada pels vehicles i del paisatge del delta del Llobregat. Els quatre edificis de l'àrea de serveis actuen com la porta física i simbòlica d'accés a la ZAL. S'han projectat des de la percepció de l'automòbil, perquè siguin experimentats en moviment.
caràcter abstracte dels exteriors i l'escala del sistema viari, pròpia dels camions, alliberen els edificis de la sensació d'escala.

This proposal brings together features from the vehicle-dominated industrial port area and from the landscape of the Llobregat delta region.
The Service Area's four buildings act as the physical and symbolic gateway to the ZAL. They are designed from the point of view of a moving car, meant to be experienced in fast motion.
Given their abstract exteriors, and the truck-scale road-system, the buildings also evade a sense of scale.

La propuesta combina elementos de la zona portuaria dominada por los vehículos y del paseo del delta del Llobregat. Los cuatro edificios del área de servicios actúan como la puerta física y simbólica de acceso a la ZAL. Se han proyectado desde la percepción del automóvil para ser experimentados en movimiento. El carácter abstracto de los exteriores y la escala del sistema viario, propia de los camiones, libera los edificios de la sensación de escala.

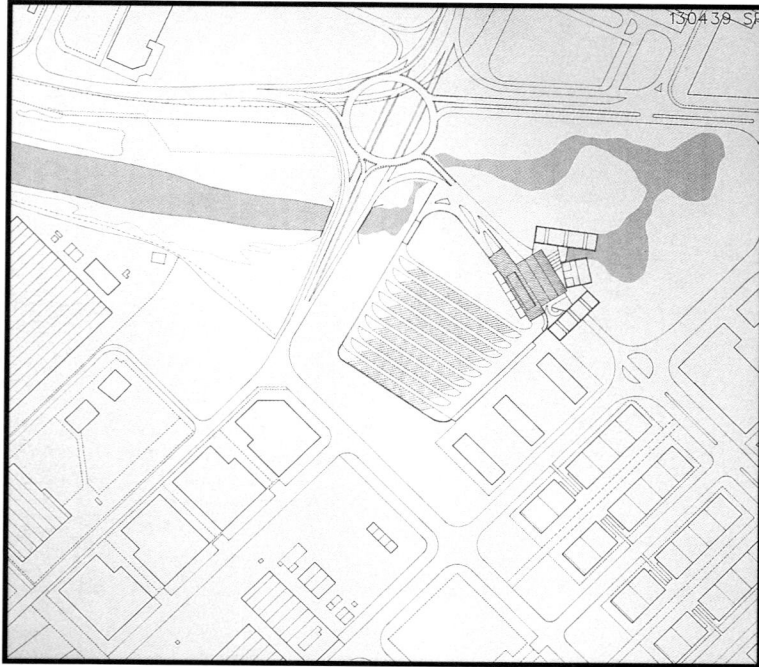

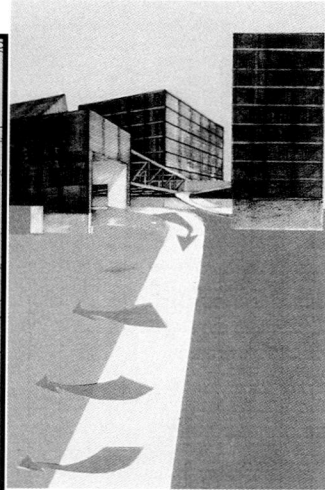

JULIAN FARRALL

La definició del paisatge es basa en configuracions aquàtiques, plantació d'arbustos i el tractament de la superfície del sòl. Perímetres d'arbrat al voltant dels edificis oxigenen l'aire, proporcionen ombra a l'estiu i definiran les directrius de futures construccions. Els edificis principals s'han concebut com acumuladors d'energia que utilitzen la radiació per produir aigua i aire calents.

The landscape design relies on a series of water features, tree planting, shrub planting and ground cover. Belts of tree planting outside the building would oxygenate the air, provide shade in summer and define the main lines of building development. The main buildings have been designed as an energy harvester using radiation to create warm air and warm water.

La definición del paisaje se basa en configuraciones acuáticas, plantaciones de arbustos y el tratamiento de la superficie del terreno. Perímetros de arbolado alrededor de los edificios oxigenan el aire, proporcionan sombra en verano y definirán las directrices de las futuras construcciones. Los edificios principales se han concebido como acumuladores de energía que utilizan la radiación para producir agua y aire calientes.

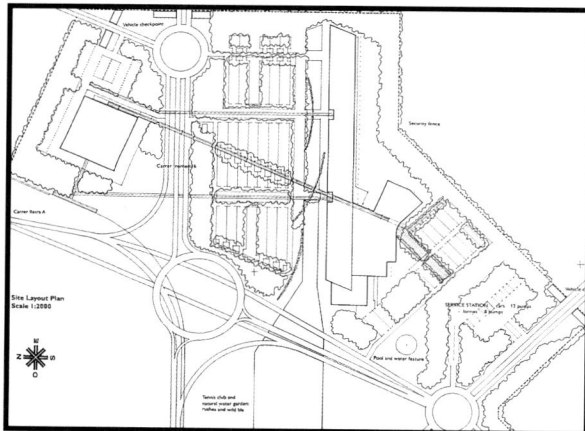

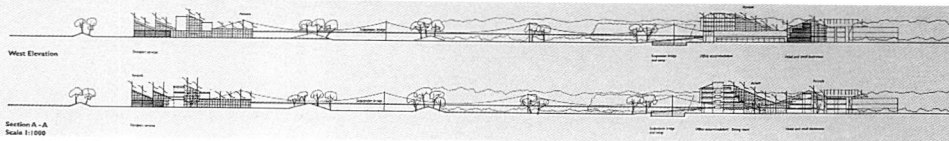

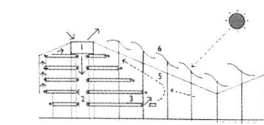

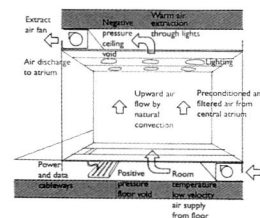

GUILLERMO FERNÁNDEZ PARDO
CRISTINA DÍAZ-MORENO

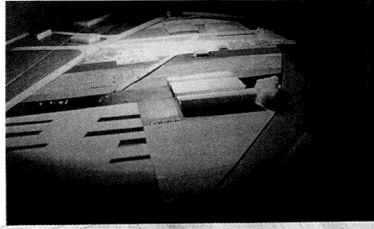

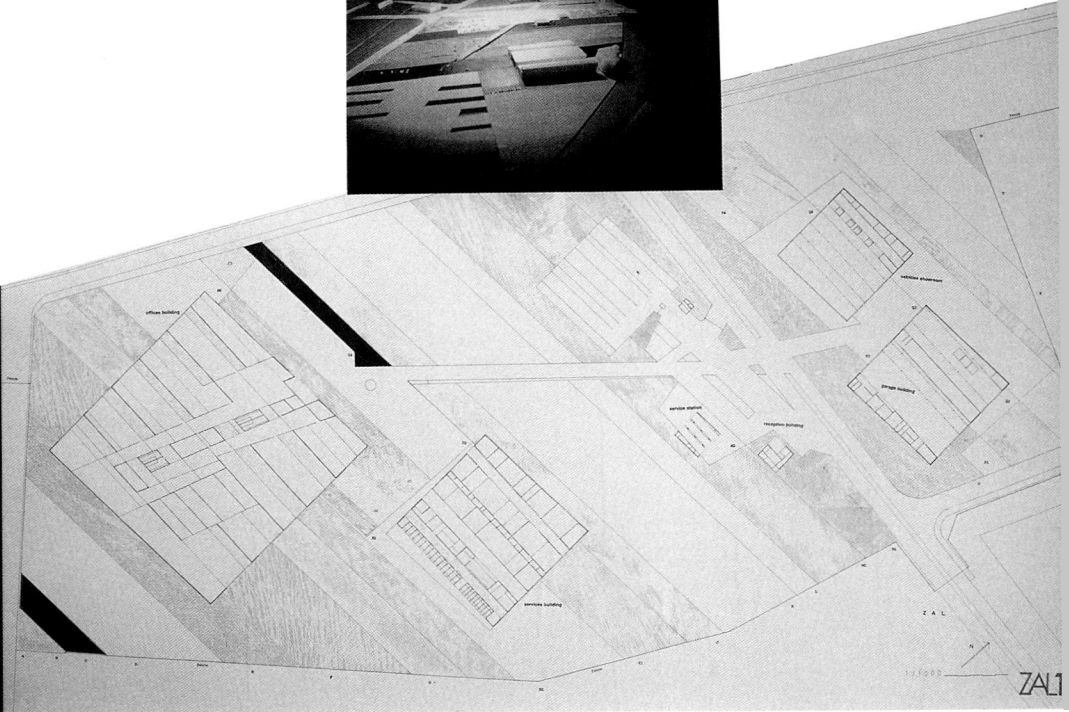

BARCELONA

SÍLVIA ÁLVAREZ
ALBERT VITALLER
JAVIER RUBIO
MIGUEL ÁNGEL CABALLERO

El projecte s'entén com a part de la infrastructura viària, una àrea de parada on se situen serveis que prenen i donen sentit a aquesta xarxa arterial.

D'una banda, els serveis als automòbils i la duana es formalitzen com grans plataformes sobre les quals es coloquen les diferents peces com si fossin mobles. L'altra part del programa se situa a l'extrem oposat del solar: l'edifici passa a ser el contenidor de la concentració i densitat d'usos.

The scheme is thought of as part of the road network, a resting area where services which serve and give sense to this road network are placed.

On one side the car services and the customs are set up as large platforms upon which the different pieces are placed like furniture. The other part of the programme is placed at the other end of the site: the building becomes the container of the concentration and density of uses.

El proyecto se entiende como parte de la infraestructura viaria, un área de parada donde se ubican servicios que toman y dan sentido a esta red arterial.

Por un lado, los servicios al automóvil y la aduana se formalizan como grandes plataformas sobre las que colocar las diversas piezas como muebles. La otra parte del programa se coloca en el otro extremo del emplazamiento: el edificio pasa a ser el contenedor de la concentración y densidad de usos.

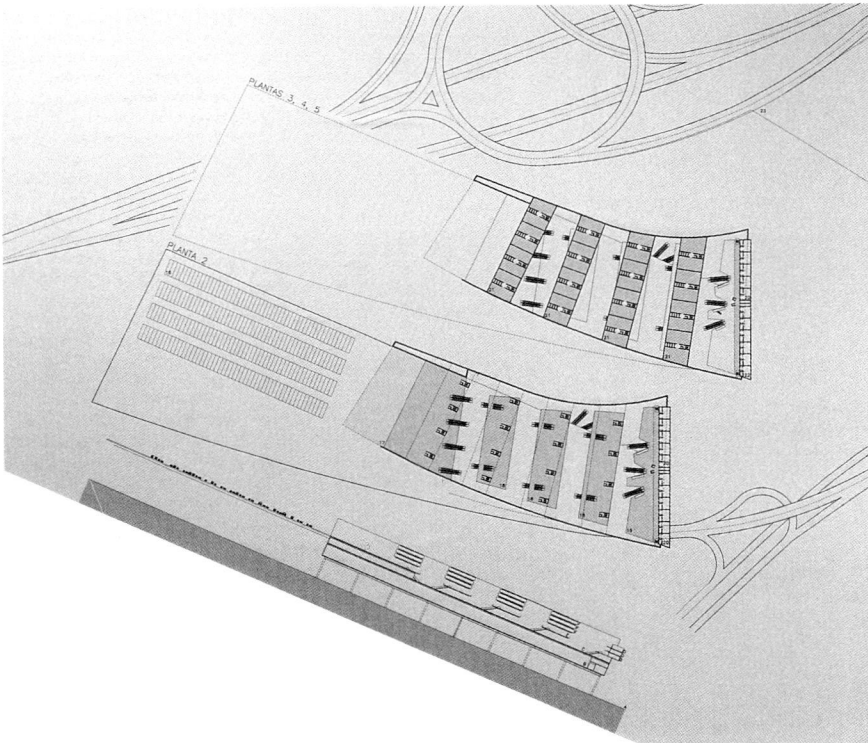

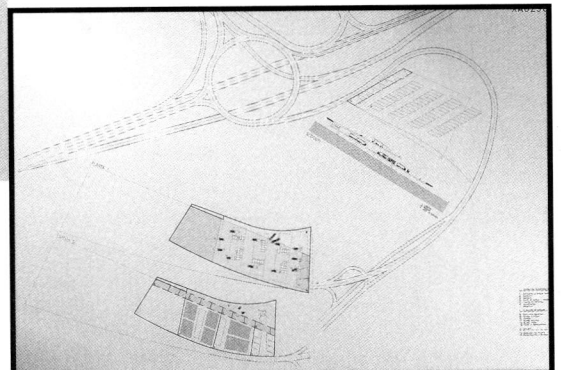

SCARBOROUGH

ANDREA VECCIA-SCAVALLI
REBECCA ANGUS
CHRISTOPHER JOHNSON

Concebut com una forma única, el projecte actua com a mitjancer entre la zona portuària de la ZAL i un cinturó verd proposat sobre la llera recuperada del riu.
Les diferents parts del programa (hotel, oci, oficina, taller/"show-room") s'organitzen dins d'aquesta estructura, s'entrellacen i interaccionen les unes amb les altres.

Consolidated into one form, the project promotes a unified complex wich acts as a mediator between the ZAL port and a proposed green belt on the reclaimed river bed.
The different parts of the program (hotel, entertainment, office, garage/showroom) are arranged within this form to intertwine and interact with each other.

Concebido como una forma única, el proyecto actúa de mediador entre la zona portuaria de la ZAL y un cinturón verde, propuesto sobre el lecho del río.
Las diferentes partes del programa (hotel, ocio, oficina, taller/"show-room") se organizan dentro de esta estructura, se entrelazan e interaccionan las unas con las otras.

MARSEILLE

JEAN-MARC ELBAZ

L'escala va venir donada pel cotxe. La simplicitat i la mida de la composició facilita l'orientació i la lectura dels espais. Els edificis es concentren en una franja de 50 metres d'amplada. Al llac se situa un hotel i a les cantonades una estació de servei que acull botigues especialitzades i garatges. Quan se circula per la via perifèrica, hi ha temps de llegir els rètols, d'agafar la sortida de la dreta i totes les possibilitats del món de trobar un lloc on aparcar el cotxe.

The scale was given by the car. The large and simple composition makes orientation and reading of spaces easier. Buildings are contained in a 50 metre wide band. On the lake one finds the hotel, and in the two corners a service station which incorporates specialized shops and garages. When you drive on the peripheric you have time to read roadsigns, to take the right exit and all the chances to find a place to park your car.

La escala vino dada por el vehículo. La simplicidad y el tamaño de la composición facilita la orientación y la lectura de los espacios. Los edificios se concentran en una franja de una anchura de 50 metros. Sobre el lago se ubica un hotel y en las esquinas una estación de servicio que incluye tiendas especializadas y garajes. Cuando uno circula por la vía periférica tiene tiempo de leer las señales de tráfico y de girar a la derecha en la próxima salida, y tiene todas las posibilidades del mundo de encontrar una plaza de aparcamiento.

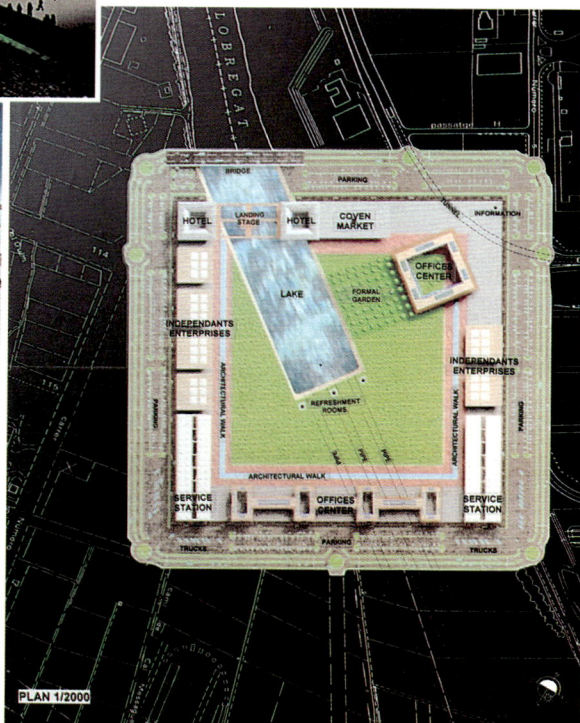

EMANUELA CASATI
CARLO NOCETO
MANRICO MAZZOLI
FABIO OPPICI
LAURA PETRUSO
CRISTINA TURCO

I si es trobés a la pausa, i no en el xiulet, el significat del missatge? Si fos per mitjà del silenci que parlen els tords? (el xiulet seria en aquest cas només un signe de puntuació, una fórmula com el "canvi i fora".) Un silenci, aparentment igual a un altre silenci, podria expressar cent intencions diverses; també, d'altra banda, un xiulet; parlar en silenci, o xiulant, és sempre possible; el problema és entendre's.
"Palomar", ITALO CALVINO

...And what if the meaning of the message were in the pause and not in the song? And what if it were that thrushes spoke through silence? (the song would be, in this case, a punctuation sign, a formula like "over and out"). A silence, apparently identical to another silence, could express a hundred different meanings; on the other hand, that a song also speaks through silence, or through singing, is also possible; the problem is in understanding it...
"Mr. Palomar", ITALO CALVINO.

Y si estuviese en la pausa y no en el silbido el significado del mensaje? Si fuese a través del silencio que los tordos hablan? (el silbido sería en este caso sólo un signo de puntuación, una fórmula como "cambio y fuera".) Un silencio, aparentemente igual a otro silencio, podría expresar cien intenciones distintas; también un silbido por otra parte; hablar en silencio, o silbando, es siempre posible; el problema es entenderse.
"Palomar", ITALO CALVINO

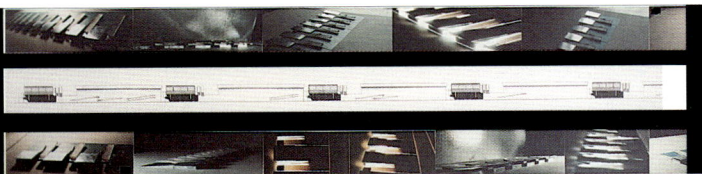

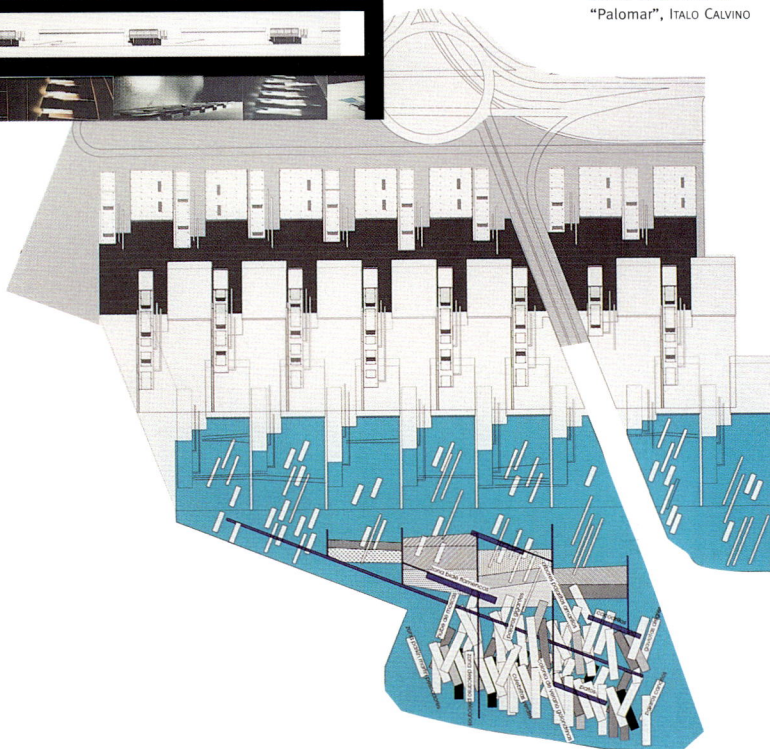

PERE ORTEGA
BETH CANTALLOPS
IVO ARNILLAS. MANEL PALLARÉS
M. ARNILLAS. G. AZNAR
A. CIVIT. C. CONCAS

No volíem fer una porta per a la ZAL que reafirmi que és un recinte tancat. El projecte ocupa tota la frontera amb El Prat. El límit és una franja oberta, transitable a peu i en cotxe, pública, conreuable, contenidor i distribvïdor. Això el converteix en un lloc. Els edificis són tots de color taronja.

We did not want to make a gate to the ZAL which would reaffirm its condition of enclosed space. The scheme covers the whole border with El Prat. The edge is an open band, which can be crossed on foot or by car, a public space which can be farmed, container and distributor. This makes it a place. The buildings are all orange.

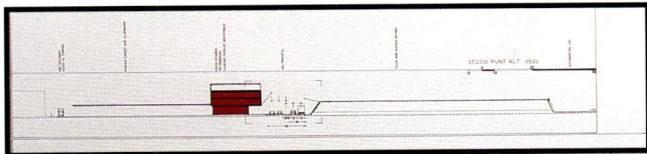

No queríamos hacer una puerta para la ZAL que reafirme que es un recinto cerrado. El proyecto ocupa toda la frontera con El Prat. El límite es un franja abierta, transitable a pie y en coche, pública, cultivable, contenedor y distribuidor. Eso lo convierte en un lugar. Los edificios son todos de color naranja.

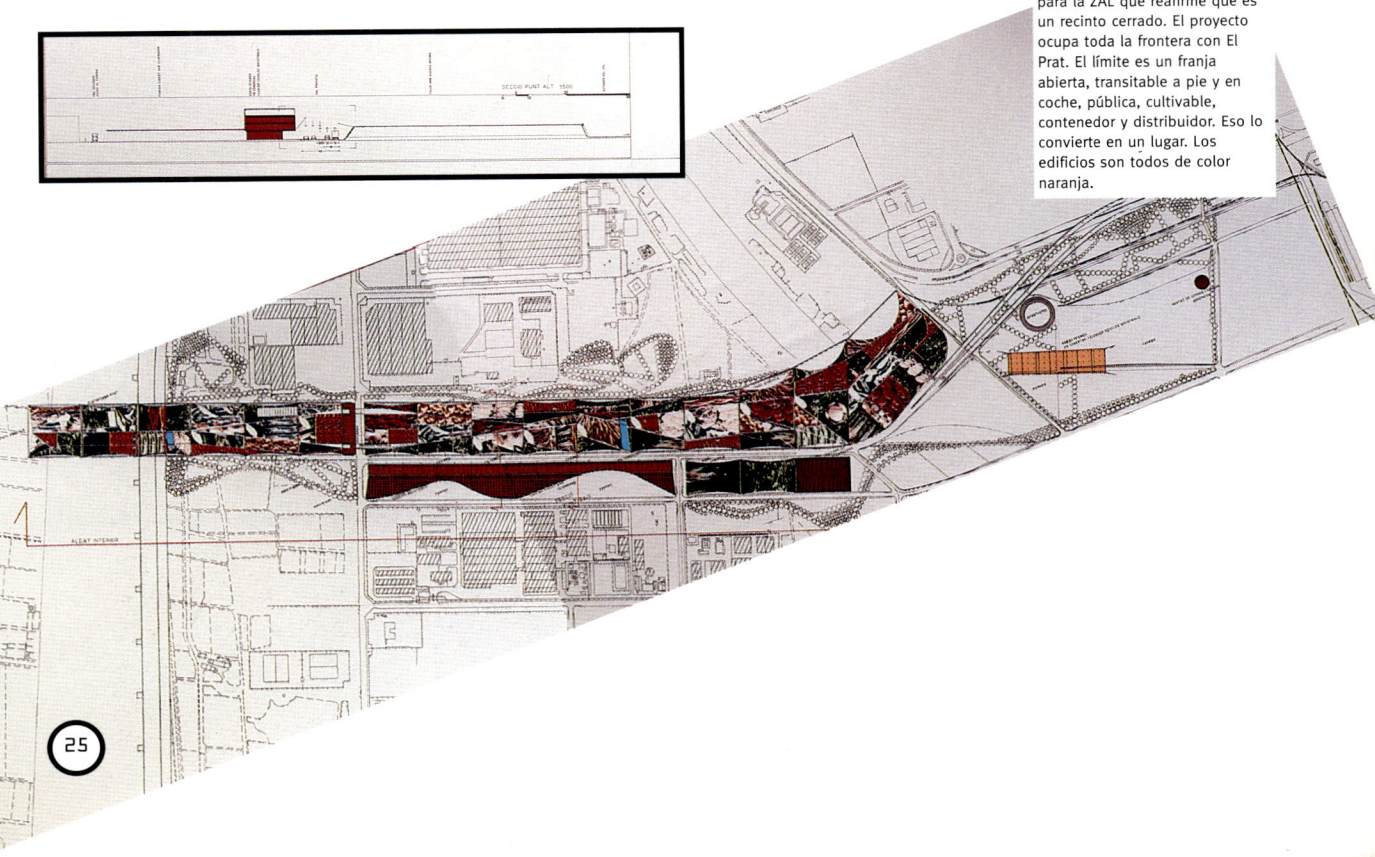

HIROSHI NINOMIYA
KAZUKO NINOMIYA

Segon Premi Second Prize Segundo Premio

L'objectiu és integrar dos tipus diferents de programes: uns amb una funció concreta (oficines, hotel, restaurant, garatge...) i uns altres que han de respondre a les activitats dels camioners. Els primers s'organitzen sota una gran estructura rectangular que integra les diverses fases. D'altra banda, 2follies" flotantes utilitzades com a quiosc, zona de descans, bar, màquines de venda automàtica i vídeo-galeria es distribueixen aleatòriament sobre un nou paisatge per satisfer les necessitats dels camioners.

Two different types of programmes must be integrated; programs with exact purpose such as offices, hotel, restaurant, garage, etc., and programs to respond to the various activities of truck drivers. The former are set up in a huge and rectangular frame which integrates the divided phases. On the other hand, floating follies such as kiosk, rest room, cafeteria, vending machine, and video gallery are randomly set on a new landscape to respond to the various activities of truck drivers.

Se persigue la integración de dos tipos diferentes de programas: unos con una función concreta (oficinas, hotel, restaurante, garaje...) y otros que tienen que responder a las actividades de los camioneros. Los primeros se organizan bajo una gran estructura rectangular que integra las diversas fases. Por otro lado, "follies" flotantes utilizadas como quiosco, zona de descanso, bar, máquinas de venta automática y vídeo-galería se distribuyen aleatoriamente sobre un nuevo paisaje para satisfacer las necesidades de los camioneros.

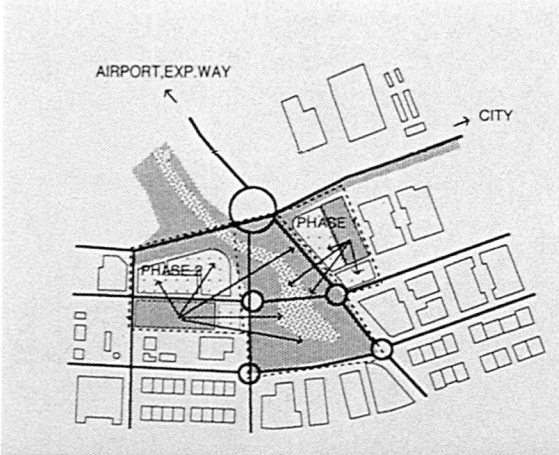

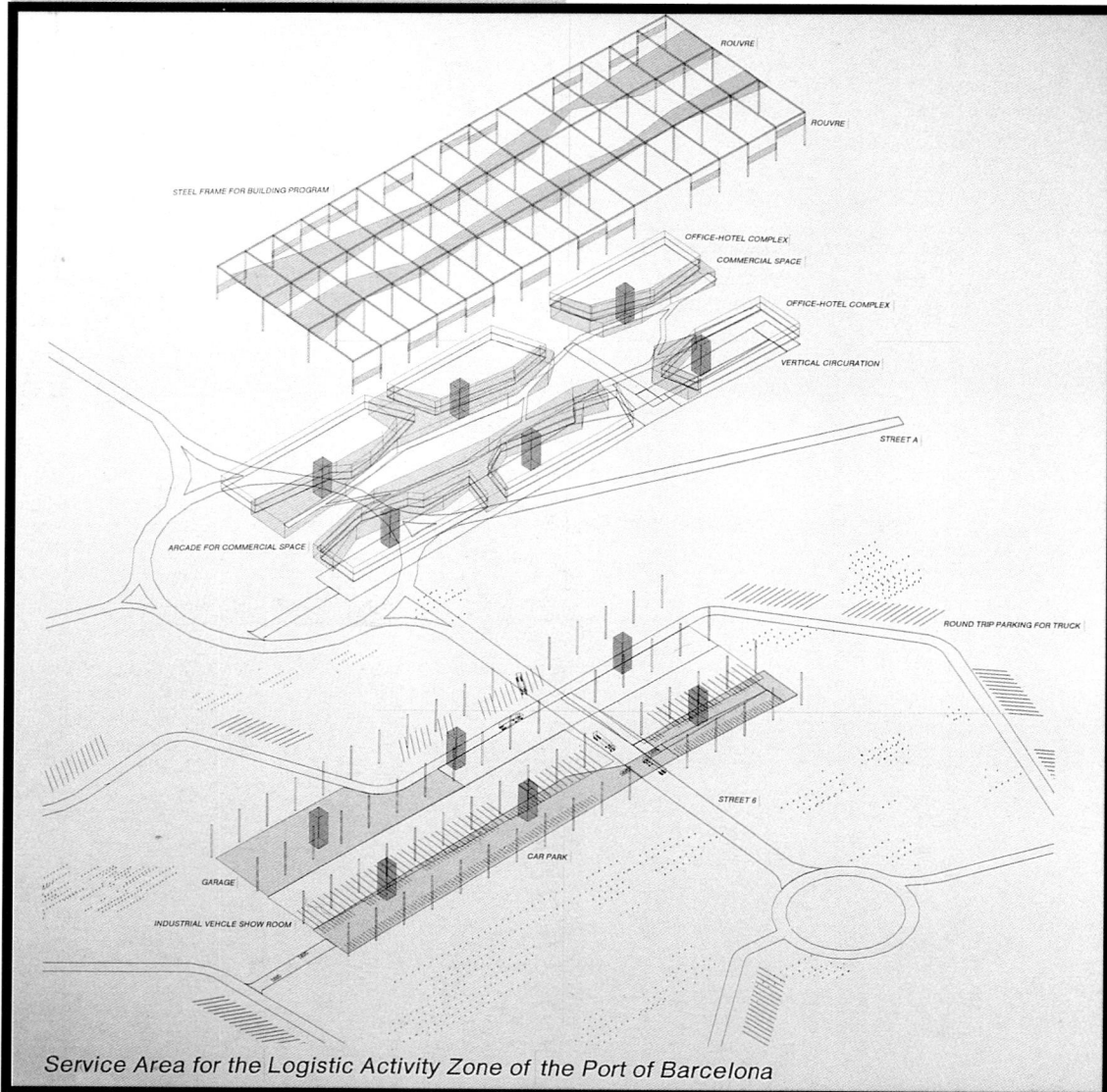

Service Area for the Logistic Activity Zone of the Port of Barcelona

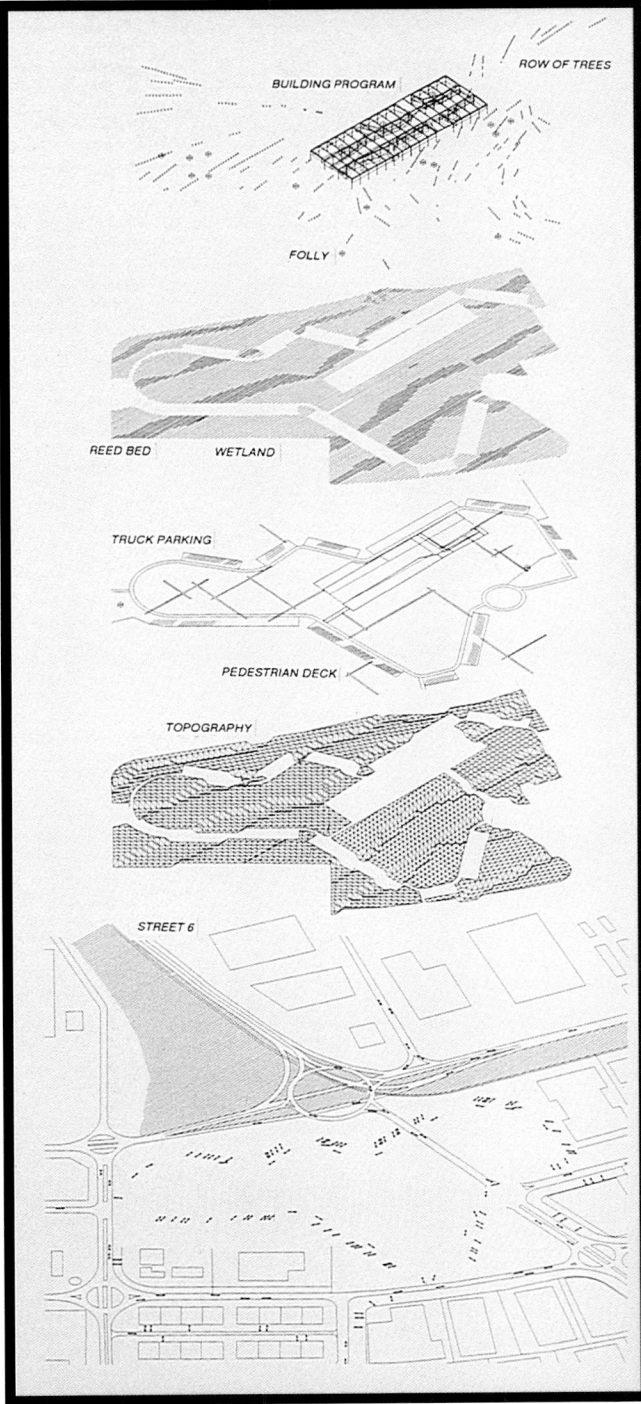

BUILDING PROGRAM

ROW OF TREES

FOLLY

REED BED   WETLAND

TRUCK PARKING

PEDESTRIAN DECK

TOPOGRAPHY

STREET 6

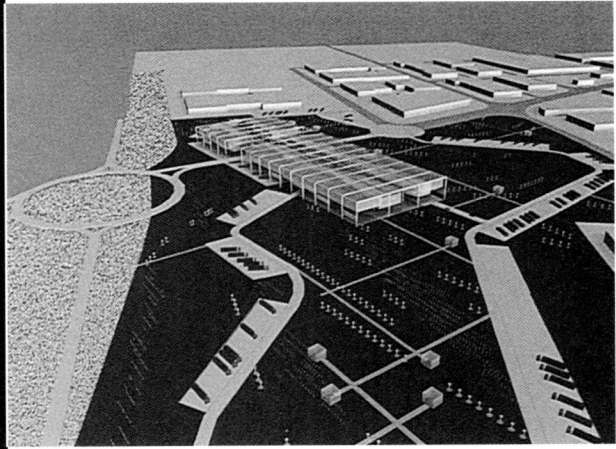

ZAL

STAN ALLEN
MARTIN FELSEN
CÉLINE PARMENTIER
TSUTO SAKAMOTO

Refusant el caos del paisatge perifèric sense remetre'ns a models urbans nostàlgics, busquem un ordre particular per a les zones obertes al límit de la ciutat. Es proposen dues estratègies bàsiques:
1. Una divisió parcel·lària que reconegui la presència de la natura i mantingui l'espai obert verd.
2. Una infraestructura arquitectònica contínua que permeti un creixement flexible i el manteniment de la característiques pròpies.

Refusing the chaos of the suburban landscape -without resorting to nostalgic urban patterns— we look for an order specific to the open zones at the edge of the city. Two prototypical strategies are proposed:
1. A division of land that recognizes the presence of nature and maintains open green space.
2. A continuous architectural infrastructure that will allow flexible development while maintaining identity.

Rechazando el caos del paisaje periférico sin remitirnos a modelo urbanos nostálgicos, buscamos u orden particular para las zonas abiertas en el límite de la ciudad. Se proponen dos estrategias básicas:
1. Una división parcelaria que reconozca la presencia de la naturaleza y mantenga verde el espacio abierto.
2. Una infraestructura arquitectónica continua que permita un crecimiento flexible y el mantenimiento de las características propias.

04

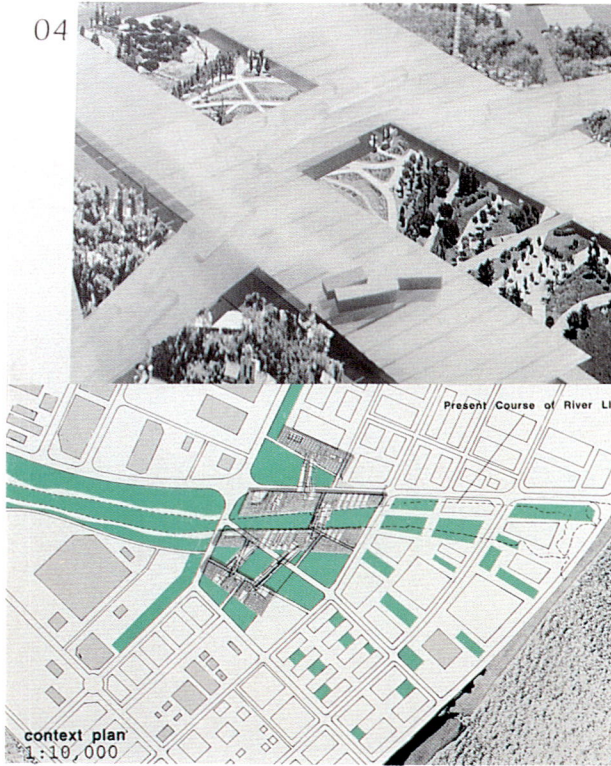

context plan
1:10,000

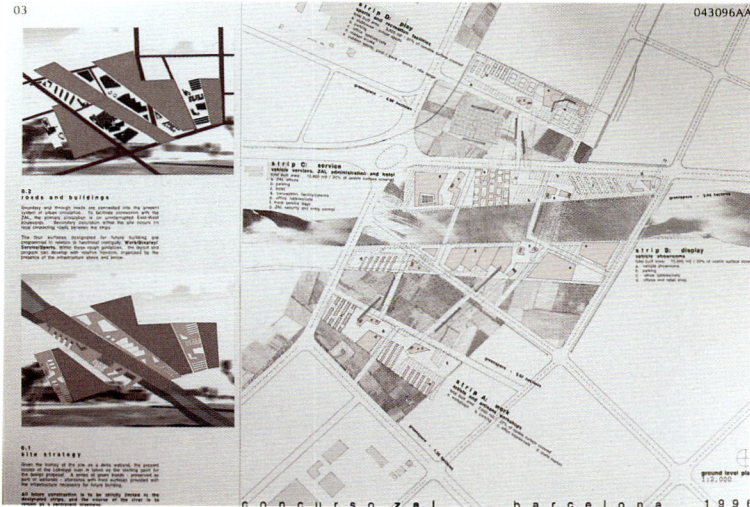

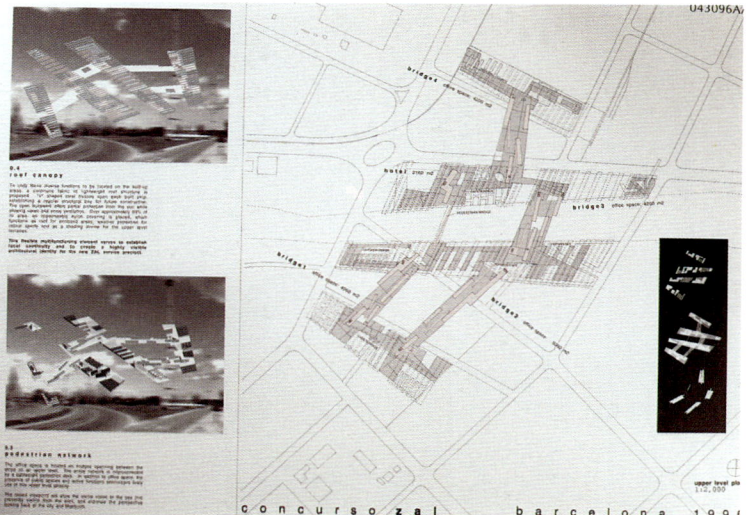

CHRIS ELLIOTT

El terreny és tractat com una tela. La superfície s'esquinça i s'eleva per formar un turó. A un costat i l'altre del turó, la tela s'estén cap a baix per formar llacs.

Altres objectes, blocs i pals es deixen caure sobre aquesta superfície. La poca rigidesa de la base fa que els blocs pesants que acullen les activitats del parc d'oficines s'enfonsin parcialment en el terreny. Els humans travessen el solar, flotant sobre els pals, sense interrompre l'activitat del paisatge verge inferior.

The ground is treated as canvas. Its surface is slit and raised up to form a hillside. On either side of the hill the canvas is stretched down to form lakes.

Other objects, blocks and sticks are dropped onto its surface. The surface is not hard, so the heavy blocks which house the activities of the business park sink partially into the ground.

The humans traverse the site, floating on the sticks, without interrupting the actions of the primeval landscape below.

El terreno es tratado como una tela. La superficie se rasga y se eleva para formar un cerro.

A ambos lados del cerro, la tela se extiende hacia bajo para formar lagos.

Otros objetos, bloques y palos se dejan caer sobre esta superficie. La escasa rigidez de la base hace que los bloques pesantes que acogen las actividades del parque de oficinas se hundan parcialmente en el terreno. Los humanos atraviesan el solar flotando sobre los palos, sin interrumpir la actividad del paisaje virgen inferior.

View Along Main Road

SERVICE AREA FOR TH
LOGISTICS ACTIVITY ZON
OF THE PORT OF BARCELON

ROSER AMADÓ. LLUÍS DOMÈNECH

La proposta aspira a convertir-se en l'element vertebrador d'aquesta zona industrial. Per la seva escala i privilegiada situació metropolitana, suggereix nous tipus de relacions i usos que complementen les activitats logístiques, compatibilitzant horaris, com són les activitats de lleure i esportives.

La imatge emblemàtica de la proposta és una gran taca d'aigua que inunda els buits del teixit industrial, creant una nova llacuna.

The proposal tries to become a unifying element for this industrial area. Its scale and its privaleged position relative to the city, suggest new types of relationships and uses to complement the logistic activities, making working hours compatible with sports and relaxation activities.

The emblematic image of the proposal is a large basin of water in which the voids of the industrial fabric are sunk, creating a new lagoon

La propuesta aspira a convertirse en el elemento vertebrador de esta zona industrial. Por su escala, así como por su privilegiada situación metropolitana, sugiere nuevos tipos de relaciones y usos —de ocio y deportivas— que complementen las actividades logísticas, compatibilizando horarios.

La imagen emblemática de la propuesta es una gran mancha de agua que inunda los vacíos del tejido industrial creando una nueva laguna.

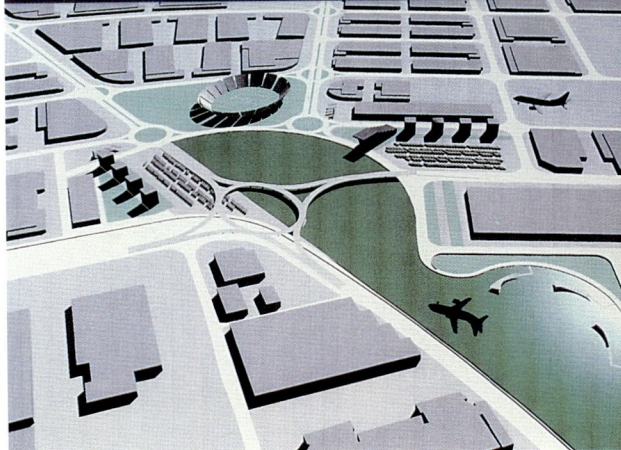

JUAN GONZÁLEZ MARISCAL
J. MORALES SÁNCHEZ
A. ALONSO CAMPAÑA
M. BALLETO AGUILAR
T. CABRILLOS BURGOS
S. DE GILES DUBOIS
J.L. JEREZ
H. MONTES PANIAGÜA
A. PEÑAFIEL SUÁREZ

La dimensió del lloc i del projecte porta a un àmbit geogràfic, a la terra, als fenòmens naturals, als seus accidents, a les seves transformacions, al seu "mapa". El complex es concep com una gegantina pasta de full, a través de la qual flueixen la llum, l'espai i els moviments. Diverses capes de terres i les seves diferents cotes i inclinacions entren en contacte les unes amb les altres, proposant un funcionament creuat i estratificat del programa.

The size of the site and the programme leads us to the ambi of geography, to the land, to natural phenomena, to its accidents, to its transformations, to its "map". The complex is imagined to be an enormous puf pastry, across which flows light, space and movement. Various layers of floors with their differe levels and slight inclinations, touch one another, proposing a stratified and crossed functioning of the programme.

La dimensión del lugar del proyecto y del programa nos conduce al ámbito geográfico, a tierra, a los fenómenos naturales, a sus accidentes, a sus transformaciones, a su "mapa". El complejo se imagina como un enorme hojaldre, a través del cua fluyen la luz, el espacio y los movimientos. Varias capas de suelos y sus diferentes cotas y su ligeras inclinaciones entran en contacto unas con otras, proponiendo un funcionamiento cruzado y estratificado del programa.

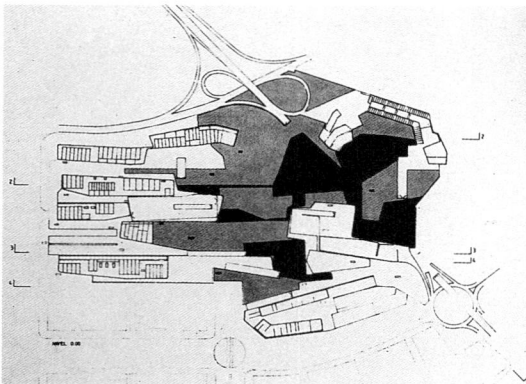

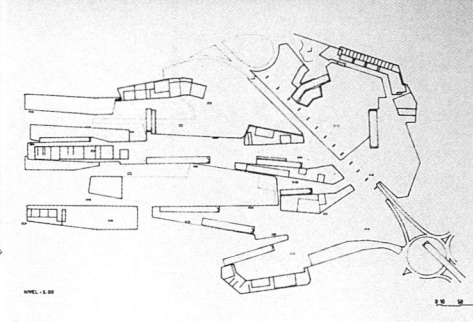

KATHERINE SKELLON
PETER HIGGINS
STEVEN JENSEN

re winding
removing
and including
tram riding
and resting

truck stops
for service
up dates
new additions
new parts
new trucks
showrooms and offices

envisaged
plus factor
specific
artists
small business
studios
within
encourage
feeding off
integrating with
and responding to
surrounding community life

Àrea industrial necessitada de regeneració ofereix a la societat una fita arquitectònica a Barcelona. En immillorable situació per a totes les destinacions: trampa aèria, marítima, ferroviària i terrestre.
Amagada sota el ventre de l'edifici, excavada a vuit metres sota terra, una anella invisible a l'alçada de l'ull acull i aparca el vehicles prop dels tallers i nuclis de serveis industrials.

Industrial area in need of regeneration offers society architectural landmark in Barcelona. In a key position for all ports of calling: air, sea, rail and land trap.
Hidden under belly of building, excavated 8 metres down, a ring not visible at eye level holds and parks vehicles near show rooms, garages and industrial service centres.

'Area industrial necesitada de regeneración ofrece a la sociedad un hito arquitectónico en Barcelona. En inmejorable situación para todos los destinos: trampa aérea, marítima, ferroviaria y terrestre.
Escondida bajo el vientre del edificio, excavada a ocho metros bajo tierra, un anillo invisible a la altura de los ojos acoge y aparca los vehículos cerca de los talleres y núcleos de servicios industriales.

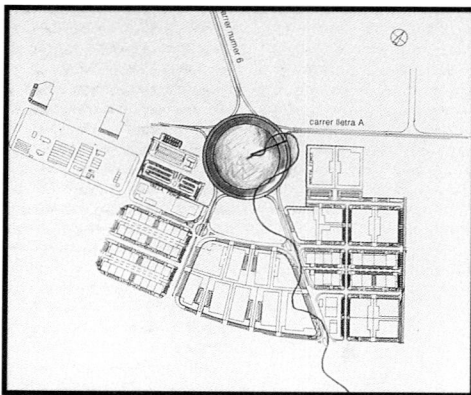

FRANK VAN DER LINDEN
TONY GOOSSENS
PATRICK MEIJERS

Un paisatge artificial acull les activitats de la zona logística i fa de porta a la vegetació i a la fauna del lloc.

Una retícula de 50 x 50 metres s'estén sobre el solar; un bosc de pilars que suporta les jàsseres sobre les quals es plega una plataforma-coberta de làmines metàl·liques.

El programa no es tradueix en arquitectures concretes: la plataforma-coberta és un paisatge urbà per sota i a través del qual poden anar sorgint els edificis al llarg del temps.

An artificial landcape gives shelter to the activities of the logistic zone and marks an entrance to the vegetation and the fauna of the site.

A grid of 50 by 50 m. is led over the site, a forest of columns bears beams over which a deck of steel plates is folded.

The program is not translated in a specific architecture, for the deck is a urban landscape under and through which buildings can rise up now or in several years.

Un paisaje artificial acoge las actividades de la zona logística y hace de puerta a la vegetación y la fauna del lugar. Una retícula de 50 x 50 metros se extiende sobre el solar; un bosque de pilares que soporta las jácenas sobre las que se pliega una plataforma-cubierta de láminas metálicas.

El programa no se traduce en arquitecturas concretas: la plataforma-cubierta es un paisaje urbano por debajo y a través del cual pueden ir surgiendo los edificios a lo largo del tiempo.

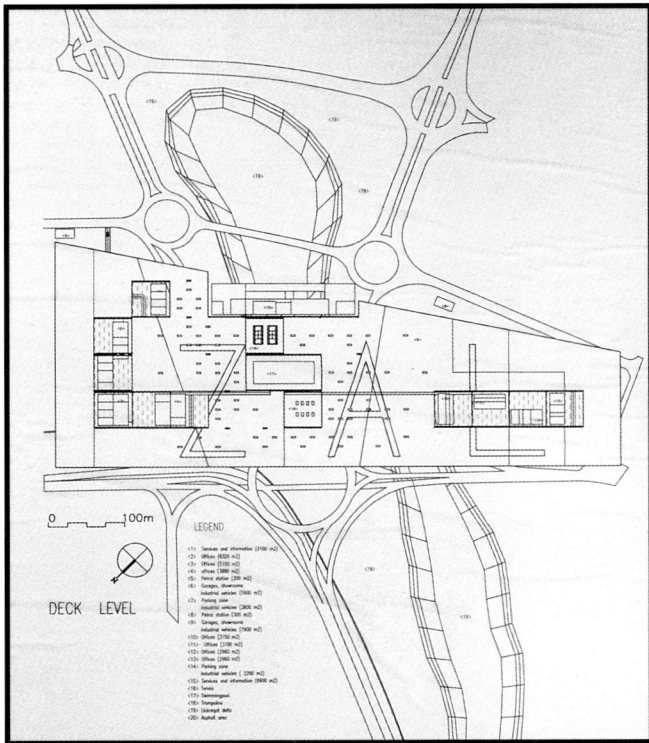

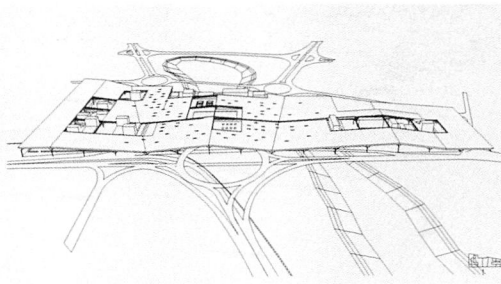

MATHIAS KLOTZ
FELIPE ASSADI
LILIANA SILVA
HORACIO TORRENT
ELODIE FULTON
JACQUES BLANCHARD

L'arquitectura traça el territori. Construeix la ZAL com a ciutadella fundacional. Ordena la geografia mitjançant un mur-tanca longitudinal que tanca el lloc, sense trencar la continuïtat del sòl i així se n'allibera. Alhora, el sòl s'alça i cau per tornar-se a elevar i definir el límit de la zona. A l'interior, un parc que assumeix condicions diferents a costat i costat del traç transversal: un costat, àrid i actiu; l'altre, verd i serè. Grans sostres verds que acullen grans naus completen aquesta illa enmig del territori industrial.

The architecture traces the site. It builds the ZAL as a foundational fortress. It orders the land with a longitudinal strip of wall that closes the site, without breaking the continuity of the levels and liberating itself from it. At the same time, the ground rises and falls, undulating, finally rising again to define the area's limits. In its interior is a park that assumes different conditions on either side of the transversal line, one side dry and active, the other, green and tranquil. Great green roofs that hold sheds complete this island in the middle of industrial territory.

La arquitectura traza el territorio. Construye la ZAL como ciudadela fundacional. Ordena la geografía mediante un muro-cinta longitudinal que cierra el lugar sin romper la continuidad del piso y liberándose así de él. A la par, el suelo se eleva y cae, ondulándose, para volverse a elevar y definir el límite de la zona. En su interior, un parque que asume distintas condiciones a ambos lados de la traza transversal: un lado árido y activo, el otro verde y sereno. Grandes techos verdes que albergan galpones completan esta isla en medio del territorio industrial.

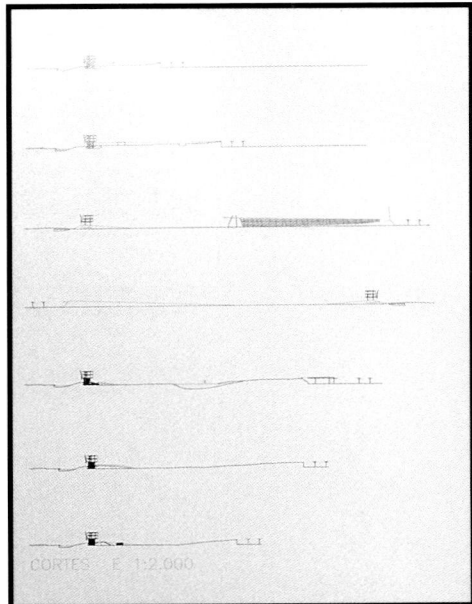

ESPLUGUES DE LLOBREGAT

RAFAEL AYUSO SIART
JUAN DIEGO CORRA
CELIA CAPELLI
JULIÁN MARINI

La proposta intenta, en primer lloc, resoldre les connexions circulatòries mitjançant un nus de doble llaç circular. L'edifici, situat a l'espai circumscrit pel nus, combina la concentració i complexitat del programa en un espai on fluxos i moviment creen un món orgànic de relacions visuals i funcionals, contingut per límits virtuals, efímers, constituïts per llums i plafons publicitaris.

The proposal sets as a priority to solve traffic connections by means of a double-lace round intersection. The building is located in the space defined by the intersection. It combines the concentration and the complexity of the programme into a space where flows and movement create an organic set of visual and functional relationships contained by virtual and ephemeral borders made up of light and advertising boards.

La propuesta intenta en primera instancia resolver las conexiones a nivel circulatorio mediante un nudo de doble lazo circular. El edificio, situado en el espacio comprendido por el nudo, conjuga la concentración y complejidad del programa en un espacio donde flujos y movimiento crean un orgánico mundo de relaciones visuales y funcionales, contenido por límites virtuales, efímeros, constituidos por luces y planos publicitarios.

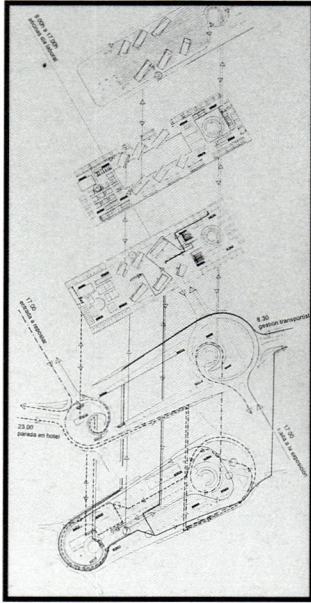

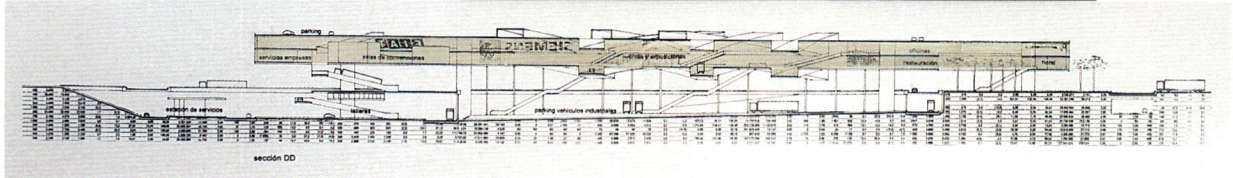

sección DD

ZAGREB

IVANA CRNOŠIJA
ZDRAVKO KRASIC

La possibilitat de complexitat en la forma de vida moderna exigeix una abstracció formal en el camp urbà. La franja experimental estableix una pauta per a l'anàlisi del camp urbà. Cada fragment de la franja disposa de la seva zona de creixement o de contracció, depenent del seu caràcter específic. L'àrea de creixement és l'àrea de tot l'emplaçament, simplificada en una forma rectangular que defuig la limitació dels continguts de les zones logístiques.

Complexibility of a modern way of living demands abstractness of form within the urban field. The testing band is placing a pattern as area of analysis of urban field. Each one of testing zones on band has it's own area of extension or contraction- it depends on its character. The area of extension is area of whole site, simplified to the rectangular form which denies closing down logistic zones of contents in, for that, precise characterised area.

La posibilidad de complejidad en la forma de vida moderna exige una abstracción formal en el campo urbano. La franja experimental establece una pauta para el análisis del campo urbano. Cada fragmento de la franja dispone de una zona de crecimiento o de contracción, dependiendo de su carácter específico. El área de crecimiento es el área de todo el emplazamiento, simplificada en una forma rectangular que evita la limitación de los contenidos de las zonas logísticas.

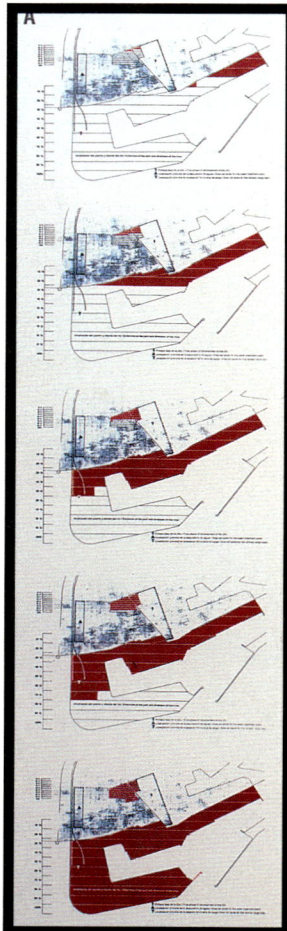

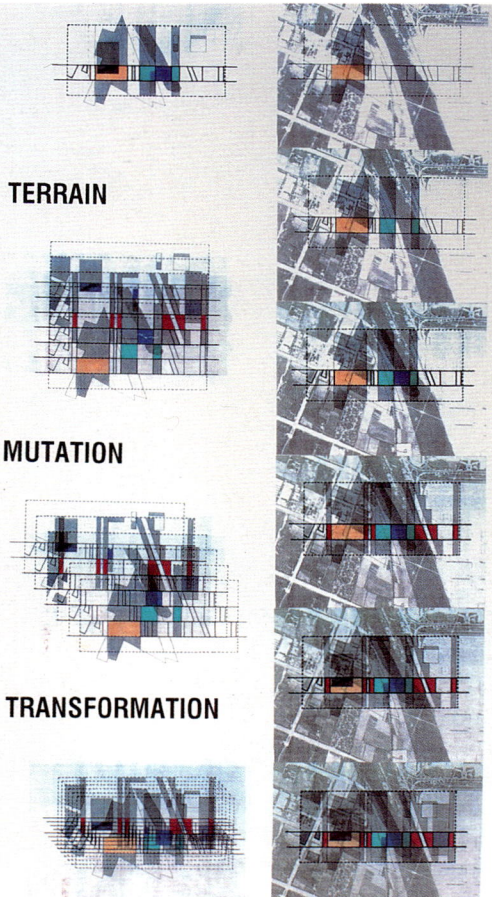

TERRAIN

MUTATION

TRANSFORMATION

Tercer Premi Third Prize Tercer Premio

NAOTO YAEGASHI
GEN MURAGUCHI
HIDETOSHI OHTA
KAZUYA SAKURAI
NAOTAMI YASUDA

La supervivència de la zona portuària depèn de la seva multifuncionalitat i de la seva capacitat de barrejar funcions, de la seva capacitat de romandre canviant. El projecte proposa un sistema de gestió perquè l'emplaçament aculli usos diferents. Una doble estructura laminar relligada per dues espirals defineixen un volum tridimensional que representa les accions humanes, un element invariant obert a una multiplicitat d'usos.

The survival of the harbor area depends on its multifunctionality and capacity of mixed use, on its hability to remain in flux. A management system is proposed to accomodate various uses of the site. A two plate structure including two spirals encompass a three-dimensional volume representing human actions- a constant from which multiple uses can occur.

La supervivencia de la zona portuaria depende de su multifuncionalidad y de su capacidad de mezclar funciones, de su capacidad de permanecer cambiando. El proyecto propone un sistema de gestión para que el emplazamiento acoja usos diferentes. Una doble estructura laminar religada por dos espirales define un volumen tridimensional que representa las acciones humanas, un elemento invariable abierto a una multiplicidad de usos.

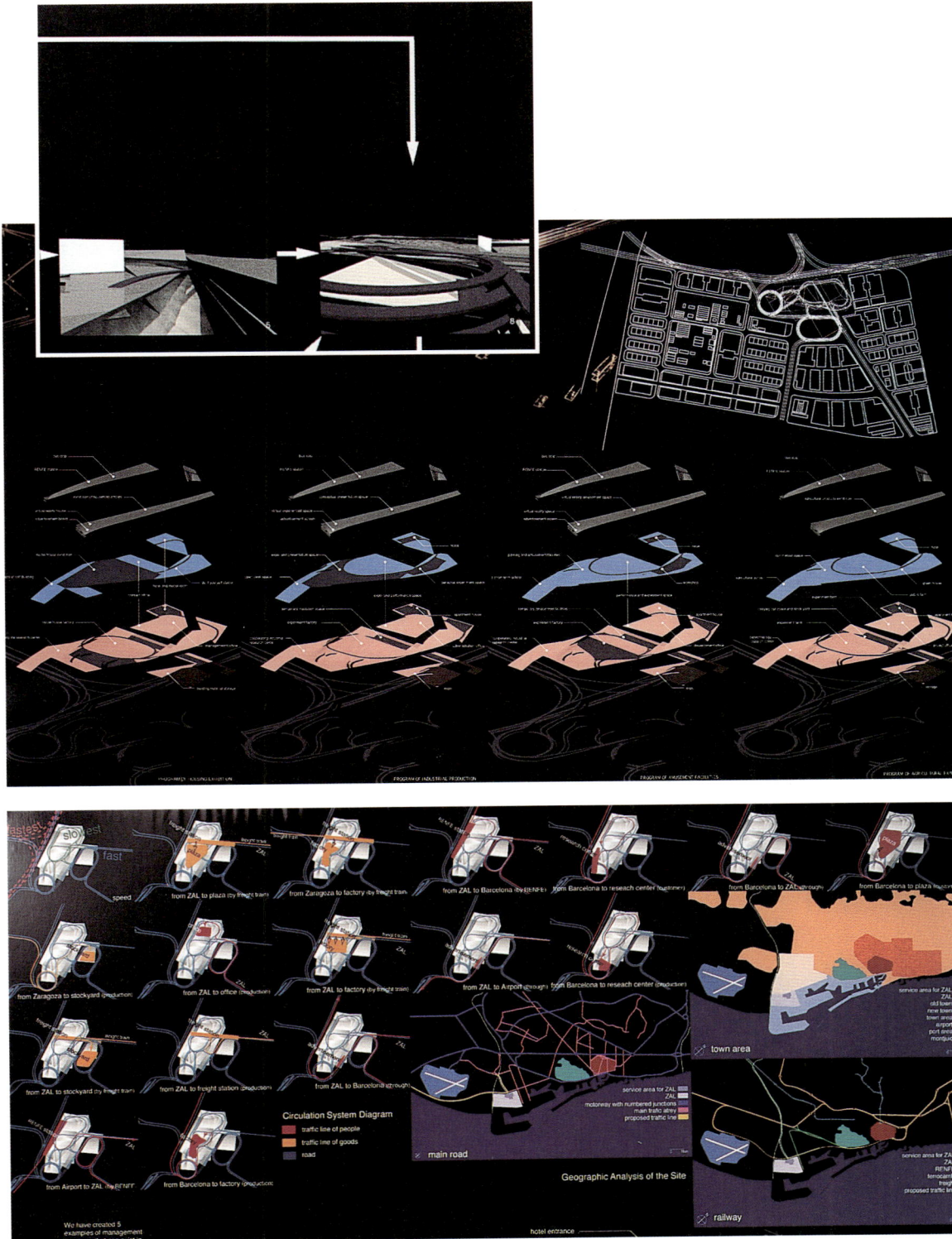

Circulation System Diagram

Geographic Analysis of the Site

MARIA ISABEL IMBRONITO
EDISON HITOSHI HIROYAMA

L'estructura a la qual es connecten els edificis permet l'expansió i diferenciació d'usos i funcions sota un únic element arquitectònic: un gest capaç d'organitzar un territori extens, difícil de copsar i segmentat.

The structure which connects the buildings allows the expansion and differentiation of uses and functions under one architectonic element: a gesture which enables the organisation of a vast site which is segmented and difficult to understand.

La solución lineal adoptada como estructura a la cual se conectan los edificios posibilita la expansión y diferenciación de usos y funciones bajo un elemento arquitectónico con un fuerte carácter funcional y simbólico: un gesto capaz de organizar un lugar vasto, de difícil aprehensión y segmentado.

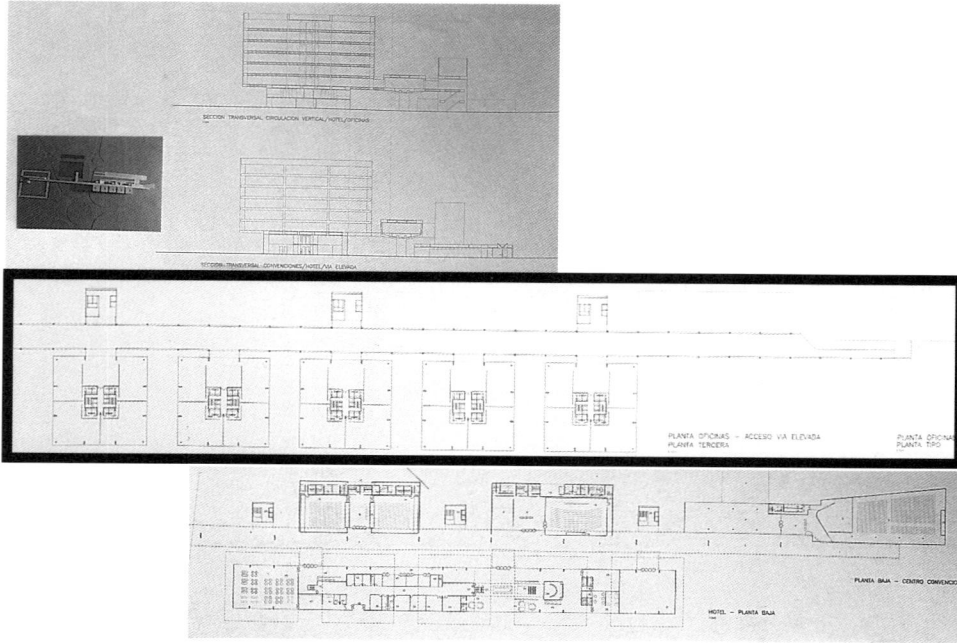

ADRIÁN CABALLERO
MARCELO BARRALE
CLAUDIA CAPRINO
SILVANA PIACENZA
AUGUSTO LIBERATORE
PABLO RIMOLDI
TANIA PIDUSTWA
MARIANA VALLEJOS

El projecte intenta reflexar la recerca d'un equilibri entre la prolongació del paisatge i l'exhibició tecnològica de la construcció: una tira o barra de secció reduïda i de gran longitud, capaç de situar-se sobre el territori amb la mínima incidència d'ocupació possible i d'integrar en fases successives el creixement i l'evolució de la ZAL.

The project seeks a balance between the extension of the landscape and the technological exhibition of construction: a long and narrow strip or bar able to perch on the ground without taking too much space and able to integrate, in subsequent stages, the development and evolution of the ZAL.

El proyecto intenta manifestar la búsqueda de un equilibrio entre la prolongación del paisaje y la exhibición tecnológica de la construcción: una tira o "barra" de sección reducida y de gran longitud, capaz de posarse sobre el territorio con la menor incidencia de ocupación posible y de integrar, en sus sucesivas fases, el desarrollo y evolución de los dos ZAL.

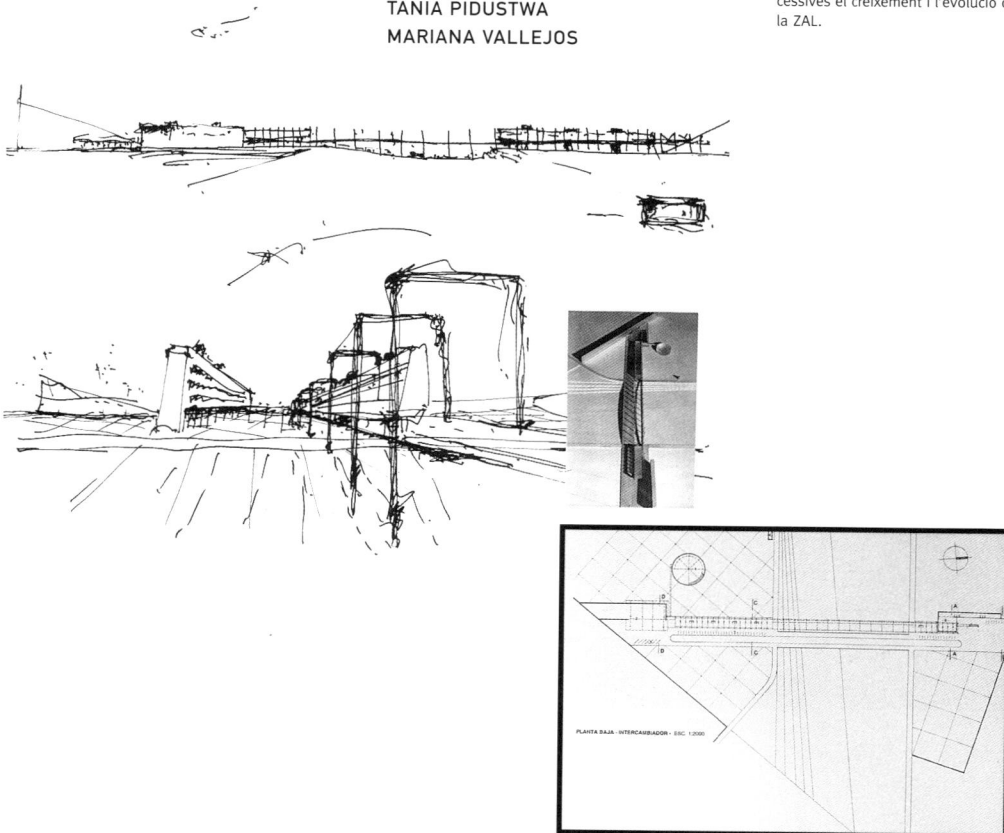

GERARD VAN EDE
F. CARDINAAL
H. HAMEETEMAN
H. HOLTHUIZEN
M.ROSE, R. KOEK
W. HERMANS, T. DE JONG
D. SEGERS, W. KORVINUS

El projecte intenta connectar els aspectes programàtics d'un centre tecnològic de recerca amb la qualitat desèrtica de l'entorn. Es creen així dos mons. La part més fonda, on es trobava el riu, es dedica a la recerca per a l'obtenció d'aigua i a la trobada i el lleure de la gent. Les obres infrastructurals previstes se situen a nivell del terreny. Travessen tranquil·lament el solar i creuen per l'aire l'àrea de recerca.

Our aim is to connect the programmatic aspects of a technological research-center with the contextual aspects of the desert-like quality. Therefore we create two worlds. The deepest part where the river used to be, is dedicated to the research on the provision of water and to the meeting and entertaining of people. The infrastructural works which are foreseen are created on ground level. They traverse smoothly over the area and cross the research site in the air.

El proyecto intenta conectar los aspectos programáticos de un centro tecnológico de investigación con la calidad desértica del entorno. Se crean así dos mundos. La parte más honda, donde se encontraba el río, se dedica a la investigación para la obtención de agua, también es un punto de encuentro y ocio de la gente. Las obras infraestructurales previstas se sitúan a nivel del terreno. Atraviesan tranquilamente el solar y cruzan por el aire el área de investigación.

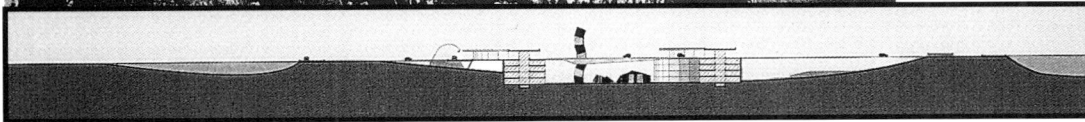

DIETER DIETZ
URS EGG

Escales: l'entorn del solar configura una segona natura on l'escala humana esdevé obsoleta. El projecte es proposa combinar aquestes dues escales. El sistema viari segueix els fluxos de l'alta velocitat i del lliure moviment. Una segona estructura configura el lloc de les persones. Un gran parc (natura artificial, terra comprimida) es connecta amb edificis relativament petits, que alhora es connecten entre ells mitjançant una llarga passera. En aquests espais canvien les escales, es barregen, xoquen i desapareixen.

Scales: the surroundings of the competition site build a second nature in which human scale seems obsolete. It is the intention of the project to interwine those two scales. The traffic system follows the flows of highspeed and uninhibited movement. A second structure forms the places of the person. A vast park (artificial nature, pressed earth) is linked to relatively small buildings, which in themselves are connected by a long walkway. In these spaces scales vary, intermingle, collide, disappear.

Escalas: el entorno del solar conforma una segunda naturaleza en la que la escala humana parece quedar obsoleta. El proyecto intenta entrelazar estas dos escalas. El sistema de tráfico sigue los flujos del libre movimiento y de la alta velocidad. Una segunda estructura configura los espacios de las personas. Un extenso parque (naturaleza artificial, tierra comprimida) se une a edificios relativamente pequeños, que a su vez se unen entre sí a través de una larga pasarela. En estos espacios, las escalas varían, se mezclan, colisionan y desaparecen.

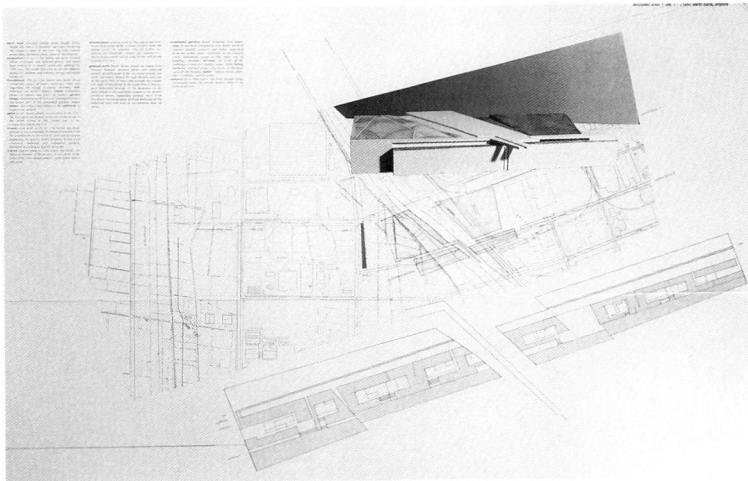

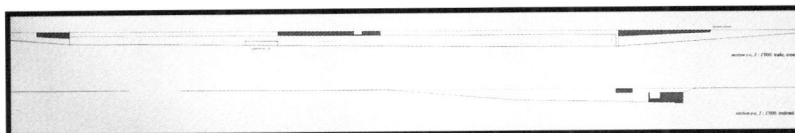

ZAL

SILVIA MARIA RUMIERI
BEATRIZ BISCAYART
HÉCTOR BLAZIC

Projectar un parc els nivells del qual configuressin els espais demanats. Substituir el so i el moviment de l'aigua pel moviment sòlid de fluxos i xarxes de connexió. Acompanyar el sentit de la llera mitjançant la transformació del riu en plataformes esteses com espais exteriors de recorreguts.

Designing a park with levels which would shape the required spaces. Replacing the sound and movement of water by a solid movement of connecting flows and nets. Complementing the meaning of the river bed by transforming the river into extended platforms to be used as outdoor itineraries.
Diseñar un parque cuyos pisos fueran creando los espacios requeridos. Reemplazar el sonido y el movimiento del agua por un movimiento sólido de flujos y redes de conexión. Acompañar el sentido del cauce transformando el río en plataformas entendidas como espacios exteriores de recorridos.

JEAN PIERRE DÜRIG
PHILIPPE RÄMI

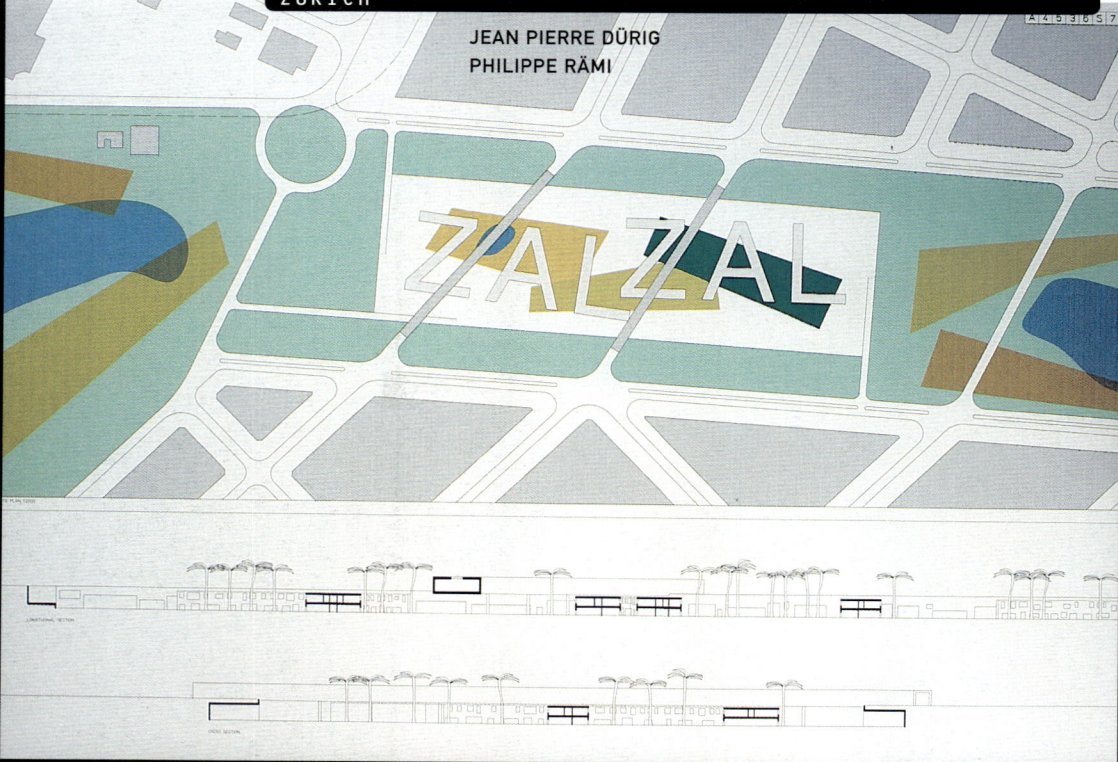

ANTONIO MONTES
MONTSERRAT PERIEL

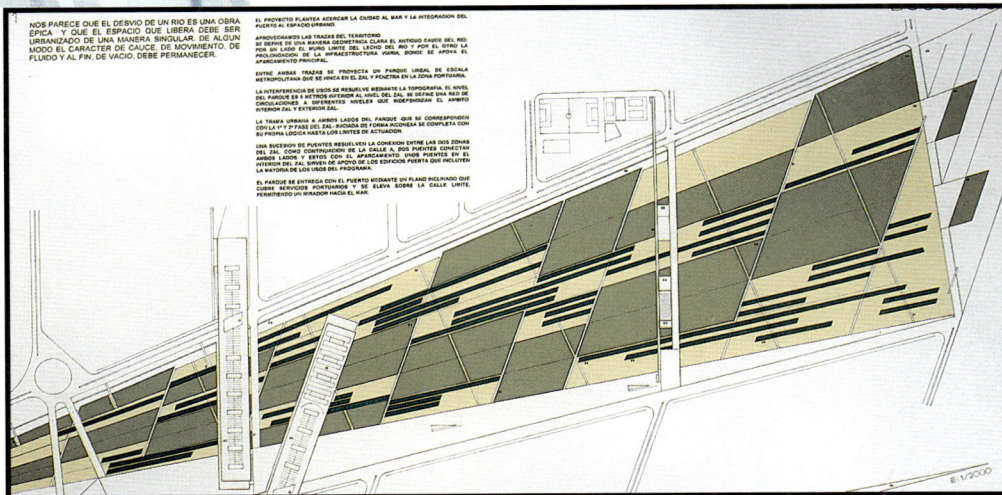

El desviament del riu és una obra èpica i l'espai que allibera ha de ser urbanitzat d'una manera singular. D'una manera o una altra, el caràcter de llera, de moviment, de fluid i, finalment, de buit, ha de romandre. La interferència d'usos es soluciona mitjançant la topografia: el parc es troba cinc metres per sota de la ZAL, i una successió de ponts resolen la connexió entre les dues fases.

The diversion of the river is an epic project and the space which is created should be planned in a particular way. In some way the character of the river bed, of the movement, of the fluid, and lastly of emptiness ought to remain. The interference of uses are solved with the help of the topography - the park is 5m lower than the ZAL- and a series of bridges resolve the connection between the two areas of the ZAL.

Nos parece que el desvío de un río es una obra épica y que el espacio que libera debe ser urbanizado de una manera singular. De algún modo el carácter de cauce, de movimiento, de fluido y al fin, de vacío, debe permanecer.

La interferencia de usos se soluciona mediante la topografía -el nivel del parque es 5 metros inferior al nivel de la ZAL- y una sucesión de puentes resuelven la conexión entre las dos zonas del ZAL.

IÑAKI OZCARIZ
KATHLEEN LINDSTROM

Integració dels sistemes hidrològic, industrial i de transport.
Primera fase: els edificis de serveis a empreses es col·locaran a la vora del riu. Els espigons i l'acumulació de sediments protegiran els edificis i crearan noves platges.
Procés de desviament del cabal del riu: penetració ferroviària; canals de filtrat d'aigües residuals; complementació dels espigons per crear zones humides; inici de l'ampliació del port.
Segona fase: la xarxa rodada i ferroviària genera l'espai per a grans naus divisibles i amb una alta capacitat intermodal.

Intergration of the industrial, transport and hydraulic systems.
First phase: Services for businesses are placed along the riverbank. The groynes and the accumulation of sand will protect them and will create new beaches. The process of the diversion of the river: the penetration of trains; filtering channels for residual waters; complementing the groynes to create wetlands; the beginning of the port's extension.
Second phase: the road and train network generate the space for large, divisible industrial sheds with a high intermodal capacity.

Integración de los sistemas hidrológico, industrial y de transporte.
Primera fase: Los edificios de servicios a empresas se colocarán en el borde del río. Los espigones y la acumulación de sedimentos protegerán los edificios e irán creando nuevas playas.
Proceso de desvío del caudal del río: penetración ferroviaria; canales de filtrado de aguas residuales; complementación de los espigones para crear humedales; inicio de la ampliación del puerto.
Segunda fase: la red rodada y ferroviaria genera el espacio para grandes naves divisibles y con una alta capacidad intermodal.

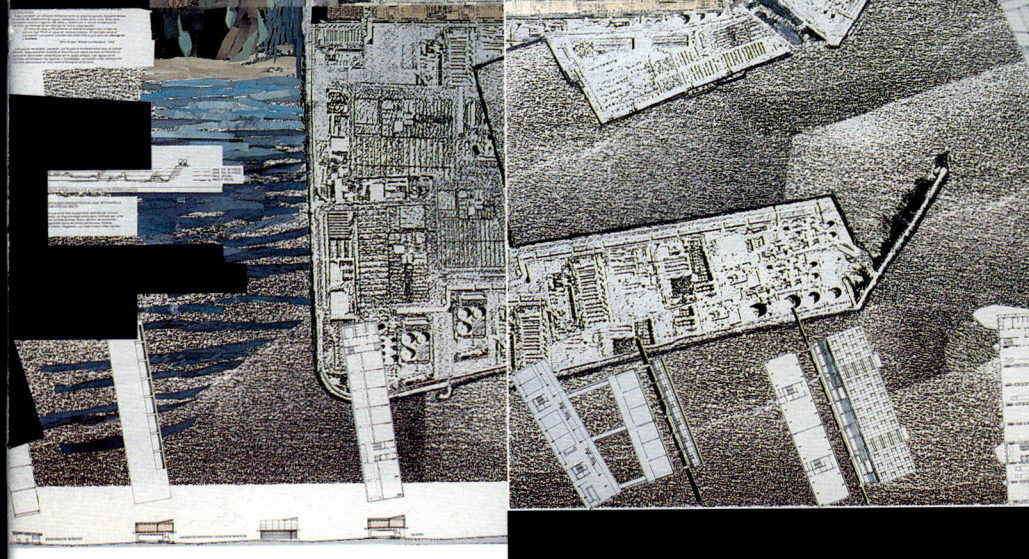

ZAL

JOSEP MARIA GIRÓS

Aquesta proposta té com a objectiu crear un buit que pren la forma de zona humida: estany, llacuna... com a resposta lògica a l'espai que l'envolta.

El programa d'usos no és important. És més important dotar la ZAL d'estructures flexibles. Aquí només hi ha tres divisions: l'automòbil, l'espai de relació i el contenidor. El primer lligat a l'accés, i els altres dos, al buit.

Esta propuesta persigue la creación de un vacío que toma la forma de zona húmeda: estanque, lago..., en lógica respuesta al espacio que le envuelve.

El programa de usos no es importante. Es más importante dotar la ZAL de estructuras flexibles. Aquí solamente hay tres divisiones: el automóvil, el espacio de relación y el contenedor. El primero ligado al acceso y los otros dos, al vacío.

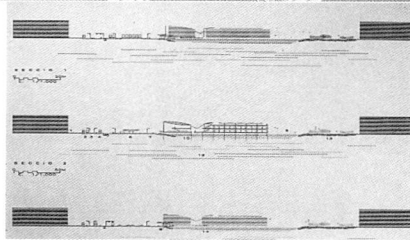

This proposal is about the creation of a void which takes the shape of a wet area: pond, lagoon...as a logical response to its surroundings.

The programme is of no importance. Endowing ZAL with flexible structures is more important. Here, there are only three parts: the car park, the space in between and the container. The first being linked to the entrance, and the other two, to the void.

PABLO ORTUZAR SILVA
M. NICOLÁS, M. BOJOVIC
D. BOULLY, M. CHIANG
G. DE TOMA, N. DUPARD
K. JEDDI, K. KRENNRICH
A. LE FLOCH, D. PFITZEUREUTER
J.F. RIGUIDEL, A.S. ROCHEPEAU
K. SAKDA, M.H. UZUREAU
S. VALBUSA

El projecte requalifica la llera del Llobregat mitjançant la integració d'una activitat pública i urbana amb l'activitat industrial i logística. Amb aquesta nova dimensió, aquesta zona ofereix una continuïtat urbana fins el mar, d'acord amb la història i les aspiracions de Barcelona.

Through the introduction of a public and civic activity in an industrial and logistic environment the project redefines the function of the river bed. In this new dimension, the area allows for the city to extend to the sea, thus responding to the history and expectations of Barcelona.

El proyecto recalifica el lecho del Llobregat integrando una actividad pública y urbana a la actividad industrial y logística. Con esta nueva dimensión, esta zona ofrece una continuidad urbana hasta el mar, conforme con la historia y esperanzas de Barcelona.

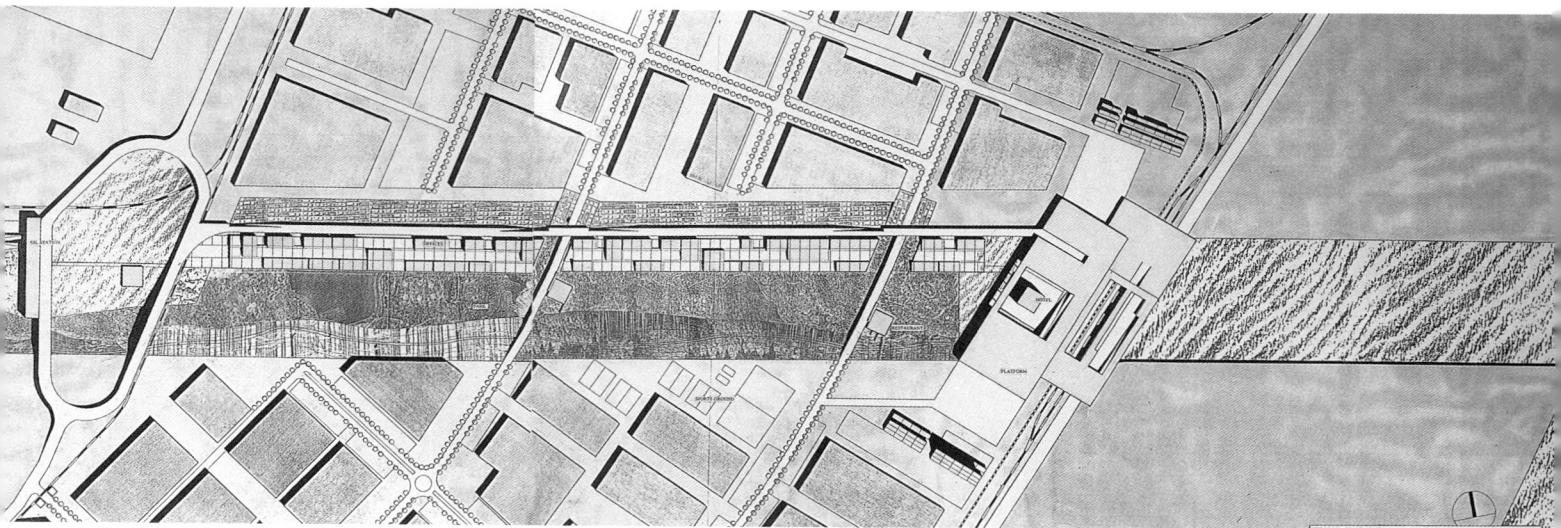

GILLES CUSY
MICHEL MARAVAL
JACQUES FERRIER

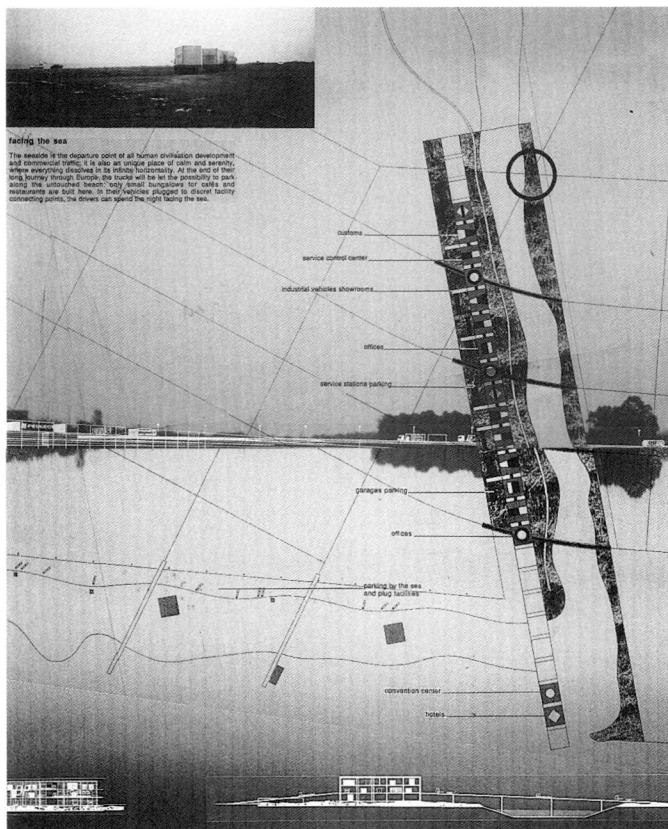

facing the sea

The seaside is the departure point of all human civilisation development and commercial traffic; it is also an unique place of calm and serenity, where everything dissolves in its infinite horizontality. At the end of their long journey through Europe, the trucks will be let the possibility to park along the untouched beach; only small bungalows for cafés and restaurants are built here. In their vehicles plugged to discret facility connecting points, the drivers can spend the night facing the sea.

El projecte combina peces de natura amb artefactes tecnològics en una àrea precisa extreta del teixit continu de la ZAL. Dins la caixa, el moll de serveis és una instal·lació lineal travessada pels camions i creuada per ponts d'enllaç, que es reflexa sobre la superfície del riu i s'orienta cap al mar. Al final del llarg viatge a través d'Europa, els camions tindran l'oportunitat d'aparcar al llarg de la platja lliure, on els conductors podran passar la nit davant del mar.

El proyecto combina piezas de la naturaleza con artefactos tecnológicos en un área precisa extraída del tejido continuo de la ZAL. Dentro de la caja, el muelle de servicios es una instalación lineal, atravesada por los camiones y cruzada por puentes de enlace, que se refleja sobre la superficie del río y se orienta al mar. Al final del largo viaje a través de Europa, los camiones tendrán la oportunidad de aparcar a lo largo de la playa libre, donde los conductores podrán pasar la noche frente al mar.

Our proposal combines pieces of nature with the artefacts of technology in a precisely defined area cut-out from the continuous ZAL grid. Inside this box, the service pier is a linear installation driven through by trucks and crossed by linkbridges, mirorring itself on the river surface and pointing out towards the sea. At the end of their long journey through Europe, the trucks will be let the possibility to park along the untouched beach where the drivers can spend the night facing the sea.

LUIS MARTÍNEZ SANTA-MARÍA

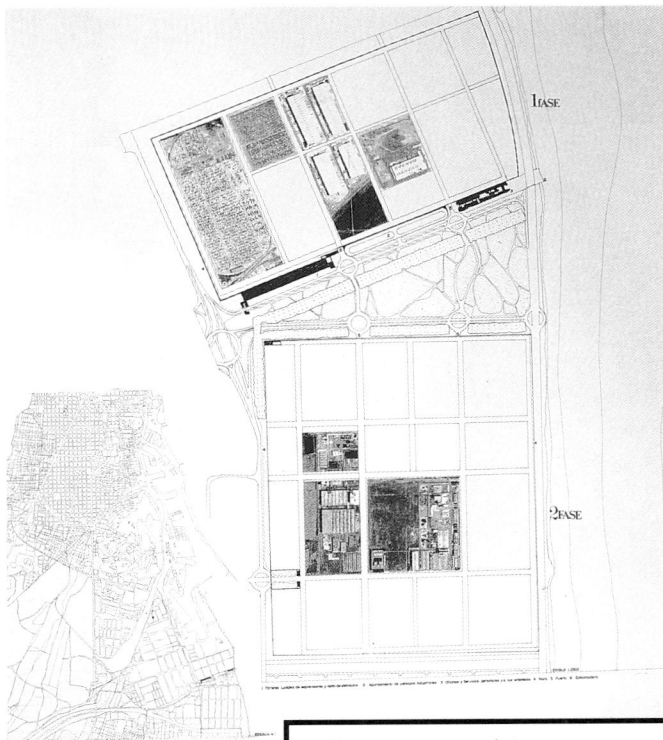

Dos grans blocs reticulars, un per cada fase prevista de construcció, deixen un espai buit que s'aprofita com a parc. Aquest espai lliure és el millor vestíbul per a la ZAL i el millor sòcol per a les tres construccions que es colocaran a un dels costats, seguint una renglera estricta: l'edifici de tallers i locals comercials, l'edifici d'oficines i, entre un i l'altre, l'aparcament per a vehicles industrials.

Two reticulated blocks, one for each phase of construction planned, leave an empty space which is used for a park. This green space is the best vestibule for the ZAL, and the best base for the three buildings, which will be placed in a straight row along one of its sides: the building that houses workshops and commercial units, the office building, and between the two, the parking lot for industrial vehicles.

Dos grandes bloques reticulados, uno por cada fase de construcción prevista, dejan un espacio vacante que se aprovecha como parque. Este vacío verde es el mejor vestíbulo a la ZAL, y el mejor zócalo para las tres construcciones que en uno de sus lados van a venir a colocarse en una estricta fila: el edificio de talleres y locales comerciales, el edificio de oficinas y, entre los dos, el aparcamiento para vehículos industriales.

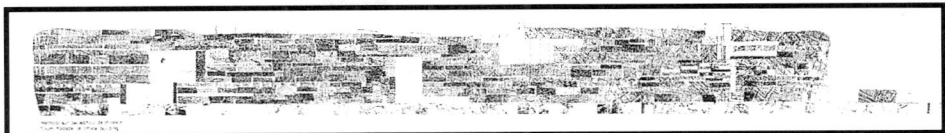

ZAL

ALESSANDRO CARBONE
PIERRE ANDRÉ BOHNET
STEEVE RAY
DIANA STILES
RETO EHRAT

Una línia de llum vista des d'un avió.
Un port vist des del mar.
Un dic vist des de la carretera.
Un horitzó vist des del parc.
El projecte atura la construcció, l'avanç del creixement urbà; és un límit brusc i clar. L'edifici que permet tot això flota sobre el terra, com un espigó. Un edifici horitzontal, un límit, un passatge, és alhora extremadament respectuós i dòcil envers els elements naturals.

A strip of light seen from a plane.
A port seen from the sea.
A dam seen from the road.
A horizon seen from the park.
The project stops the construction, the advance of the urban sprawl, it is a limit abrupt and clear. The building which allows all this floats above the ground, like a jetty. A horizontal building, a limit, a passage, it is at the same time extremely respectful and docile towards the natural elements.

Una línea de luz vista desde un avión.
Un puerto visto desde el mar.
Un dique visto desde la carretera.
Un horizonte visto desde el parque.
El proyecto detiene la construcción, el avance del crecimiento urbano, es un límite brusco y claro. El edificio que permite todo esto flota sobre el suelo como un espigón. Un edificio horizontal, un límite, un pasaje, es a la vez extremadamente dócil y respetuoso con los elementos naturales.

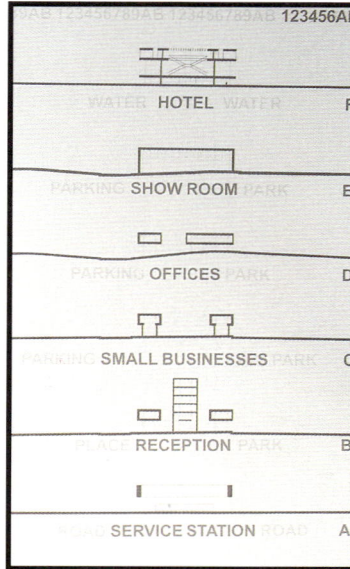

WATER HOTEL WATER	F
PARKING SHOW ROOM PARK	E
PARKING OFFICES PARK	D
PARKING SMALL BUSINESSES PARK	C
PLACE RECEPTION PARK	B
ROAD SERVICE STATION ROAD	A

I hus only one bust level, detached from the ground (6m), closed, mysterious, brilliant (stainless steel) and monolithic from the south. At the same it is open and extroverted in relation to the natural elements - vegetation, water, sky - from the north, at a regional scale it is a line, a break in the plan, a cut, a scar...

1400

TRANSVERSAL SECTION

LLUÍS MARTÍN FABREGAT
OLGA DUQUE DE LAMA

Definició d'una topografia. L'antiga llera és la referència pròpia. Les noves dimensions exigeixen continguts que responguin a les magnituds. L'edificació és la topografia que adopta el lloc. Les formes es contaminen de ciutat.

Definition of a topography. The former river bed is the reference. New dimensions require contents that will adapt to these magnitudes. Buildings become the topography of the site. Shapes are infused with urbanity.

Definición de una topografía. El antiguo lecho del río es la referencia propia. Las nuevas dimensiones requieren contenidos acordes con las magnitudes. La edificación es la topografía que adquiere el solar. Las formas se contaminan de la ciudad.

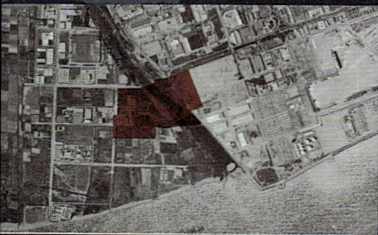

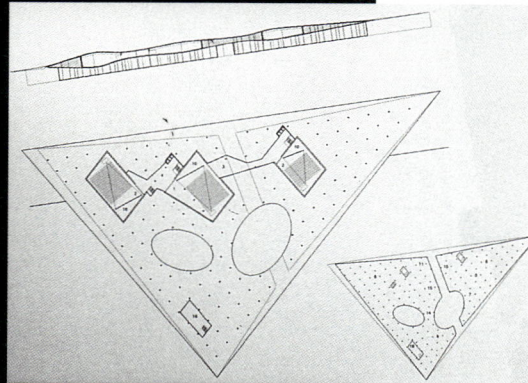

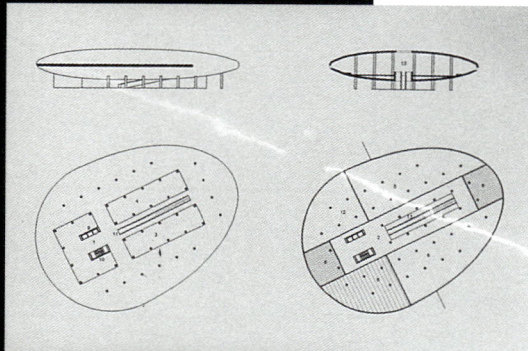

Tercer Premi Third Prize Tercer Premio

HERWIG KLEINHAPL
THOMAS PUCHER

Les perifèries, i més específicament les zones industrials i portuàries, es veuen totalment mancades d'urbanitat. No hi ha densitat, ni activitat, ni varietat, ni amics. No seria útil pensar en un lloc —una ciutat— on les funcions de la vida moderna ja no estiguessin segregades? THE LIVING FLAT combina paisatge i distribució, habitatge i emmagatzematge, despatxos i molins de vent.

Peripheries in general but industrial and harbour-zones in particular suffer under a completely lack of urbanity. There is no density, no activity, no variety, no friends. Wouldn't it be fruitfull to think of a place -a town- where the functions of modern life are no longer separated? THE LIVING FLAT combines landscape with distribution, dwellings with storing-sheds and offices with wind-wheels.

Las periferias, y más específicamente las zonas industriales y portuarias, se caracterizan por una ausencia total de urbanidad. No hay densidad, ni actividad, ni variedad, ni amigos. ¿No sería útil pensar en un lugar —una ciudad— donde las funciones de la vida moderna ya no estuvieran segregadas? THE LIVING FLAT combina paisaje y distribución, vivienda y almacenaje, despachos y molinos de viento.

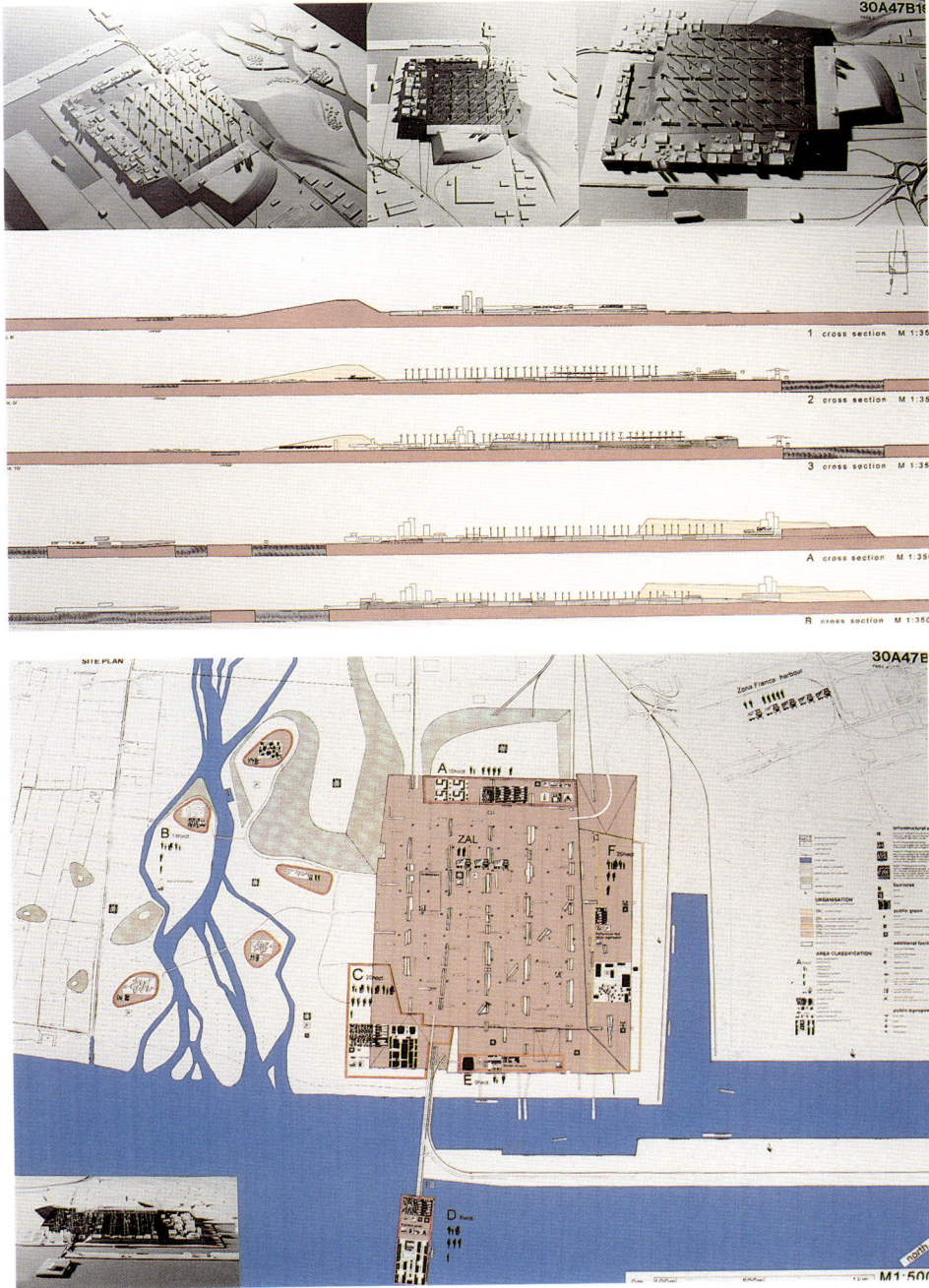

ZAL

Tercer Premi Third Prize Tercer Premio

MATHIS GÜLLER
MICHAEL GÜLLER
DANIEL NIGGLI
MATHIAS MÜLLER
RENÉ GÄLLI

Es proposen tres grans àmbits que poden accelerar alhora la recuperació dels valors naturals del delta i el creixement de la regió metropolitana.
A. Revalorització de les qualitats de la conca del Llobregat.
B. Coordinació costanera del delta.
C. Artèria urbana que respon als canvis en el comerç mundial. Un increment de la intensitat i de la riquesa programàtica de la franja lineal compresa entre el port, la Zona Franca i Barcelona: una franja indefinida amb un gran potencial de desenvolupament.

We propose three large-scale scenarios, which can accelerate both the reclamation of the natural values of the Delta as well as the growth of the metropolitan region:
A. Revaluation of the Llobregat-basin qualities.
B. Coastline management of the Delta.
C. Urban vein responding to the changes in global trade. An increase of intensity aand programmatical richness to rhe linear area between harbour, Zona Franca and Barcelona- a strip wich lacks definition and has an abundant development potential.

Se proponen tres ámbitos que pueden acelerar la recuperación de los valores naturales del delta, así como el crecimiento de la región metropolitana.
A. Revalorización de las cualidades de la cuenca del Llobregat.
B. Coordinación costera del delta.
C. Arteria urbana que responde a los cambios habidos en el comercio mundial. Un incremento de la intensidad y de la riqueza programática de la franja lineal comprendida entre el puerto, la Zona Franca y Barcelona: una franja indefinida pero con un gran potencial de desarrollo.

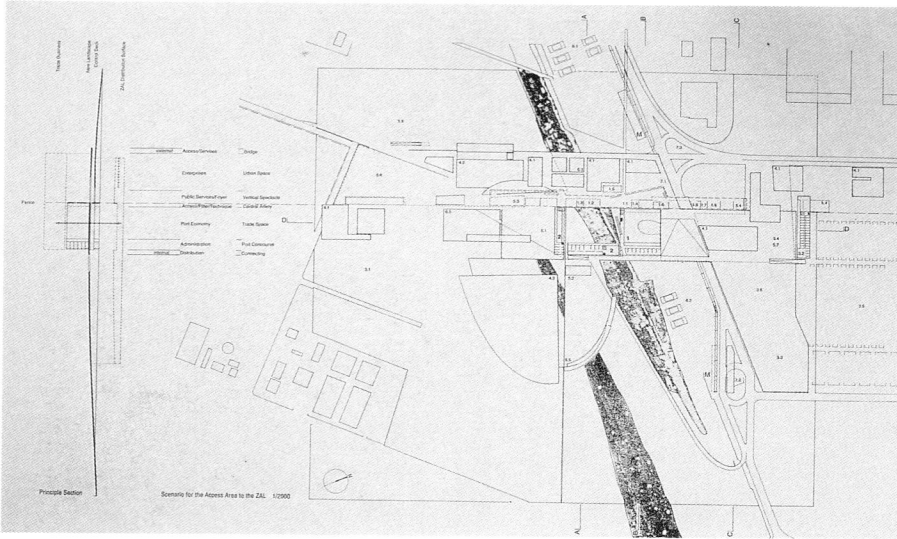

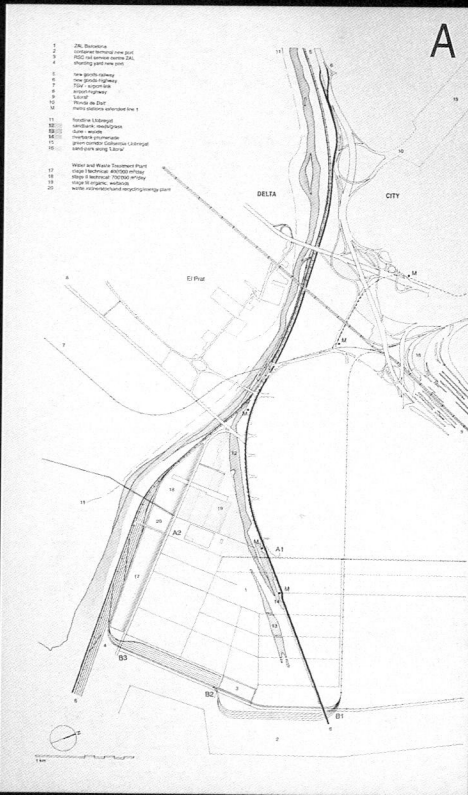

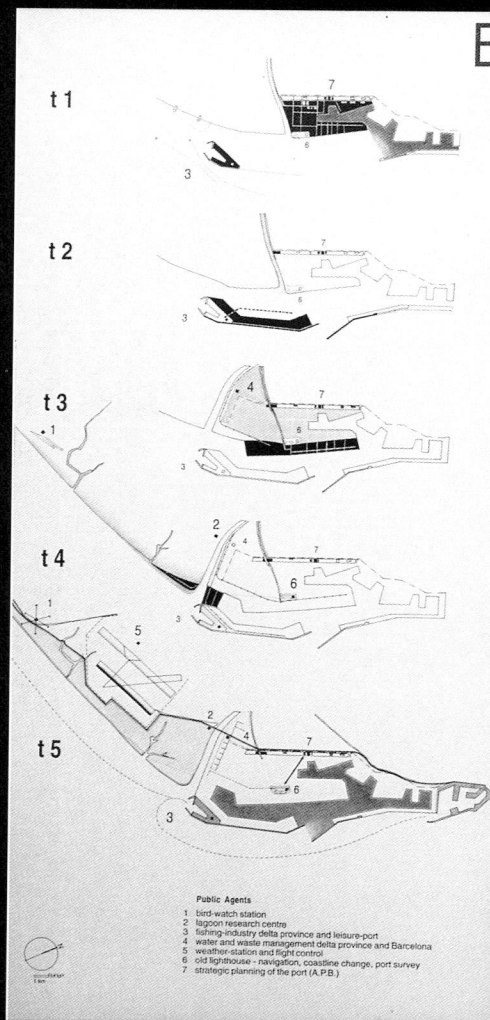

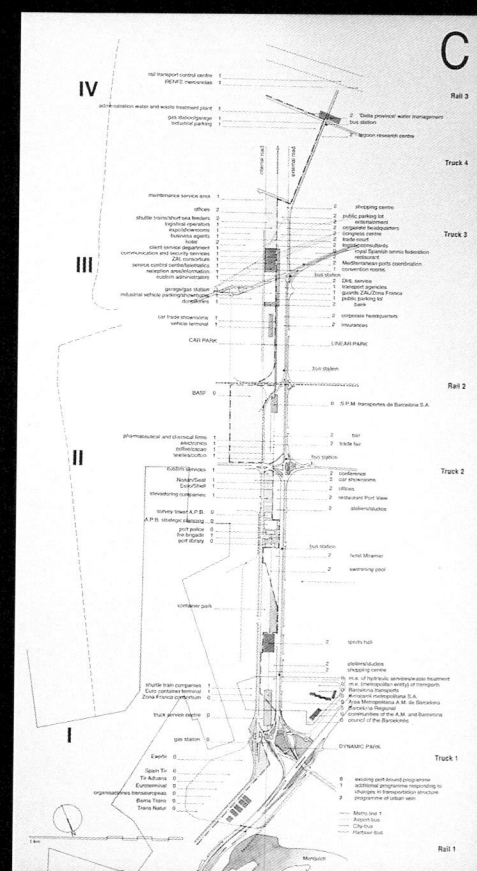

Albert Ferré   Ricard Pérdigo   Antonio Ortiz
Alain Viaro   Farshid Moussavi   Diana Agrest   Jordi Carbonell

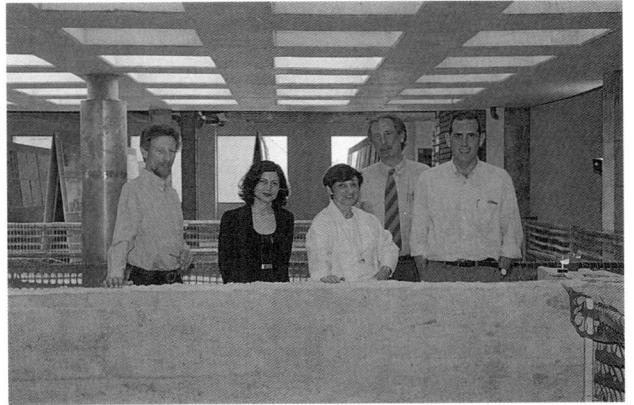

Alain Viaro   Diana Agrest   Antonio Ortiz
        Farshid Moussavi   Ricard Pérdigo

Ricard Pérdigo   Diana Agrest

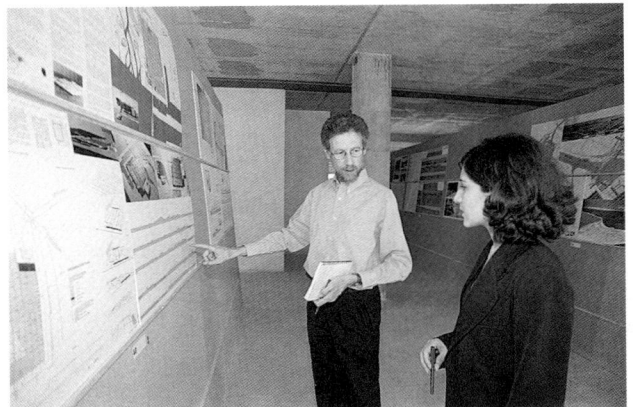

Alain Viaro   Farshid Moussavi

JURY REPORT

The jury of the Service Area for the Logistic Activity Zone of the Port of Barcelona **ideas competition met on 7, 8 and 9 June 1996 with the attendance of the following members:**

Chairperson:
Alain Viaro (Geneva), representing the UIA

Members:
Diana Agrest (New York)
Farshid Moussavi (London)
Antonio Ortiz (Seville)
Ricard Pérdigo (Barcelona), representing the President of the Port of Barcelona

Albert Ferré acted as secretary without a right to vote.

Also present and without a right to vote were Jordi Carbonell, representing the Organizing Committee of the UIA Barcelona 96 congress, and Anna Puyuelo of the competition secretariat.

The 194 entries which had been submitted according to the competition regulations were exhibited under three thematic groups following a proposal by a technical committee made up of representatives of the Barcelona School of Architecture, Barcelona Regional and the organization of the UIA Barcelona 96 congress. No entries were excluded for not complying with the competition regulations given the open nature of this consultation. The classification proposed by the technical committee was as follows:

1. Schemes which went beyond the boundaries of the competition site and took the definition of the old river bed as the main design theme.
2. Schemes which grouped the proposed structures within the given boundaries of the site and following the requirements for a phased development of the service area.
3. Within this general approach, a particular strategy was to concentrate the programme in a single structure, often integrated in an infrastructural connection across the old river bed.

The jury commented on the ambiguities of this classification derived from the difficulties in establishing the limits of each group. Instead of these categories, different approaches were identified as being relevant to the object of this competition:

1. Projects informed by the definition of coherent orders at an urban or territorial scale.
2. Programmatic organizations which allowed for a flexible and adaptive development of required and proposed functions.
3. Building organizations in accordance to the programme.
4. Projects which questioned the general programme of the ZAL and the limits of the competition.

An individual examination of the entries led to a first selection of 36 projects identified with the following codes:

Boooo00M, 562933M, 010011BB, LC003136, 913114EF, 131313JE, 30A47B16, 7993512J, 715746AY, 043096AA, XA0296, ZA120001, 54B22E90, 41J81E21, 96R97J98, 929000IF, LO123456, 119628CL, 42C81L04, 350342FB, 590102M, 102101AB, 080808OC, 85A106Zo, 111111XL, 666666ZG, 030496CH, 5Zo777H1, SC152696, MS114538, A4536S72, 333333SB, 130439SP, 2827KS, 181268FK, 123456AB.

Projects which had been chosen by only one member of the jury were presented, discussed and eliminated or kept by the jury for the next stage following a majority vote. Several rounds of discussions and votes led to a final selection of 10 projects representing the different general approaches previously defined by the jury.

The jury decided to proceed by majority vote to the selection of the five awards. An individual presentation of the five chosen projects was made by each member, followed by a discussion on their ranking. The final round of votes led to the following awards:

ACTA DEL JURADO

El jurado del concurso de ideas **Área de servicios de la Zona de Actividades Logísticas del Puerto de Barcelona** se ha reunido los días 7, 8 y 9 de junio de 1996 con la presencia de las siguientes personas:

Presidente
Alain Viaro (Ginebra), representando a la UIA

Vocales:
Diana Agrest (Nueva York)
Farshid Moussavi (Londres)
Antonio Ortiz (Sevilla)
Ricard Pérdigo (Barcelona), representando al Presidente del Port de Barcelona

Albert Ferré ha actuado como secretario (sin derecho a voto). También han asistido, sin derecho a voto, Jordi Carbonell, representando el Comité de Organización del congreso UIA Barcelona 96, y Anna Puyuelo de la secretaría técnica del concurso.

Siguiendo una propuesta del comité técnico del concurso, formado por representantes de la Escuela de Arquitectura de Barcelona, de Barcelona Regional y de la organización del Congreso, los 194 proyectos presentados de acuerdo con las bases del concurso se han clasificado en seis grupos temáticos y tipológicos. Ningún proyecto ha sido descalificado por no ajustarse a las bases, dado el carácter abierto de esta consulta. La clasificación propuesta es la siguiente:

1. Proyectos que abarcan un ámbito superior al solar del concurso y adoptan el tratamiento del antiguo lecho del río como tema principal de proyecto.
2. Proyectos que agrupan las nuevas edificaciones dentro de los límites establecidos por las bases y de acuerdo con la exigencia de un desarrollo por fases del área de servicios.
3. Dentro de este apartado, una estrategia común a numerosos proyectos consiste en agrupar el programa bajo una única estructura, a menudo en forma de conexión infraestructural sobre el antiguo lecho del río.

Respecto a esta clasificación, el jurado ha comentado las ambigüedades que se derivan de la dificultad de establecer unos límites precisos entre los distintos grupos. En lugar de estas categorías, el jurado ha detectado varias respuestas relevantes de acuerdo con los objetivos del concurso:

1. Proyectos que se derivan de la definición de modelos coherentes de ordenación a escala urbana o territorial.
2. Organizaciones programáticas que permiten un crecimiento de las funciones requeridas y propuestas que sea flexible y adaptable.
3. Agrupaciones edificatorias que responden directamente al programa.
4. Proyectos que cuestionan el programa general de la ZAL y los límites del concurso.

Una evaluación individual de los proyectos ha llevado a la selección de 36 proyectos identificados con los códigos siguientes:

Boooo00M, 562933M, 010011BB, LC003136, 913114EF, 131313JE, 30A47B16, 7993512J, 715746AY, 043096AA, XA0296, ZA120001, 54B22E90, 41J81E21, 96R97J98, 929000IF, LO123456, 119628CL, 42C81L04, 350342FB, 590102M, 102101AB, 080808OC, 85A106Zo, 111111XL, 666666ZG, 030496CH, 5Zo777H1, SC152696, MS114538, A4536S72, 333333SB, 130439SP, 2827KS, 181268FK, 123456AB.

Los proyectos seleccionados por un único miembro del jurado han sido presentados y debatidos, y posteriormente eliminados o conservados por mayoría simple para las fases siguientes de las deliberaciones. Varias rondas de debates y votaciones han desembocado en una selección final de 10 proyectos representativos de los distintos temas de proyecto identificados anteriormente por el jurado.

Por mayoría simple, el jurado ha procedido a la selección de los cinco proyectos premiados. Un comentario de cada uno de los proyectos por parte de cada miembro del jurado y las preferencias en la asignación de los premios han precedido esta última votación, que ha concluido con la elección de los proyectos siguientes:

ACTA DEL JURAT

El jurat del concurs d'idees **Àrea de serveis de la Zona d'Activitats Lo-gístiques del Port de Barcelona** s'ha reunit els dies 7, 8 i 9 de juny de 1996 amb la presència de les persones següents:

President
Alain Viaro (Ginebra), representant l'UIA

Membres:
Diana Agrest (Nova York)
Farshid Moussavi (Londres)
Antonio Ortiz (Sevilla)
Ricard Pérdigo (Barcelona), representant el President del Port de Barcelona

Albert Ferré ha actuat com a secretari (sense dret a vot). També hi han es-tat presents, sense dret a vot, Jordi Carbonell, representant el Comitè d'Organització del congrés UIA Barcelona 96, i Anna Puyuelo de la secre-taria tècnica del concurs.

A proposta del comitè tècnic del concurs, format per representants de l'Es-cola d'Arquitectura de Barcelona, de Barcelona Regional i de l'organitza-ció del congrés UIA Barcelona 96, els 194 projectes presentats d'acord amb les bases del concurs s'han classificat en sis grups temàtics i tipolò-gics. Cap projecte no ha quedat exclòs per no ajustar-se a les bases del concurs, donat el caràcter obert d'aquesta consulta. La classificació pro-posada és la següent:

1. Projectes que abarquen un àmbit superior al del solar del concurs i aga-fen el tractament de l'antiga llera del riu com a principal tema de projecte.
2. Projectes que agrupen les noves estructures dins els límits establerts per les bases i d'acord amb la necessitat d'un desenvolupament en fases de l'àrea de serveis.
3. Dins aquest apartat, una estratègia comuna a molts projectes consis-teix a reunir el programa dins una estructura única, sovint integrada en una connexió infrastructural sobre l'antiga llera del riu.

El jurat ha comentat les ambigüitats que es deriven en aquesta classifi-cació de la dificultat d'establir límits clars per a cada grup. En lloc d'a-questes categories, el jurat ha detectat diverses respostes rellevants d'a-cord amb els objectius del concurs:

1. Projectes derivats de la definició de models coherents d'ordenació a es-cala urbana o territorial.
2. Organitzacions programàtiques que permeten un creixement flexible i adaptable dels usos demanats i proposats.
3. Organitzacions edificatòries que responen directament al programa.
4. Projectes que qüestionen el programa general de la ZAL i els límits del concurs.

Una avaluació individual dels projectes ha conduït a una selecció de 36 projectes identificats amb els codis següents:

B000000M, 562933M, 010011BB, LC003136, 913114EF, 131313JE, 30A47B16, 7993512J, 715746AY, 043096AA, XA0296, ZA120001, 54B22E90, 41J81E21, 96R97J98, 929000IF, LO123456, 119628CL, 42C81L04, 350342FB, 590102M, 102101AB, 080808OC, 85A106Z0, 111111XL, 666666ZG, 030496CH, 5Z0777H1, SC152696, MS114538, A4536S72, 333333SB, 130439SP, 2827KS, 181268FK, 123456AB.

Els projectes escollits per un sol membre del jurat han estat presentats, comentats i eliminats o retinguts pel jurat per a la fase següent de les de-liberacions per vot de majoria simple. Diverses rondes de debats i vota-cions han portat a una selecció final de 10 projectes que representen els diversos temes de projecte definits anteriorment pel jurat.

El jurat ha decidit procedir per votació simple fins a la selecció dels cinc projectes premiats. Una presentació dels projectes i de l'assignació dels premis per part de cada membre ha precedit aquesta votació. L'última ron-da de votacions ha portat a l'assignació dels premis següents:

LLISTA DE PREMIATS
LIST OF PRIZE WINNERS
LISTA DE PREMIADOS

Jean-Lou Rivier (Lausanne)
Primer premi **First Prize** Primer premio
2.000.000 PTA

Hiroshi Ninomiya and Kazuko Ninomiya (London / Kanagawa)
Segon premi **Second prize** Segundo premio
1.000.000 PTA

Mathis Güller, Michael Güller, Daniel Niggli,
Mathias Müller, René Gälli (Zürich Kilchberg)
Tercer premi **Third prize** Tercer premio
300.000 PTA

Herwig Kleinhapl, Thomas Pucher (Graz)
Tercer premi **Third prize** Tercer premio
300.000 PTA

Naoto Yaegashi, Gen Muraguchi, Hidetoshi Ohta,
Kazuya Sakurai, Naotami Yasuda (Sendai)
Tercer premi **Third prize** Tercer premio
300.000 PTA

FINALISTES
FINALISTS
FINALISTAS

Hashim Sarkis, Luis Rojo de Castro,
Begoña Fernández-Shaw, Inés Benavente (Madrid)

Roser Amadó, Lluís Domènech (Barcelona)

Maria Isabel Imbronito, Edison Hitoshi Hiroyama
(São Caetano do Sul, São Paulo)

Ivana Crnosija, Zdravko Krasic (Zagreb)

Luis Martínez Santa-María (Madrid)

Barcelona, 09.06.96

EL JURAT
THE JURY
EL JURADO

Alain Viaro
Diana Agrest
Farshid Moussavi
Antonio Ortiz
Ricard Pérdigo

Antonio Ortiz

Alain Viaro

Ricard Pérdigo

Farshid Moussavi

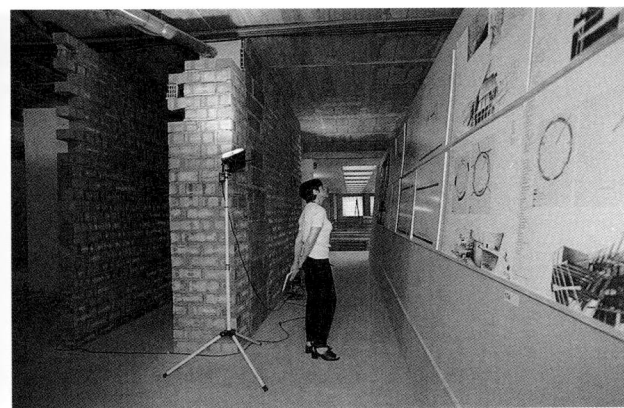

Diana Agrest

Jordi Carbonell

Entorn de l'estadi del
Futbol Club Barcelona

The environs of the
Barcelona Football Club

Entorno del estadio del
Fútbol Club Barcelona

The response to the ideas competition for the environs of the stadium of Barcelona Football Club, in the district of Les Corts, has perhaps not been all that was expected of it, probably due to a slight ambiguity in the brief as regards the scope of the objective aimed at. We wanted competition entrants to give free reign to their imagination and come up with fresh ideas, unconditioned by outside influences.

The FCB amenities lie at the centre of an area which is important both in size and situation, between the Diagonal, Travessera de les Corts, the *noucentista* buildings of La Maternitat, the Les Corts cemetery and morgue, the amenities of the Club Laietà, local sports facilities and various faculties of Barcelona University. There has never been a serious attempt to organize these spaces and join the existing structures — community facilities, in almost every case. Public space is absolutely residual, perhaps like nowhere else in Barcelona, with neither rhyme nor reason.

The mass, seasonal use of Barça's ground, which is host to a 120,000-strong crowd for a couple of hours once a fortnight, only complicates the matter.

Many entries limited themselves to interventions within the confines of the main stadium, the ice rinks and basketball courts and Club offices. Although there were some interesting suggestions, they did not get to the heart of the question. Then there were those —fewer in number— which demonstrated a clearer grasp of it and put forward proposals which coincided exactly with the intentions of the competition: to organize the environs and suggest proposals to generate alternative activities to the fortnightly concentrations. They will provide an important reference to be considered by the public space planners of the City Council in their necessary search for the urban quality which this important city sector both needs and deserves.

El concurso de ideas para el entorno del estadio del Fútbol Club Barcelona, en el barrio de Les Corts, no ha dado, posiblemente, todo lo que se podía esperar de él porque seguramente las bases —en cuanto al alcance del objetivo perseguido— eran un poco ambiguas. Queríamos que los concursantes pudieran dejar volar la imaginación para llegar a propuestas frescas, sin excesivos condicionantes.

Las instalaciones del FCB centran un área importante en superficie y en situación entre la avenida de la Diagonal, la Travessera de les Corts, los edificios *noucentistes* de la Maternidad, el cementerio y el tanatorio de Les Corts, las instalaciones del Club Laietà, unos servicios deportivos del distrito y diversas facultades de la Universidad de Barcelona y de la Universidad Politécnica de Catalunya. No ha habido nunca un planteamiento serio de organización de los espacios que una todas estas implantaciones, casi todas de equipamientos. Como quizá en ninguna otra parte de Barcelona, los espacios públicos son absolutamente residuales, sin orden ni concierto. La utilización "estacional y masiva" del campo del Barça, que recibe una vez cada quince días durante algo más de un par de horas a una muchedumbre de 120.000 personas, aún complica más la solución.

Ha habido numerosos trabajos que se han limitado a proponer intervenciones sólo en el recinto cerrado del estadio principal, las pistas de hielo y de baloncesto y las oficinas del Club. Aunque hay alguna sugerencia interesante, ésta no ha entrado en el problema. Hay otros, los menos, que lo han vislumbrado con más claridad y que han esbozado propuestas que van en la dirección exacta de las intenciones del concurso: ordenar todo el entorno y sugerir propuestas capaces de generar actividades alternativas a las concentraciones quincenales. Serán sin duda una referencia importante para que los proyectistas de espacios urbanos del Ayuntamiento las tengan en cuenta en la búsqueda ineludible para llegar a alacanzar la calidad urbana que este importane sector de la ciudad necesita y merece.

JOSEP MARTORELL

El concurs d'idees de l'entorn de l'estadi del Futbol Club Barcelona, al barri de les Corts, no ha donat, possiblement, tot el que es podia esperar d'ell perquè segurament les bases —pel que fa a l'abast de l'objectiu perseguit— eren una mica ambigües. Volíem que les concursants poguessin deixar anar la seva imaginació per arribar a propostes fresques, lluny de massa condicionants.

Les instal·lacions del FCB centren una àrea important en superfície i en situació, entre la Diagonal, la Travessera de les Corts, els edificis noucentistes de la Maternitat, el cementiri i el tanatori de les Corts, les instal·lacions del Club Laietà, uns serveis esportius del districte i diverses facultats de la Universitat de Barcelona i de la Universitat Politècnica de Catalunya. No hi ha hagut mai cap planteig seriós d'organització dels espais que relliguen totes aquestes implantacions —gairebé totes— d'equipaments. Com potser enlloc de Barcelona, els espais públics són absolutament residuals, sense ordre ni concert.

La utilització "estacional i massiva" del camp del Barça, que rep una vegada cada quinze dies durant no gaire més d'un parell d'hores una gernació de 120.000 persones, encara en complica més la solució.

Hi ha hagut força treballs que s'han limitat a proposar intervencions només al recinte tancat de l'estadi principal, les pistes de gel i de bàsquet i les oficines del Club. Tot i que hi ha algun suggeriment interessant, aquest no ha entrat dins el problema. N'hi ha d'altres, menys, que l'han albirat amb més claredat i que han esbossat propostes en el camí exacte de les intencions del concurs: endreçar tot l'entorn i suggerir propostes capaces de generar activitats alternatives a les concentracions quinzenals. Seran una referència important perquè els projectistes d'espais urbans de l'Ajuntament puguin tenir-les en compte en la recerca inel·ludible per arribar a assolir la qualitat urbana que aquest important sector de la ciutat necessita i mereix.

Barcelona Football Club

The Barcelona Football Club (FCB) stadium was built in the late fifties on farm land on the outskirts of Barcelona adjacent to the city limits of L'Hospitalet de Llobregat. It was conceived as a huge, independent structure surrounded by open spaces, parking and related athletic facilities.

Since then, this district (Les Corts-Pedralbes) has experienced major growth to become one of the most commercially active areas of the city, characterized by the mobility and confluence of diverse uses. Besides other important sports facilities, this district includes the main campus for the city's university, office buildings, huge commercial tracts, residential neighborhoods, hotels and parks, all of which are served by the main infrastructural artery, Avinguda Diagonal.

The stadium has been the object of various reforms and extensions, principally for its preparation as a venue of the 1982 World Cup Football Championship. That is when a second stadium, known as the Miniestadi and used by FCB's second-division team, was built. Since the beginning of the seventies, the athletic activity of the complex has increased with the construction of the Blaugrana Arena for the basketball, handball, roller hockey and indoor football teams; an ice-hockey and figure-skating rink and various practice fields.

These facilities have been complemented with an education-training centre (La Masia, which includes housing for 40 young people), a museum and archives of the club's activities. The FCB is one of the principal institutions in Barcelona and Catalonia in terms of citizen participation. With over 100,000 members participating in the club's management through a delegate assembly, the FCB (commonly known as "el Barça") is usually presented under a banner of local identity.

OBJECTIVES

With the newly-acquired centrality of this district, the setting of the FCB has become an urban episode disconnected from the surrounding fabric: an autonomous piece that encloses in its interior the whole set of activities of the club. The competition seeks ideas for the redefining of the environs of the stadium and its relationship with the activities developing around it. In the new definition of the surrounding area, the inclusion of new activities that can contribute to the maintenance of the club's non-profit activities should be considered.

The proposals should focus on the stadium block, but they can extend to adjacent areas. Even though it is an ideas competition — open to alternative solutions to crucial problems of city structure —, the organizers would like to promote a realistic approach on the part of competitors. The financial viability of the proposal will be considered in the appraisal of proposals.

SITE DESCRIPTION

The stadium block, formed by Avinguda Joan XXIII, Carrer de la Maternitat, Travessera de les Corts and Carrer Aristides Maillol, has an approximate surface area of 154,000 m² and a constructed floor area of approximately 96,500 m².

An elevated walkway (presently part of the museum) connects the stadium with the basketball arena and the FCB hockey rink. The walkway crosses Carrer Aristides Maillol to connect the main stadium with the Miniestadi and its practice facilities. Also located on the block are the business offices and the club museum, as well as various practice fields and an 11-floor, private, residential building built around 1960 (in disregard to the original designation of the area as an athletic area) on the corner of Travessera de les Corts and Carrer Aristides Maillol. This set of facilities is bordered to the northwest by the university and the Les Corts Cemetery; to the northeast by the Casa Provincial de Maternitat complex, headquarters for various public institutions; and to the east and south by high-density, residential neighborhoods. The boundaries of the property are marked by a metal fence. The stadium has 110,000 seats and an average attendance of 60 percent. The following is an approximate breakdown of the means of transportation used by those attending the stadium: 57 percent by automobiles (with an average occupation of 2.5 persons per vehicle), 14 percent by underground railway, 7 percent by public buses, 5 percent in group buses of supporters (between 100 and 200 buses), 3 percent by motorcycle, and 14 percent by taxi or foot. The percentages of those using the underground railway and public buses tends to rise rapidly while the percentage of those using cars drops proportionally.

This data signifies a flow of 24,000 cars on some game days. Presently, there are 800 covered parking spaces and about 2,500 uncovered within the stadium's block (see location on enclosed plans). On holidays 4,500 parking spaces become available on

Fútbol Club Barcelona

El estadio del Fútbol Club Barcelona (FCB) se construyó a finales de los años cincuenta en unos terrenos agrícolas de las afueras de Barcelona adyacentes al término municipal de L'Hospitalet de Llobregat. Fue concebido como una gran estructura autónoma rodeada de espacios libres, aparcamiento e instalaciones deportivas anexas.

Este distrito (Les Corts-Pedralbes) ha experimentado desde entonces un notable crecimiento hasta convertirse en uno de los sectores de mayor actividad comercial de la ciudad, caracterizado por la movilidad y la confluencia de usos diversos: además de otros importantes equipamientos deportivos, este sector acoge el principal campus universitario de la ciudad, edificios de oficinas, grandes superficies comerciales, barrios residenciales, hoteles y parques, con la Av. Diagonal como principal arteria estructuradora.

El estadio ha sido objeto de varias reformas y ampliaciones, principalmente para su acondicionamiento como sede del Campeonato Mundial de Fútbol de 1982, momento en que se construyó también un segundo estadio —conocido como el Miniestadi— utilizado por el segundo equipo del FCB. Desde principios de los años setenta, la actividad deportiva del recinto se ha visto incrementada con la construcción del Pabellón Blaugrana para los equipos de baloncesto, balonmano, hockey sobre patines y fútbol sala, una pista de hockey sobre hielo y patinaje artístico y distintos campos de entrenamiento.

Estas instalaciones se han visto complementadas por un centro de formación (La Masia, que incluye una residencia para 40 jóvenes) y un museo y centro de documentación de las actividades del club. El FCB es una de las instituciones con mayor arraigo y participación ciudadana en la vida de Barcelona y de Cataluña. Con unos 100.000 socios que participan en la gestión del club a través de una asamblea de compromisarios, el FCB (para todos, "el Barça") se erige a menudo en bandera de identidad local.

OBJETIVOS

Ante la nueva centralidad de este distrito, los terrenos del FCB constituyen un episodio inconexo en la trama urbana: una pieza autónoma que encierra en su interior todo el conjunto de usos que conforman la actividad del Club. El concurso busca ideas para la redefinición del entorno del estadio y su relación con las actividades que se desarrollan alrededor.

Las propuestas deberán centrarse principalmente en la manzana del estadio, pero podrán extenderse a otras zonas colindantes. A pesar de que se trata de un concurso de ideas, que busca por lo tanto soluciones a problemas cruciales relativos a la forma de la ciudad, los organizadores desean promover una respuesta realista por parte de los concursantes. La viabilidad financiera de las propuestas será un factor que influirá en su valoración.

DESCRIPCIÓN DEL SOLAR

La manzana del estadio, delimitada por la avenida de Joan XXIII, la calle de la Maternitat, Travessera de les Corts y Aristides Maillol, tiene una superficie aproximada de 154.000 m² y una superficie construida aproximada de 96.500 m².

El estadio se une mediante un paso elevado (actualmente parte del recorrido del museo) con el pabellón de baloncesto y la pista de hielo del FCB y, sobre la calle de Aristides Maillol, con un segundo estadio de fútbol e instalaciones de entrenamiento del propio club. Dentro de la manzana se encuentra también la sede social y el museo del Club, así como distintos campos de entrenamiento y un edificio residencial privado de once plantas construido hacia 1960 (fuera de la ordenación como zona deportiva prevista originalmente) en la esquina de Travessera de les Corts y la calle de Aristides Maillol. Este conjunto de instalaciones limita hacia el noroeste con la zona universitaria y el cementerio de Les Corts, hacia el noreste con el conjunto de la Casa Provincial de Maternitat, sede de distintas instituciones públicas, y con barrios residenciales de alta densidad hacia el este y el sur. Los límites de la propiedad están delimitados por una valla metálica.

El estadio dispone de 110.000 asientos, con una ocupación media del 60%. El acceso al estadio se realiza mediante distintos medios de transporte, según los siguientes porcentajes aproximados: 57% en automóvil (con una ocupación media de 2,5 personas por vehículo), 14% en metro, 7% en autobús, 5% en autocares de agrupaciones de supporters (entre 100 y 200 autocares), 3% en motocicleta y 14% a pie o en taxi. En los últimos años los porcentajes correspondientes al metro y al autobús tienen tendencia a crecer rápidamente, en detrimento del automóvil.

Estos datos suponen una afluencia de unos 24.000 automóviles en algunos días de partido. Existen en la actualidad unas 800 plazas de estacionamiento cubiertas y 2.500 en superficie dentro de la manzana del estadio (ver situación en los planos). En días festivos, se dispone además de 4.500 plazas en el campus universitario

Futbol Club Barcelona

L'estadi del Futbol Club Barcelona (FCB) es va construir a final dels anys cinquanta en uns terrenys agrícoles dels afores de Barcelona, adjacents al terme municipal de l'Hospitalet de Llobregat. Va ser concebut com una gran estructura autònoma envoltada d'espais lliures, aparcaments i instal·lacions esportives annexes.

Des d'aleshores, aquest districte (Les Corts-Pedralbes) ha experimentat un creixement notable, fins a esdevenir un dels sectors de més activitat comercial de la ciutat, caracteritzat per la mobilitat i la confluència d'usos diversos: a més d'altres importants equipaments esportius, aquest sector acull el principal campus universitari de la ciutat, edificis d'oficines, grans superfícies comercials, barris residencials, hotels i parcs, amb l'avinguda Diagonal com a principal artèria estructuradora.

L'estadi ha estat objecte de diverses reformes i ampliacions, sobretot per al seu condicionament com a seu del Campionat Mundial de Futbol de 1982. En aquest moment es va construir també un segon estadi —conegut com el Miniestadi—, utilitzat pel segon equip del FCB. Des de començament dels anys setanta l'activitat esportiva del recinte s'ha vist incrementada amb la construcció del Palau Blaugrana per als equips de bàsquet, handbol, hoquei sobre patins i futbol sala, una pista d'hoquei sobre gel i patinatge artístic i diversos camps d'entrenament.

Aquestes instal·lacions han estat complementades per un centre de formació (la Masia, que inclou una residència per a 40 joves) i un museu i centre de documentació de les activitats del club. El FCB és una de les institucions més arrelades i amb més participació ciutadana en la vida de Barcelona i de Catalunya. Amb uns 100.000 socis que participen en la gestió del club mitjançant una assemblea de compromissaris, el FCB (per a tots, el Barça) s'erigeix sovint en bandera d'identitat local.

OBJECTIUS

Davant la nova centralitat d'aquest districte, els terrenys del FCB constitueixen un episodi inconnex en la trama urbana: són una peça autònoma que tanca en el seu interior tot el conjunt d'usos que conformen l'activitat del club. El concurs busca idees per a la redefinició de l'entorn de l'estadi i la seva relació amb les activitats que tenen lloc al seu voltant, amb l'objectiu de potenciar el caràcter urbà de l'àrea. En la definició del sector s'ha de considerar la inclusió de noves activitats que puguin contribuir al manteniment de les activitats no lucratives del club.

Les propostes s'han de centrar principalment en l'illa de l'estadi, però es podran estendre a altres zones adjacents. Malgrat que es tracta d'un concurs d'idees —que busca, per tant, alternatives a problemes crucials relatius a la forma de la ciutat—, els organitzadors volen promoure una resposta realista per part dels concursants. La viabilitat financera de les propostes es tindrà en compte en la seva valoració.

DESCRIPCIÓ DEL SOLAR

L'illa de l'estadi, delimitada per l'avinguda de Joan XXIII, el carrer de la Maternitat, la Travessera de les Corts i el carrer d'Arístides Maillol, té una superfície aproximada de 154.000 m² i una superfície construïda aproximada de 96.500 m².

L'estadi s'uneix mitjançant un pas elevat (actualment en procés de substitució com a part del recorregut del museu) amb el pavelló de bàsquet i la pista de gel del FCB i, sobre el carrer d'Arístides Maillol, amb el Miniestadi i instal·lacions d'entrenament del mateix club. Dins l'illa també es troba la seu social i el museu del club, com també diversos camps d'entrenament i un edifici residencial privat d'onze plantes construït cap al 1960 (fora de l'ordenació com a zona esportiva prevista originalment) a la cantonada de la Travessera de les Corts amb el carrer d'Arístides Maillol. Aquest conjunt d'instal·lacions limita cap al nord-oest amb la zona universitària i el cementiri de les Corts, cap al nord-est amb el conjunt de la Casa Provincial de la Maternitat, seu de diverses institucions públiques, i amb barris residencials d'alta densitat cap a l'est i cap al sud. Els límits de la propietat es troben delimitats per una tanca metàl·lica.

L'estadi disposa de 110.000 seients, amb una ocupació mitjana del 60%. L'accés s'efectua amb diversos mitjans de transport, d'acord amb els percentatges aproximats següents: 57% amb automòbil privat (amb una ocupació mitjana de 2,5 persones per vehicle), 14% amb metro, 7% amb autobús, 5% amb autocars de socis (entre 100 i 200 autocars), 3% amb moto i 14% a peu o amb taxi. Els percentatges corresponents al metro i l'autobús tendeixen a créixer ràpidament en detriment de l'automòbil privat.

Aquestes dades impliquen una afluència d'uns 24.000 automòbils alguns dies de partit. Actualment hi ha una 800 places d'estacionament cobertes i 2.500 en superfície dins de l'illa de l'estadi. Els dies festius, a més, es disposa de 4.500 places al campus universitari (on generalment apar-

the neighboring university campus (where the buses usually park) and around 13,500 spaces in the surrounding streets.

The museum, club archives and the FCB souvenir store presently occupy 1,650 m2 (see location on enclosed plan) of the stadium and the entrance ramps and are the object of frequent extensions. Besides material on the club's history, the museum exhibits works of art from two art biennials organized in recent years by the club and works donated by local artists. During the past year 560,000 people visited the museum (8,200 on a single day in August), mainly members of organized tours that come to the stadium in buses.

Basketball, handball, roller-hockey and indoor football games are played in the Blaugrana Arena. With a capacity of 8,000 spectators, the arena has an average attendance of 50 percent on game days. The adjacent ice rink which is used for ice-hockey games and figure skating competitions has a limited occupancy. Between the two installations are the conference rooms, club administrative offices and a bar on the ground floor which serves spectators from the Blaugrana Arena and the ice rink.

The Miniestadi has a capacity of 16,000 spectators. The games of the first and second division teams usually don't coincide on the same day; and if they happen to fall on the same day, they are scheduled at least an hour apart. Next to the Miniestadi are two practice fields.

On the north end of the block is a rural building listed on the city's register of architectural heritage. It is known as La Masia and is used as a dormitory for the education-training center's 40 students.

On the south end of the block is the Blaugrana Arena II, an indoor space with direct access from Travessera de Les Corts that is used for minor activities of the various teams or practices by the junior league teams.

COMPETITION BRIEF

The FCB is presently planning on building a new athletic complex a few kilometers outside of Barcelona (Sant Joan Despí). This complex would free up the area surrounding the stadium from many of the complement functions which it presently serves, especially those pertaining to training and educating athletes. With this prospective development, there are many new possibilities for the stadium's surrounding area in correcting the deficiencies in its present organization, developing or eliminating certain present uses or stimulating at the same time greater public use and the integration into the cityscape of the area: the enhancement of the museum or the creation of new activities linked to business or leisure that create new avenues of financing the athletic activities.

No precise guidelines have been established in terms of the area of intervention or in the fuctions it will serve, which are left open to the participants' own discretion. The proposal however, should consider maintaining the current parking capacity and even its expansion in relation with any proposed activities. The proposal should consider the entrances and accessibility for vehicles and pedestrians and the possible relationship with the university campus. Above all, the proposal should consider a strategy for designing a space that at a given moment holds the more than 100,000 spectators that may attend sporting events or concerts at the stadium, but which remains virtually empty most of the time.

The maximum floor area ratio set for this sports area for the purposes of this competition is 1 m² of floor for every 1 m² of ground (underground levels are not included in this calculation). All the existing installations can be the subject of extension proposals, reforms, substitution or elimination by the participants. In any case, all proposals should preserve a practice field for the first-division team in the proximity of the stadium or of the Miniestadi.

(donde generalmente aparcan los autocares) y de unas 13.500 plazas en calles próximas.

El Museo, centro de documentación y tienda del FCB ocupa actualmente 1.650 m2 (ver localización en el plano) del propio estadio y las rampas de acceso y es objeto de frecuentes ampliaciones. Además de material sobre la historia del club se muestran obras de arte procedentes de dos bienales de arte organizadas los últimos años por el club y de la cesión que realizan numerosos artistas locales. Durante el último año el museo tuvo una afluencia de 560.000 visitantes (8.200 en un solo día del mes de agosto), principalmente integrantes de grupos organizados que llegan al estadio en autocar.

El Palau Blaugrana acoge las competiciones de baloncesto, balonmano, hockey sobre patines y fútbol sala. Con una capacidad de 8.000 espectadores, tiene una ocupación media de un 50% en días de competición. La pista de hielo adyacente, que acoge las competiciones de hockey y patinaje artístico, tiene una ocupación mínima. Entre ambas instalaciones se sitúan actualmente las salas de reuniones y espacios administrativos del club y un bar en planta baja que sirve al Palau Blaugrana y a la pista de hielo.

El Miniestadi tiene una capacidad para 16.000 espectadores. Las competiciones del primer y el segundo equipo del club no coinciden generalmente en un mismo día, y si lo hacen se programan a con una diferencia mínima de una hora. Junto al Miniestadi se sitúan dos campos de entrenamiento.

En el extremo norte de la manzana se encuentra una edificación de origen rural incluida en el catálogo de patrimonio arquitectónico de la ciudad. Conocida como La Masia, esta construcción se utiliza como residencia para los 40 alumnos del centro de formación.

En el extremo sur se sitúa el Palau Blaugrana II, una nave con acceso directo desde Travessera de les Corts que acoge pequeñas actividades de los distintos equipos del club o sesiones de entrenamiento de los equipos infantiles o juveniles.

PROGRAMA

El FCB dispone en la actualidad de unos terrenos a pocos kilómetros de Barcelona (Sant Joan Despí) donde se construirá una nueva ciudad deportiva que permitirá liberar la manzana del estadio de gran parte de los usos complementarios que acoge en la actualidad, especialmente los relativos al entrenamiento y formación de deportistas. Ante esta situación, los entornos del estadio ofrecen nuevas posiblidades para corregir las deficiencias de su implantación actual, potenciar o suprimir determinados usos actuales y fomentar al mismo tiempo un mayor uso público y la integración urbana de la zona: la potenciación del museo o la previsión de nuevas actividades ligadas al comercio o al ocio que posibiliten nuevas vías de financiación de las actividades deportivas.

No se establecen directrices precisas ni en cuanto al ámbito de actuación ni en cuanto al programa, por lo que cada equipo deberá definir el área de actuación y los usos que acogerá. Se deberá prever el mantenimiento de las plazas de aparcamiento y su posible incremento en función de las actividades previstas, el acceso y conectividad viaria y peatonal, la posible relación con el campus universitario y, sobre todo, la estrategia para configurar un espacio que acoja de forma puntual a los más de 100.000 espectadores que pueden asistir a las competiciones deportivas o a los conciertos que tienen lugar en el estadio, pero que permanece prácticamente vacío la mayor parte del tiempo.

La edificabilidad máxima que se establece a efectos de este concurso para esta zona deportiva es de 1 m² de techo por 1 m² de suelo (en el cómputo de la edificabilidad no se incluyen las superficies construidas en plantas sótano), Las instalaciones existentes pueden ser objeto de propuestas de ampliación, reforma, sustitución o eliminación por parte de los concursantes. Se deberá mantener en cualquier caso un campo de entrenamiento para el primer equipo de fútbol en algún lugar de la manzana del estadio o en la del Miniestadi.

quen els autocars) i d'unes 13.500 places als carrers propers.

El Museu, el centre de documentació i la botiga del FCB ocupen actualment 1.650 m2 del mateix estadi i de les rampes d'accés i són objecte d'ampliacions freqüents. A més de material sobre la història del club es mostren obres d'art procedents de dues biennals d'art organitzades els darrers anys pel club i de la cessió que efectuen nombrosos artistes locals. Durant el darrer any el museu va tenir una afluència de 560.000 visitants (8.200 en un sol dia del mes d'agost), principalment integrants de grups organitzats que arriben a l'estadi amb autocar.

El Palau Blaugrana acull les competicions de bàsquet, handbol, hoquei sobre patins i futbol sala. Amb una capacitat de 8.000 espectadors, té una ocupació mitjana d'un 50% els dies de competició. La pista de gel adjacent, que acull les competicions d'hoquei i de patinatge artístic, té una ocupació mínima. Entre totes dues instal·lacions se situen actualment les sales de reunions i els espais administratius del club, com també un bar a la planta baixa que serveix el Palau Blaugrana i la pista de gel.

El Miniestadi té una capacitat per a 16.000 espectadors. Les competicions del primer i el segon equip del club generalment no coincideixen el mateix dia, i si ho fan es programen amb una diferència mínima d'una hora. Al costat del Miniestadi hi ha dos camps d'entrenament.

A l'extrem nord de l'illa hi ha una edificació d'origen rural inclosa en el catàleg del patrimoni arquitectònic de la ciutat. Coneguda amb el nom de la Masia, aquesta construcció s'utilitza com a residència per als 40 alumnes del centre de formació.

A l'extrem sud se situa el Palau Blaugrana II, una nau amb accés directe des de la Travessera de les Corts que acull petites activitats dels diversos equips del club o sessions d'entrenament dels equips infantils o juvenils.

PROGRAMA

El FCB disposa actualment d'uns terrenys a pocs quilòmetres de Barcelona (a Sant Joan Despí) on es preveu construir una nova ciutat esportiva que permetria alliberar l'illa de l'estadi d'una bona part dels usos complementaris que acull avui, sobretot els relatius a l'entrenament i la formació d'esportistes. Davant d'aquesta situació, els entorns de l'estadi ofereixen noves possibilitats per corregir les deficiències de la seva implantació, potenciar o suprimir determinats usos actuals i fomentar al mateix temps un ús públic més gran i la integració urbana de la zona: la potenciació del museu o la previsió de noves activitats lligades al lleure o al comerç que possibilitin noves vies de finançament de les activitats esportives.

No s'estableixen directrius precises pel que fa a l'àmbit d'actuació ni tampoc pel que fa al programa, per la qual cosa cada equip haurà de definir l'àrea d'actuació i els usos que acollirà. S'haurà de preveure el manteniment de les places d'aparcament i el seu possible increment en funció de les activitats previstes, l'accés i la connectivitat viària i per a vianants, la possible relació amb el campus universitari i, sobretot, l'estratègia per configurar un espai que acull de manera puntual als més de 100.000 espectadors que poden assistir a les competicions esportives o als concerts que tenen lloc a l'estadi, però que roman pràcticament buit la majoria del temps.

L'edificabilitat màxima que s'estableix a l'efecte d'aquest concurs per a aquesta àrea esportiva és d'1 m^2 de sostre per 1 m^2 de sòl (en el còmput de l'edificabilitat no s'inclouen les superfícies construïdes en plantes soterrani). Les instal·lacions existents poden ser l'objecte de propostes d'ampliació, reforma, substitució o eliminació per part dels concursants. Cal mantenir, en qualsevol cas, els dos estadis i un camp d'entrenament per al primer equip de futbol en algun lloc de l'illa de l'estadi o en la del Miniestadi.

"Amb motiu d'aquest encàrrec vaig intentar veure, trepitjant-los, la majoria d'estadis europeus i vaig visitar des de Helsinki fins a Roma, on havien acabat el Foro Mussolini, idea que vaig proposar a Barcelona, implantant l'estadi en el centre d'una gran illa i projectant-lo al voltant d'una zona verda àmplia i que estés voltada de jardins."
(*Francesc Mitjans, arquitecte*. COAC, Barcelona, 1996)

JURY REPORT

The jury of the ideas competition The Environs of the Barcelona Football Club met on 2 and 3 June 1996 in Barcelona with the attendance of the following persons:

Chairperson:
Kristian Gullichsen (Helsinki), representing the UIA.

Members:
José Antonio Acebillo (Barcelona)
Rafael de Cáceres (Barcelona)
Josep Lluís Núñez, President of the Barcelona Football Club
Roberto Segre (Rio de Janeiro)

Reserve member:
Helle Juul (Copenhaguen)

Albert Ferré acted as secretary (without a right to vote). Also present and without a right to vote were Anna Puyuelo and Cristina Soler from the competition secretariat.

The 159 projects which had been submitted following the competition regulations were classified under six thematic and typological groups according to a proposal of a technical committee made up of representatives of the City of Barcelona - District of Les Corts, the Barcelona Football Club, the Barcelona School of Architecture and the organization of the UIA Barcelona 96 congress:

1. Schemes which take the stadium as the main object of intervention. The definition of the skin of the building is at the centre of most of these proposals.
2. The definition of the ground as a three-dimensional (layered) structure which can house new programmes. The raised ground is often used as a device to link the two city blocks housing the sports facilities and to allow for large surfaces of underground parking.
3. Projects which use the planning of new buildings as a strategy to link the various parts of the site, especially between the main football stadium and the basketball stadium or between the stadium block and the university campus.
4. Projects which identify which areas are more suitable for development. Buildings do not fulfill here the same "infrastructural" task as in the previous group.
5. Projects in which the main concern has been to define the area as a public space.
6. Statements about a possible strategy to develop the area, but lacking concrete design proposals.

After visiting the stadium of the Barcelona Football Club and its surroundings, the jury commented on the excessive lack of definition of the competition brief and the difficulty in judging the individual proposals which derived from them. Under the open nature of the exhibition, and irrespective of the realistic or speculative nature of the schemes, three main possibilities of intervention were identified:

1. the conservation of the existing conditions with new interventions in the spaces in-between;
2. the relocation of existing facilities such as the basketball stadium, the ice rink or the existing parking spaces;
3. the redevelopment of the area following the elimination of existing facilities.

The members of the jury made an individual evaluation of the entries and chose a maximum of 20 per member to be considered for a second stage of discussion. This first round of individual evaluation led to a selection of 46 entries representing all the thematic and typological attitudes reflected in the classification mentioned above. All entries in this selection were presented by the member or members who had selected them and discussed by the jury. After this round of discussion, each member voted for a maximum of 10 entries for a third stage of the selection process. The only 14 entries which were voted by two or more members went on to the final stage. At this point the jury agreed to reconsider the prize categories given the unanimous agreement that no single entry deserved a clear first prize. It was decided that both the first and the second prizes would be split in two in equal parts, and that there would therefore be a total of seven prize winning entries. In the final round of votes, the first prizes were awarded to two entries which were proposing the same strategy of transforming the ground level to accomodate new functions while preserving the existing structures and allowing for a public use of the ground surface. The second prize was split also in equal parts to two of the most realistic proposals which were identifying suitable spaces for development and a sensitive design of the surroundings as public space. Finally, the three third prizes were awarded to three less realistic proposals which were proposing a new urban image for the stadium and its surrounding facilities.

ACTA DEL JURADO

El jurado del concurso **Entorno del estadio del Fútbol Club Barcelona** se ha reunido los días 2 y 3 de junio en Barcelona con la presencia de las siguientes personas:

Presidente:
Kristian Gullichsen (Helsinki), representando la UIA.

Vocales:
José Antonio Acebillo (Barcelona)
Rafael de Cáceres (Barcelona)
Josep Lluís Núñez, Presidente del Futbol Club Barcelona
Roberto Segre (Rio de Janeiro)

Miembro suplente:
Helle Juul (Copenhague)

Albert Ferré ha actuado como secretario (sin derecho a voto). También han asistido a las reuniones, sin derecho a voto, Anna Puyuelo y Cristina Soler, de la secretaría técnica del concurso.

Siguiendo una propuesta del comité técnico del concurso, integrado por representantes del Ayuntamiento de Barcelona - Distrito de Les Corts, del Fútbol Club Barcelona, de la Escuela de Arquitectura y de la organización del congreso UIA Barcelona 96, los 159 proyectos presentados de acuerdo con las bases del concurso se han clasificado en seis grupos temáticos y tipológicos:

1. Proyectos que toman el estadio como objecto principal de intervención. La definición de la piel de edificio es a menudo el tema central de estos proyectos.
2. La definición del terreno como estructura tridimensional en capas, que puede acoger nuevos programas. El levantamiento del nivel del suelo es una herramienta que permite unir las manzanas donde se ubican los usos deportivos y crear grandes superficies de aparcamiento en plantas subterráneas.
3. Proyectos que utilizan propuestas de nueva edificación como estrategia para unir distintas partes del solar, especialmente el estadio principal con el pabellón de baloncesto o la manzana del estadio con el campus universitario.
4. Proyectos que identifican cuáles son las áreas más propicias de ser edificadas. En estos proyectos, los edificios no tienen la misma función "infraestructural" de los del grupo anterior.
5. Proyectos que se preocupan principalmente de la definición como espacio público del área de concurso.
6. Estrategias para el desarrollo de la zona, a menudo carentes de formulaciones arquitectónicas concretas.

Después de visitar el estadio del Fútbol Club Barcelona y su entorno, el jurado ha comentado la excesiva falta de definición de las bases y la dificultad de valorar las propuestas individuales que se han derivado de esta inconcreción. Teniendo en cuenta el carácter abierto del concurso, e independientemente del grado de realismo de las propuestas, se han identificado tres posibilidades principales de intervención:

1. el mantenimiento de las condiciones preexistentes, con nuevas intervenciones en los espacios intersticiales;
2. la reubicación de las instalaciones existentes, como el pabellón de baloncesto, la pista de hielo o los espacios existentes de aparcamiento. de les instal.lacions existents, com el pavelló de bàsquet, la pista de gel o els espais existents d'aparcament;
3. la nueva definición del área consecuencia de la eliminación de las instalaciones existentes.

Después de una evaluación individual de los proyectos, los miembros del jurado han seleccionado un máximo de 20 para una segunda fase de las deliberaciones. El resultado de esta elección individual ha sido un total de 46 proyectos representativos de todas las aproximaciones temáticas y tipológicas incluidas en la clasificación mencionada anteriormente. Los proyectos de esta selección han sido presentados por el miembro o los miembros que los han elegido y han sido comentados por el jurado. A continuación de esta ronda de debates, cada miembro ha votado por un máximo de 10 proyectos para la última fase del proceso de selección. Los únicos 14 proyectos con dos o más votos han pasado a esta última fase. Ante el acuerdo unánime de la imposibilidad de escoger un único proyecto claramente merecedor del primer premio, el jurado ha acordado reconsiderar las categorías de premios y dividir en partes iguales el primer y el segundo premio, con lo cual se concede un total de siete premios. En la fase final de votaciones, los primeros premios han sido concedidos a dos proyectos que plantean una estrategia coincidente de transformación del nivel del terreno que permitiría ubicar nuevas funciones, conservar al mismo tiempo las instalaciones existentes y facilitaría el uso público de la superficie del suelo. El segundo premio se reparte entre dos de los proyectos más realistas, que identifican espacios adecuados para la ubicación de nuevas construcciones y que responden de forma delicada a la proyectación del entorno como espacio público. Por último, los tres terceros premios se conceden a tres proyectos menos realistas que proponen una nueva imagen urbana para el estadio y las instalaciones vecinas.

ACTA DEL JURAT

El jurat del concurs **Entorn de l'estadi del Futbol Club Barcelona** s'ha reunit els dies 2 i 3 de juny de 1996 a Barcelona amb l'assistència de les persones següents:

President:
Kristian Gullichsen (Helsinki), representant la UIA.

Vocals:
José Antonio Acebillo (Barcelona)
Rafael de Cáceres (Barcelona)
Josep Lluís Núñez, President del Futbol Club Barcelona
Roberto Segre (Rio de Janeiro)

Membre suplent:
Helle Juul (Copenhaguen)

Albert Ferré ha actuat com a secretari (sense dret a vot). També hi han estat presents, sense dret a vot, Anna Puyuelo i Cristina Soler de la secretaria tècnica del concurs.

A proposta del comitè tècnic del concurs, format per representants de l'Ajuntament de Barcelona - Districte de Les Corts, del Futbol Club Barcelona, de l'Escola d'Arquitectura de Barcelona i de l'organització del congrés UIA Barcelona 96, els 159 projectes presentats d'acord amb les bases del concurs s'han classificat en sis grups temàtics i tipològics:

1. Projectes que agafen l'estadi com a objecte principal de la intervenció. La definició de la pell de l'edifici és sovint el tema central d'aquests projectes.
2. La definició del sòl com a estructura tridimensional en capes, que pot acullir nous programes. L'aixecament del nivell del terra és sovint una eina que permet unir les illes on se situen els usos esportius, i crear grans espais d'aparcament en plantes subterrànies.
3. Projectes que utilitzen propostes de nova edificació com a estratègia per unir diverses parts del solar, espcialment entre l'estadi principal i el pavelló de bàsquet o entre l'illa de l'estadi i el campus universitari.
4. Projectes que identifiquen quines són les àrees mès adients per a ser edificades. En aquests projectes, els edificis no tenen la mateixa funció "infrastructural" dels del grup anterior.
5. Projectes que es preocupen principalment en la definició de la zona com espai públic.
6. Estratègies per al desenvolupament de l'àrea, mancades sovint de propostes arquitectòniques concretes.

Després de visitar l'estadi del Futbol Club Barcelona i els seus entorns, el jurat ha comentat l'excessiva manca de definició de les bases del concurs i la dificultat de valorar les propostes individuals que s'han derivat d'elles. Tenint en compte el caràcter obert del concurs, i independentment del grau de realisme de les propostes, s'han identificat tres possibilitats principals d'intervenció:

1. el manteniment de les condicions preexistents, amb noves intervencions als espais intersticials;
2. la reubicació de les instal·lacions existents, com el pavelló de bàsquet, la pista de gel o els espais existents d'aparcament;
3. la nova definició de l'àrea derivada de l'eliminació de les intal·lacions existents.

Després d'una avaluació individual dels projectes, els membres del jurat han seleccionat un màxim de 20 per a una segona fase de les deliberacions. El resultat d'aquesta elecció individual ha estat de 46 projectes representants de totes les aproximacions temàtiques i tipològiques incloses en la classificació mencionada més amunt.
Tots els projectes que formen part d'aquesta selecció han estat presentats pel membre o els membres que l'han escollit i comentats pel jurat. Després d'aquesta ronda de debat, cada membre ha votat per un màxim de 10 projectes per a la darrera fase del procés de selecció. Els únics 14 projectes amb dos o més vots han passat a aquesta darrera fase.
Davant l'acord unànim de la impossibilitat d'escollir un únic projecte clarament mereixedor del primer premi, el jurat ha acordat reconsiderar les categories de premis i dividir en parts iguals els primer i segon premis, amb la qual cosa hi hauria un total de set projectes premiats. En la fase final de votacions, els primers premis han sigut concedits a dos projectes que plantegen una estratègia coincident de transformació del nivell del terreny que permetria acollir noves funcions, conservar al mateix temps les instal·lacions existents i permetre un ús públic de la superfície del terreny. El segon premi es reparteix igualment en dues parts iguals entre dos dels projectes més realistes, que identifiquen espais adients per a noves construccions i responen de forma delicada a la projectació de l'entorn com espai públic. Per últim, els tres tercers premis es concedeixen a tres projectes menys realistes que proposen una nova imatge urbana per a l'estadi i les instal·lacions veïnes.

Manuel Scholl, Reto Pfenninger, Sabine V. Fischer,
Claudia Thornet (Zürich)
Primer premi **First prize** Primer premio
1.000.000 PTA.

Enric Batlle, Joan Roig (Barcelona)
Primer premi **First prize** Primer premio
1.000.000 PTA.

David Flo, Francesc López (Barcelona)
Segon premi **Second prize** Segundo premio
500.000 PTA.

Jordi Badia, Anna Pla, Javier Zumarraga, Laurence Liaw,
Mariam Ansari, Tony Leung (Barcelona / London)
Segon premi **Second prize** Segundo premio
500.000 PTA.

Fabio Zlatich, Pietro Celli (Trieste)
Tercer premi **Third prize** Tercer premio
300.000 PTA.

Iwata Shogo, Mori Yasuo, Kawai Rikiya,
Baba Sinsuke, Matuoka Hirotada (Osaka)
Tercer premi **Third prize** Tercer premio
300.000 PTA.

Alex C. Ho (San Francisco)
Tercer premi **Third prize** Tercer premio
300.000 PTA.

FINALISTES
FINALISTS
FINALISTAS

Ventura Valcarce Magdalena, Carlos Valls Roig,
Amaya Castoldi, David García (Barcelona)

Barbara Kuit, Mark Hemel (London)

Masayuki Irie, Misato Asai, Jun Ikemura, Daisuke Katsuhama,
Osamu Kitaoka, Yuka Fukuhara, Tohru Miyazawa, Junji Yatsui,
Hiroaki Hoshino, Hiroshi Manabe, Masahiko Ishida,
Masaomi Takeshita, Takashi Ohya, Tomonubu Ohshima,
Yasuko Ebihara, Yoshinori Kuwabara (Tokyo)

Denis Lascar, Phillippe Dubuisson, Marc Dupre, Phillippe Pous,
Alicia Ortiz, Régis Pericot, Olivier Xatart (Perpignan - Perpinyà)

Max Bosshard, Christoph Luchsinger (Luzern)

Petar Arsic, Slobodan Stanojevic, Jelena Bulatovic,
Tatjana Negic (Beograd)

Robert James (New York)

EL JURAT
THE JURY
EL JURADO

Kristian Gullichsen
José Antonio Acebillo
Rafael de Cáceres
Josep Lluís Núñez
Roberto Segre
Helle Juul

José Antonio Acebillo

Rafael de Cáceres

Helle Juul

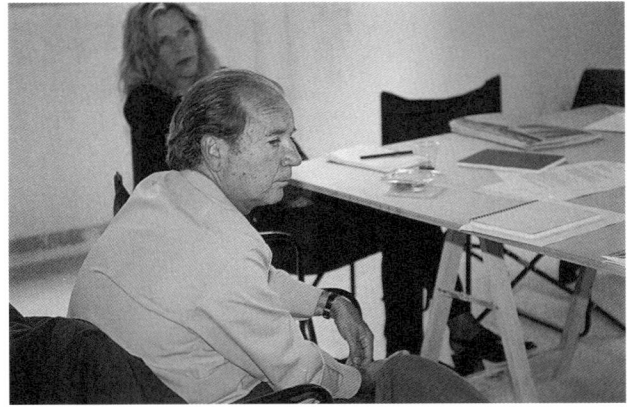

Helle Juul
Josep Lluís Núñez

Roberto Segre

Kristian Gullichsen

FCB

Primer Premi First Prize Primer Premio

MANUEL SCHOLL
RETO PFENNINGER
MARC ANGÉLIL
SARAH GRAHAM
SABINE V. FISCHER
CLAUDIA THORNET

La nova plataforma recull el lleuger pendent i es deslliga progressivament dels carrers. El cantell que resulta d'aquest moviment defineix els espais dels carrers, continua la trama urbana i permet allotjar usos comercials. El pla a nivell dels estadis s'usa com a parc urbà per a ús públic. Una gran quantitat d'arbres fa ombra, superfícies de característiques variades creen diversos ambients que permeten una gran quantitat d'activitats.

The new platform extends the slight slope of the site and progressively detaches itself from the levels of the adjacent streets. The resulting edge enhaces the definition of the street spaces and continues the urban pattern, while serving for commercial purposes. The plane around the stadium serves as an urban park for public purposes. A large amount of trees offers shade and differentiated landscape surfaces create a variety of situations which allow multiple uses.

La nueva plataforma recoge la ligera pendiente y se destaca progresivamente de las calles. El borde resultante define los espacios de las calles y continúa la trama urbana, albergando usos comerciales. El plano a nivel de los estadios se utiliza como parque urbano para uso público. Un gran número de árboles da sombra, superficies de variadas características crean diferentes ambientes que permiten una gran variedad de actividades.

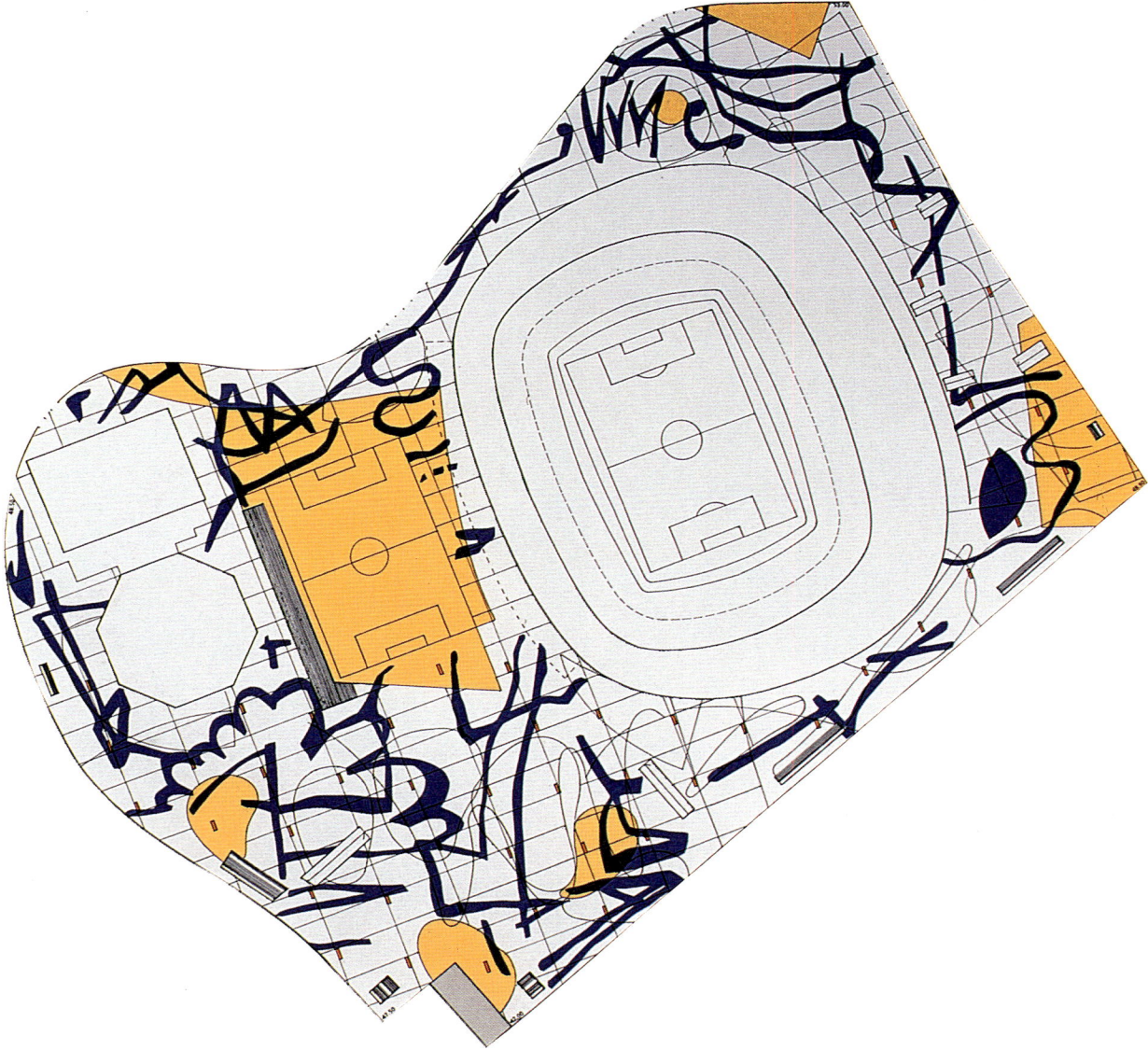

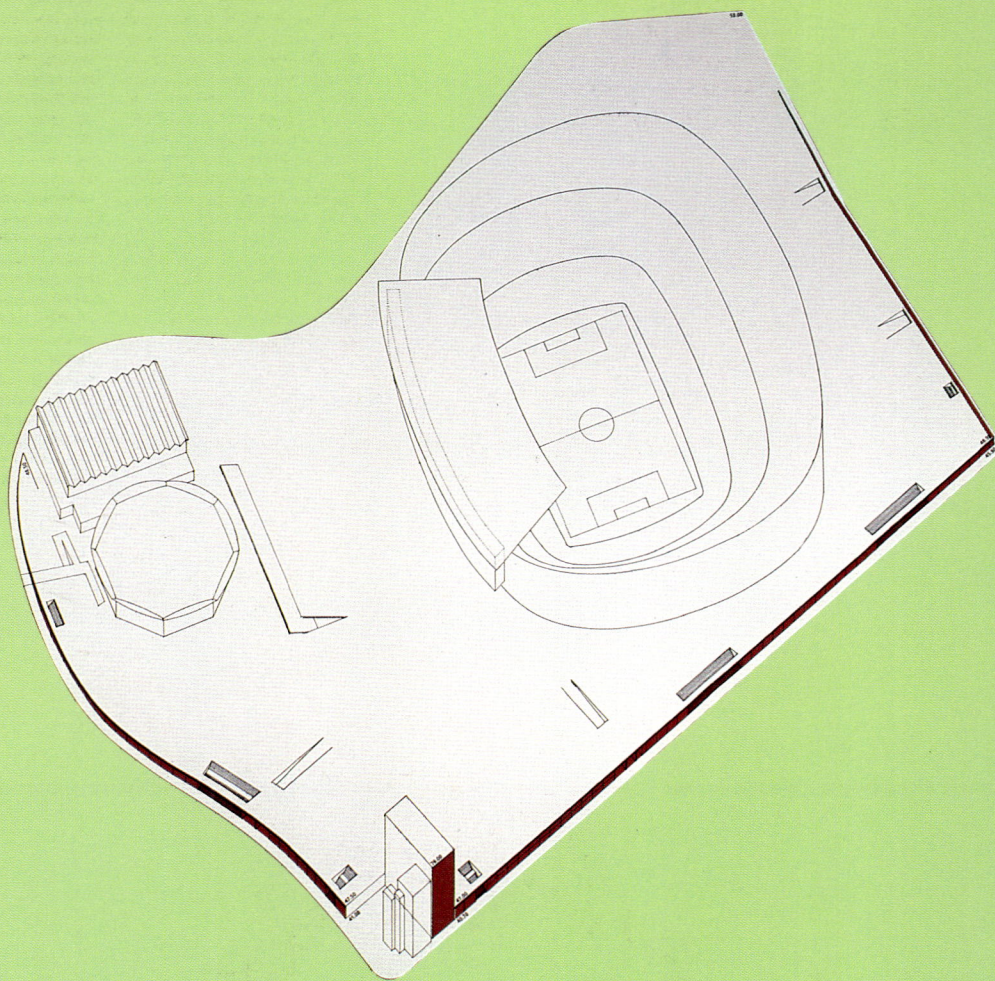

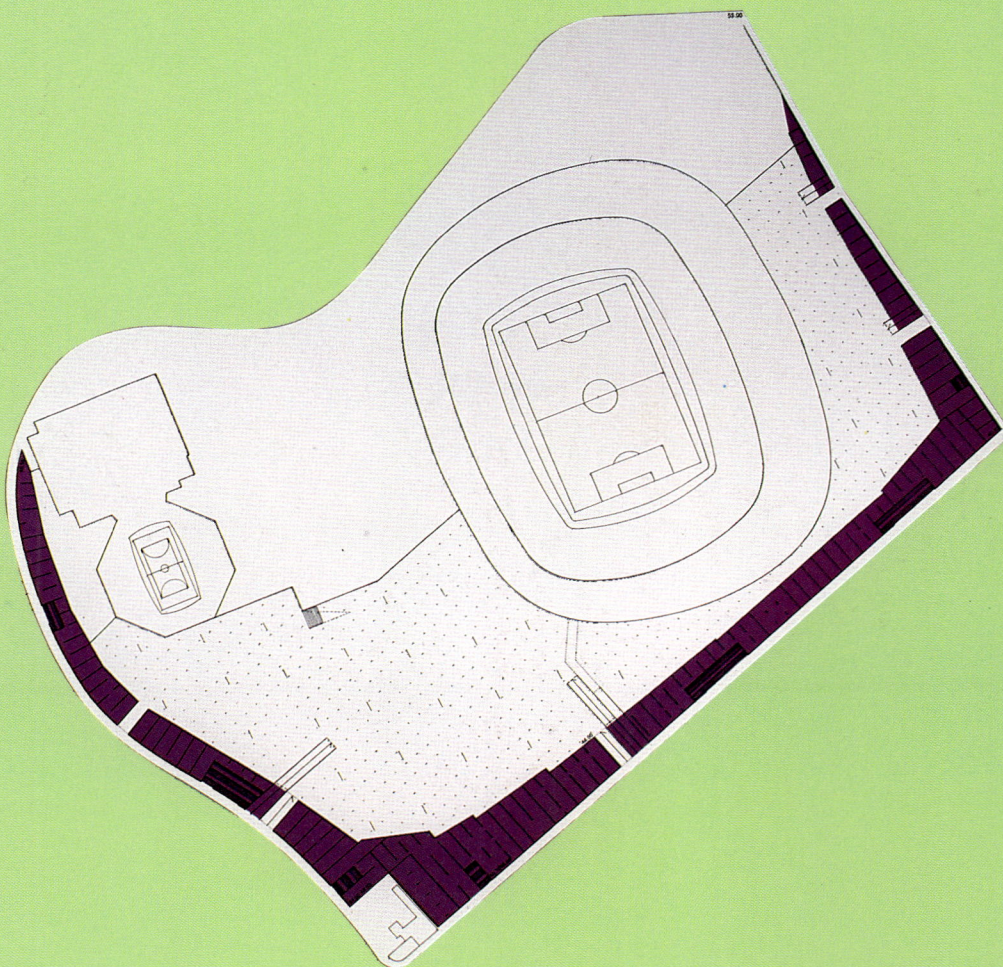

FCB

ENRIC BATLLE
JOAN ROIG

Primer Premi First Prize Primer Premio

Es proposa construir uns nous límits dels entorns de l'estadi que corregeixin les deficiències actuals, potenciïn els accessos a l'interior i fomentin el seu ús públic, mitjançant una geometria pròpia que conservi la major part de les instal·lacions actuals. Aprofitant el desnivell entre la plataforma de l'estadi i la Travessera de les Corts, un nou sòcol conté al seu interior aparcaments, accessos, àrees d'esport i espais per a usos comercials o de lleure.
També es proposa la remodelació dels carrers perimetrals, de manera que dos grans passeigs urbans comuniquin sense discontinuïtats l'avinguda Diagonal amb la Travessera de les Corts.

Our proposal consists of the construction of a new boundary for the area around the stadium, which would correct the current faults, strengthen the accesses to the interior and promote its use by the public, on the basis of a particular geometry which conserves the major part of the existing installations of the FCB (Barcelona Football Club). Taking advantage of the difference in level between the stadium platform and the Travessera de les Corts, a base looking onto the Travessera and the Passeig d'Aristides Maillol is proposed, containing parking, sports facilities and commercial or leisure areas in its interior.
The remodelling of the streets around the perimeter of the stadium is also proposed, such that two large urban promenades link, without interruption, the Diagonal avenue with the Travessera de les Corts.

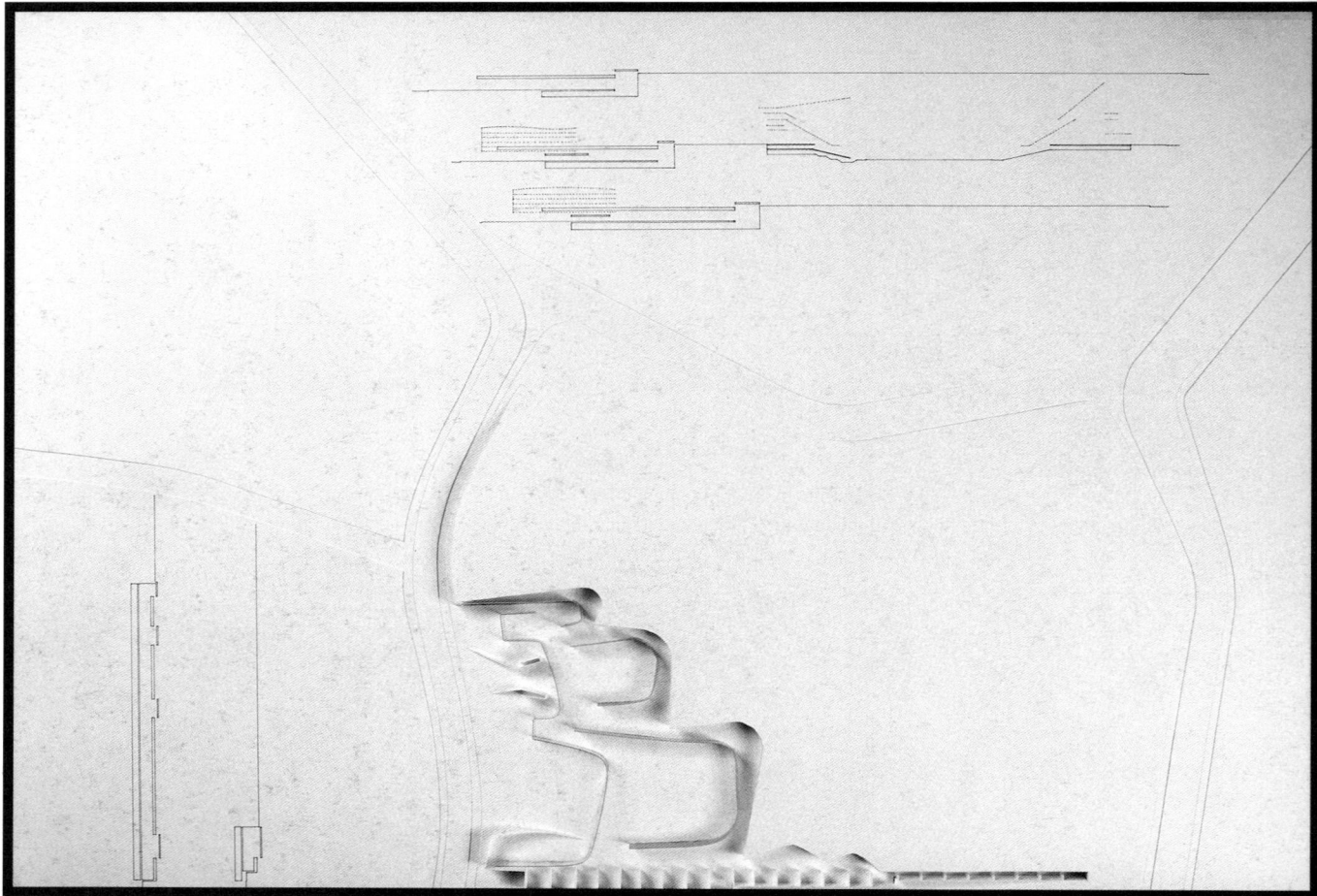

Nuestra propuesta propone construir unos nuevos límites del entorno del estadio que corrijan las deficiencias actuales, potencien los accesos al interior y fomenten su uso público, a partir de una geometría propia que conserva la mayor parte de las instalaciones actuales del FCB. Aprovechando el desnivel entre la plataforma del estadio y la Travessera de les Corts se propone un zócalo con frente a Travessera y el Paseo de Arístides Maillol que contiene en su interior aparcamientos, accesos, áreas de deporte y espacios para usos comerciales o de ocio.

También se propone la remodelación de las calles perimetrales del estadio, de manera que dos grandes paseos urbanos comuniquen sin discontinuidad la avenida Diagonal con la Travessera de les Corts.

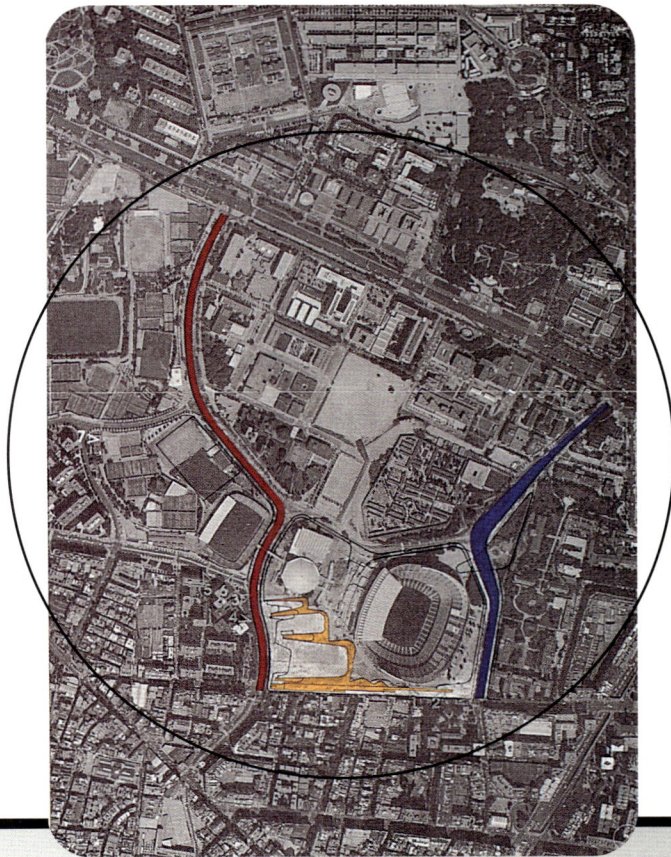

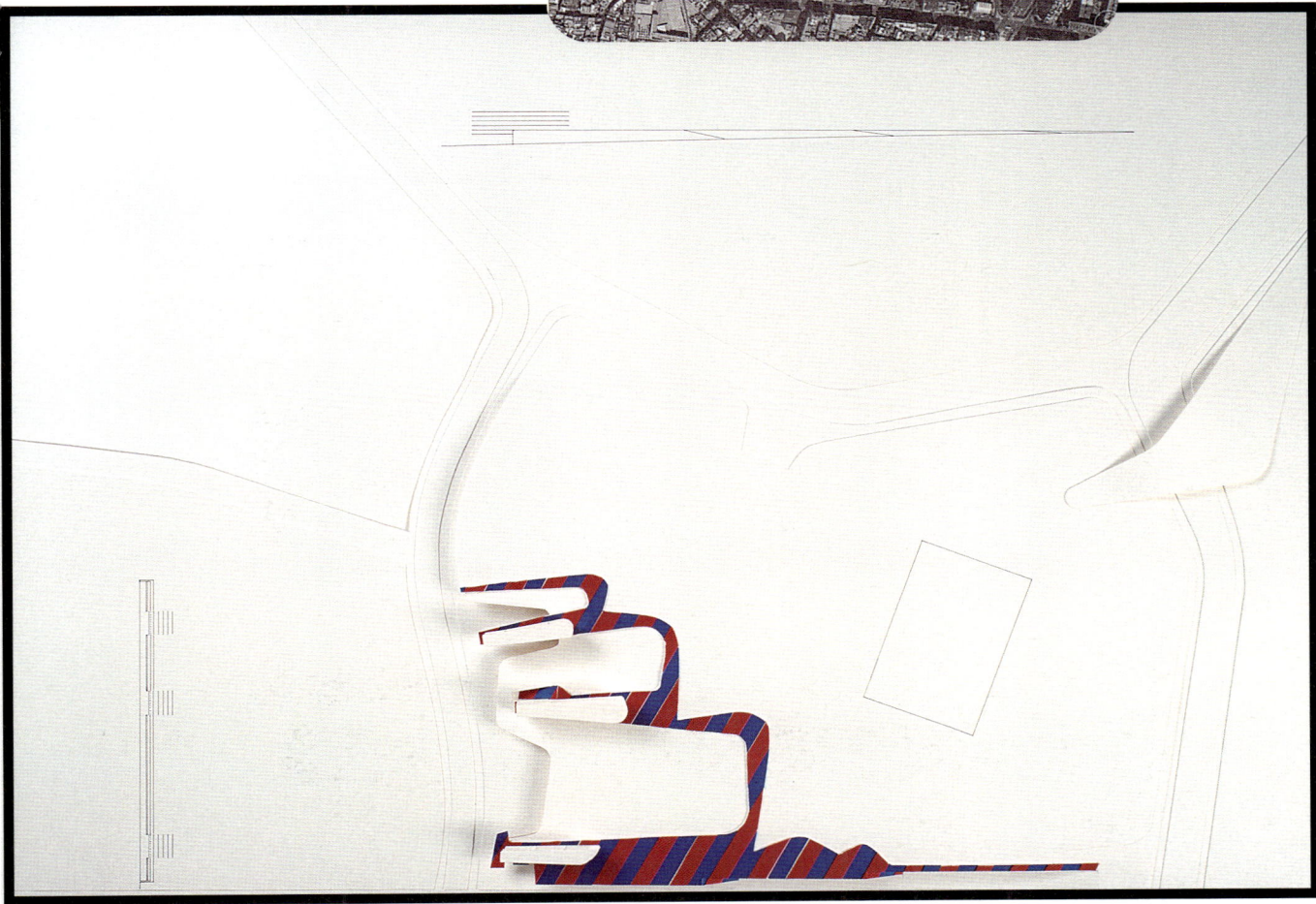

FCB

DAVID FLO TARRUELLA
FRANCESC LÓPEZ NOGUÉS

Segon Premi Second Prize Segundo Premio

El projecte pretén lligar l'Estadi amb el seu entorn i dotar la zona d'un ordre que no té ara, però sense competir amb les peces més significatives, l'Estadi i els Palaus.

La proposta pretén aconseguir l'accessibilitat i la permeabilitat de la gran illa de l'Estadi amb el seu entorn, mitjançant les connexions amb els eixos vertebradors i la creació d'una gran esplanada entre l'estadi i els palaus que recull totes les circulacions.

Our project aims to link the stadium with its surroundings and give the area an order which is presently lacking, but without competing with the most significant elements, the stadium and the Palaus. The proposal sets out to create an accessibility and permeability for the large city block of the stadium in relation to its surroundings, by means of links with the main axes and the creation of a large esplanade between the stadium and the Palaus that connects all of the routes.

El proyecto pretende relacionar el estadio con su entorno y dotar la zona de un orden que ahora no tiene, pero sin competir con las piezas más significativas, el estadio y los palacios.

La propuesta quiere conseguir la accesibilidad y la permeabilidad de la gran isla del estadio con su entorno por medio de conexiones con los ejes vertebradores y la creación de una gran explanada entre el estadio y los palacios que recoja todas las circulaciones.

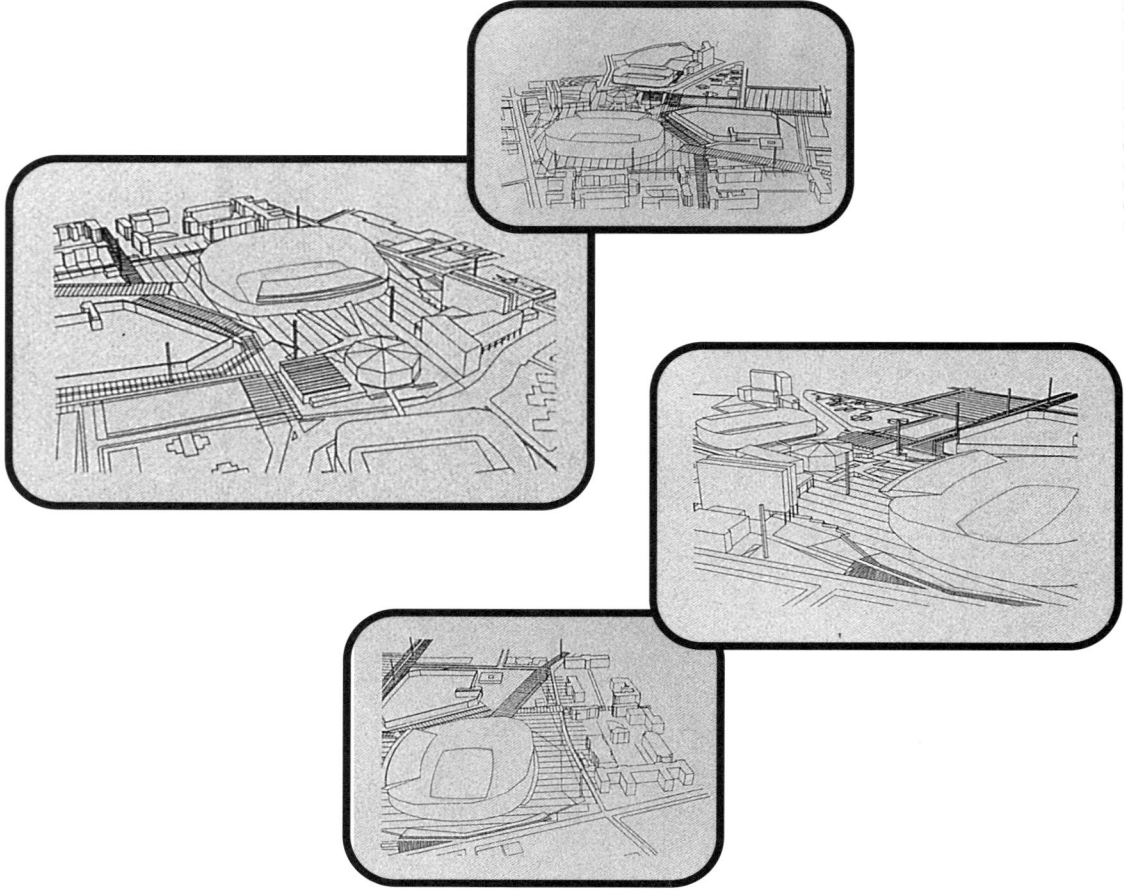

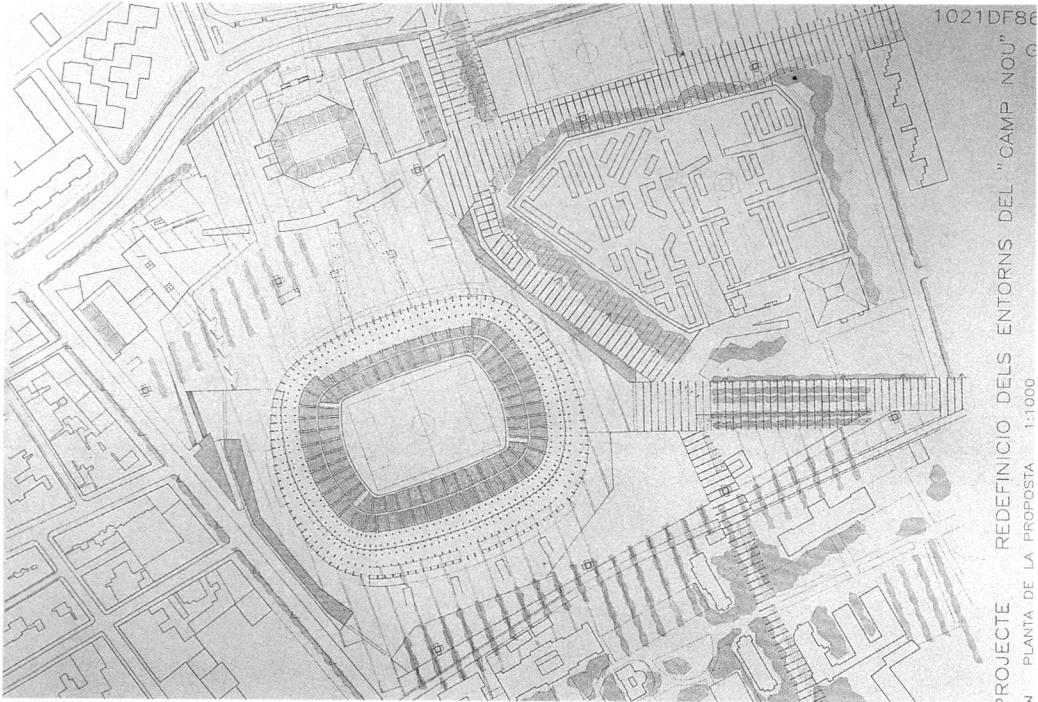

FCB

ANNA PLA
JORDI BADIA
JAVIER ZUMARRAGA
LAURENCE LIAW
MARIAM ANSARI
TONY LEUNG

on Premi Second Prize Segundo Premio

L'emplaçament del FCB és un fragment d'una peça urbana superior que conté infrastructures d'àmbit metropolità i que pateix una manca de coherència global. Mitjançant la superposició de dues organitzacions independents —una generada per fluxos de vianants i l'altra generada per espais lliures estratègics—, el projecte proposa la inserció d'estructures singulars que puguin atreure i acollir els diversos fluxos que creuen el solar.

The FCB's site is seen as a fragment of a larger urban piece wich contains infrastructures with a metropolitan affect and suffers from a lack of overall coherence. Superimposing two independent organisations -one generated by the pedestrian flows and a second one generated by strategic empty spaces, the project proposes the insertion of singular strucutres able to attract and retain the different flows crossing the site.

El emplazamiento del FCB es un fragmento de una pieza urbana superior que contiene infraestructuras de ámbito metropolitano y que adolece de una falta de coherencia global. Mediante la superposición de dos organizaciones independientes —una generada por flujos de peatones y otra por espacios libres estratégicos—, el proyecto propone la inserción de estructuras singulares que puedan atraer y acoger los diversos flujos que cruzan el solar.

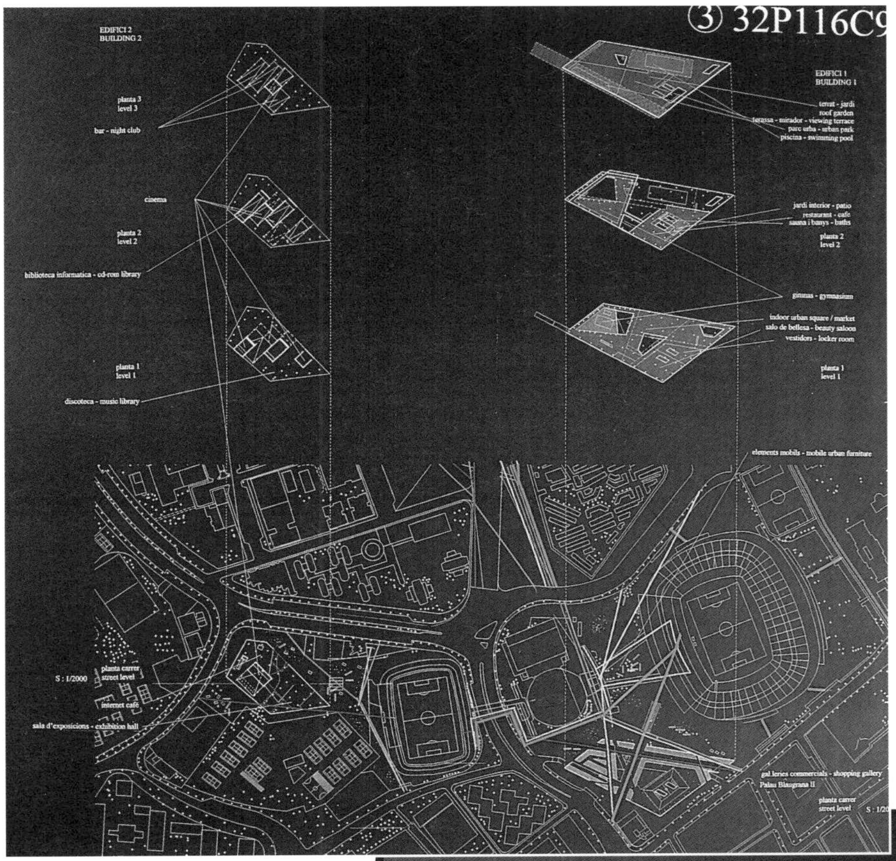

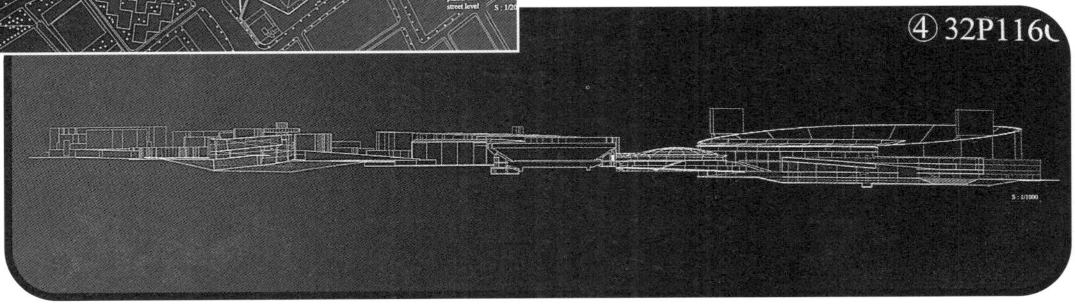

FCB

IWATA SHOGO
YASUO MORI
KAWAI RIKIYA
BABA SINSUKE
MATUOKA HIROTADA

Tercer Premi Third Prize Tercer Premio

Per tal de crear un àmbit on pugui coexistir una multiplicitat d'imatges, es pretén submergir les instal·lacions necessàries dins l'àrea que rodeja l'estadi, el Palau Blaugrana i el Miniestadi. El gran buit generat és condensat en la pantalla que reflecteix imatges diverses segons la situació, refusant tenir una imatge única. El buit és perforat aleatòriament, mitjançant de les diverses plataformes subterrànies que serveixen de suport a les noves instal·lacions.

In order to establish a district where multiple images can co-exist, we submerge the necessary facilities under the area surrounded by the main stadium, the Palau Blaugrana pavillion and the Miniestadi. The gigantic void left over is resolved into the screen which reflects various images depending on the situations therefore denying to have a fixed image. Holes are dug randomly in the void and are bonded onto each underground plate which accommodate necessary facilities.

Para crear un ámbito donde pued coexistir una multiplicidad de imágenes, se pretende sumergir las instalaciones necesarias en el área que rodea el estadio, el palacio Blaugrana y el Miniestadi. El gran vacío generado se condensa en la pantalla, que refleja imágenes diversas según la situación, rechazando la imagen única. El vacío es perforado aleatoriamente por las diversas plataformas subterráneas que sirven de soporte a las nuevas instalaciones.

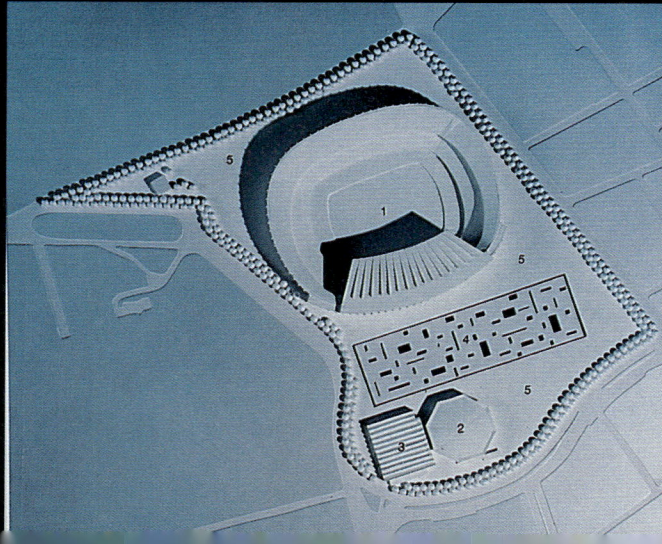

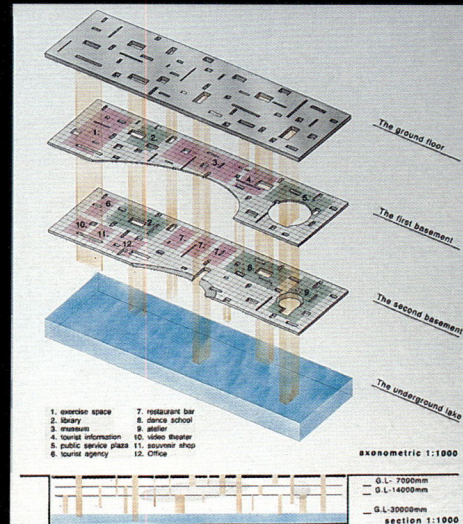

1. exercise space
2. library
3. museum
4. public service plaza
5. tourist agency
6. tourist agency
7. restaurant bar
8. dance school
9. atelier
10. video theater
11. souvenir shop
12. Office

The ground floor

The first basement

The second basement

The underground lake

axonometric 1:1000

G.L.-7000mm
G.L.-14000mm
G.L.-30000mm
section 1:1000

FCB

ALEX HO

Tercer Premi Third Prize Tercer Premio

La torre de televisió, una estructura oberta sense espai interior, es configura com un monument urbà, un focus per als espais públics situats entre l'estadi principal i el miniestadi i una nova porta per a la pista de bàsquet i de gel. Sobre el vidre translúcid de la façana de la torre es poden retransmetre partits de futbol en directe, que converteixen la torre en una finestra urbana. El nou espai públic es pot utilitzar per a d'altres esdeveniments públics els dies que no hi ha partit.

The television tower -open structure with NO enclosed espace- is created as an urban monument, a focus for the public spaces situated between the Main and Mini Stadiums and a new gateway into the Basketball Arena and the Hockey Rink. Live broadcasts of football matches can be projected on the facade translucent glass, thus turning the tower into a urban window. This would allow the proposed public space to be used for other public events when there is no football matches.

La torre de televisión, una estructura abierta sin espacio interior, se configura como un monumento urbano, un foco para los espacios públicos situados entre el estadio principal y el Miniestadi y una nueva puerta para la pista de baloncesto y la de hielo. Desde el cristal translúcido de la fachada de la torre se pueden retransmitir partidos de fútbol en directo, así la torre se convierte en una ventana urbana. El nuevo espacio público puede ser utilizado para otros acontecimientos públicos los días en que no haya partido.

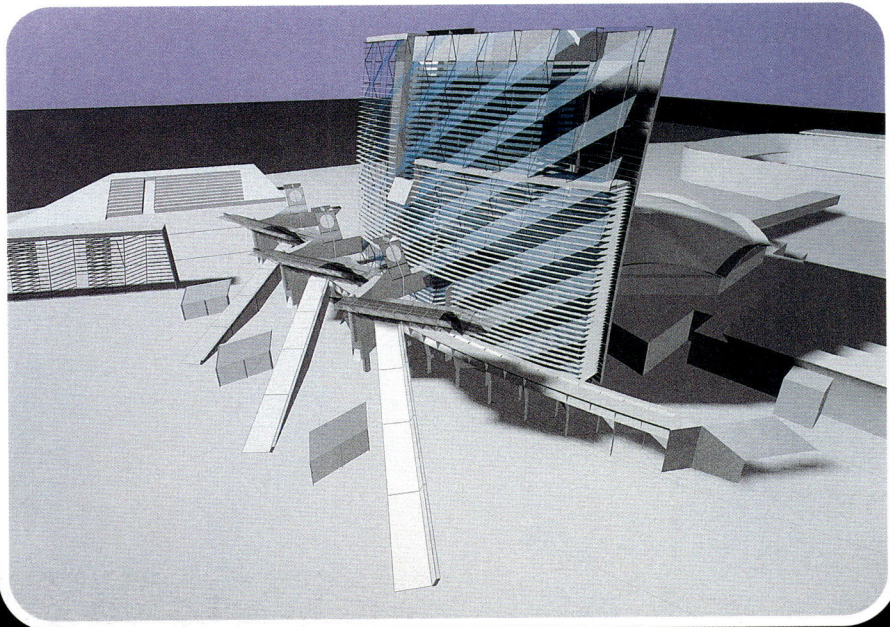

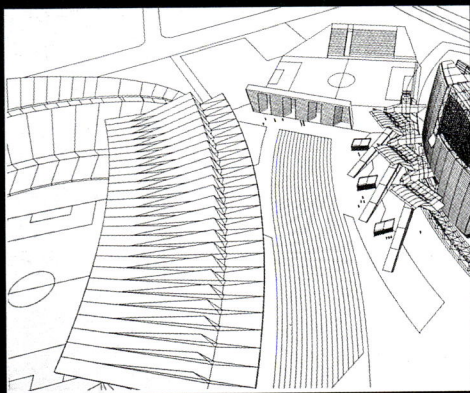

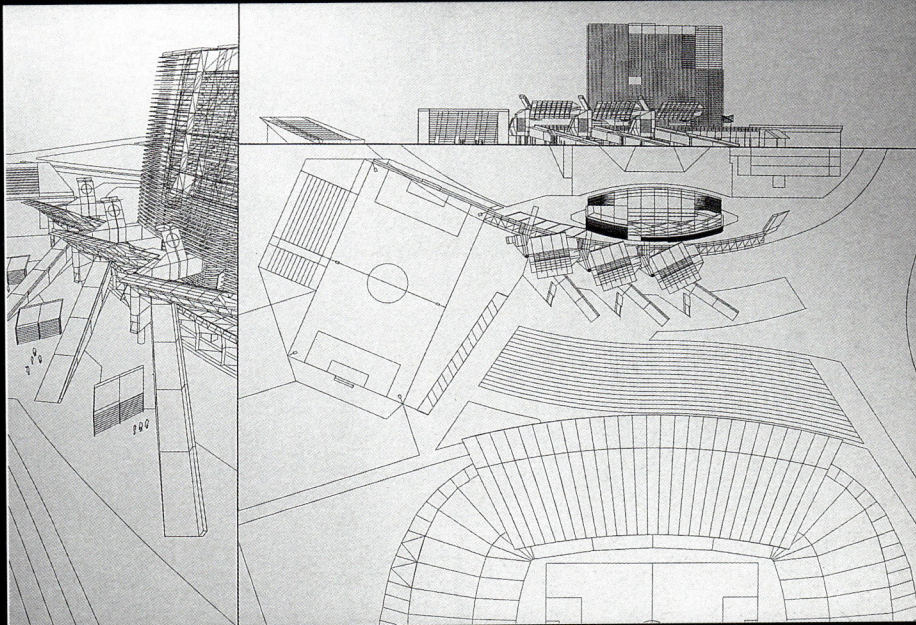

FCB

FABIO ZLATICH
PIETRO CELLI

Tercer Premi Third Prize Tercer Premio

El solar i els seus voltants ofereixen un aspecte de desordre, negació i dissociació. El projecte allibera el solar mitjançant la resituació, fora d'ell, de les instal·lacions esportives secundàries i l'organització d'un nou espai lliure destinat a acollir un parc. Es proposa un nou volum situat en l'eix nord-sud que conté usos complexos que li donen un caràcter urbà.

The site and its surroundings offer a scenario of disorder, negation and dissociation; the project intervenes by freeing it by moving all the secondary sporting facilities elsewhere and by organizing an open space destined to be the new park. The scheme proposes a new volume on the north-south axis, containing complex functions that give it a urban character.

El solar y sus entornos ofrecen un aspecto desordenado, de negación y disociación. El proyecto libera el solar mediante la reubicación de las instalaciones deportivas secundarias i la organización de un espacio libre destinado a albergar un parque. El plan propone un nuevo volumen en dirección norte-sur que contiene una complejidad de usos que aseguran su carácter urbano.

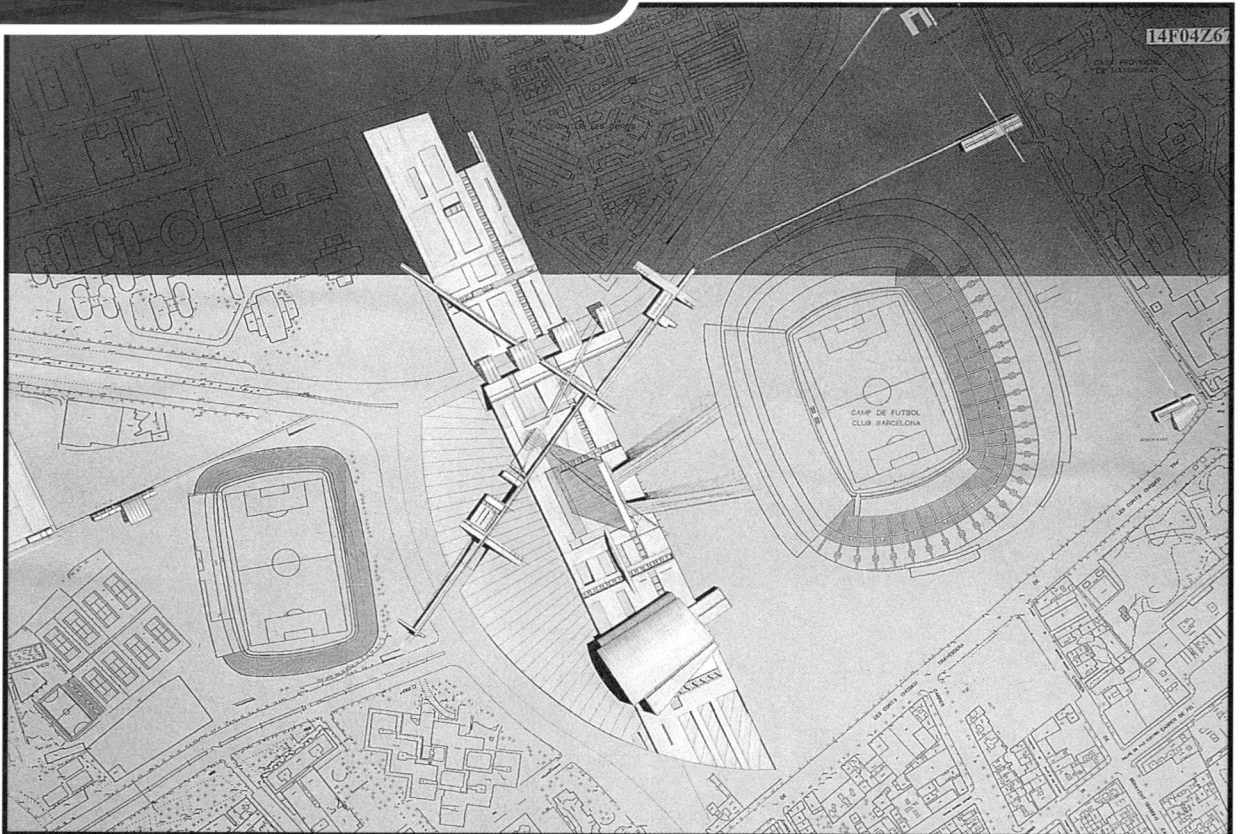

BARBARA KUIT
MARK HEMEL

El terra canviarà d'ús i de forma al llarg del temps: alguns cops serà només aparcament, d'altres acollirà nombroses illes d'activitat. Alguns cops estarà ocupat per milers d'aficionats, d'altres estarà tranquil com un parc. Es preveuen activitats sobre i sota del nivell del terra, per a tots els grups d'edat i per a les seves diverses necessitats i els diversos horaris, i així garanteix una ocupació permanent.

The surface will change its form and use in time, sometimes being merely parking, on other times the site for many different islands of activity. Sometimes busy with thousands of supporters, on other times serene as a park can be. Activities are planned for both on top and underneath the surface — activities for all age-groups with all different needs and all different times to spend, so keeping the surface always occupied.

El suelo cambiará de uso y de forma a lo largo del tiempo: algunas veces será sólo aparcamiento, otras acogerá numerosas islas de actividad. Algunas veces será ocupado por miles de aficionados, otras tendrá la tranquilidad de un parque. Se prevén actividades encima y debajo del nivel del suelo para todas las edades, que respondan a sus diversas necesidades y horarios, garantizando así una ocupación permanente.

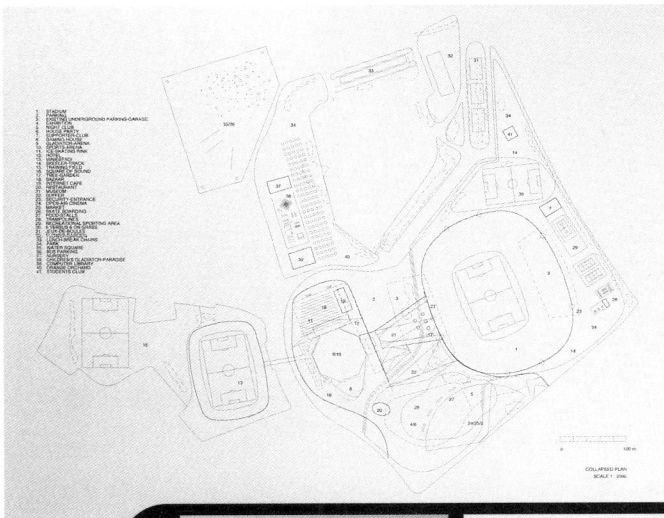

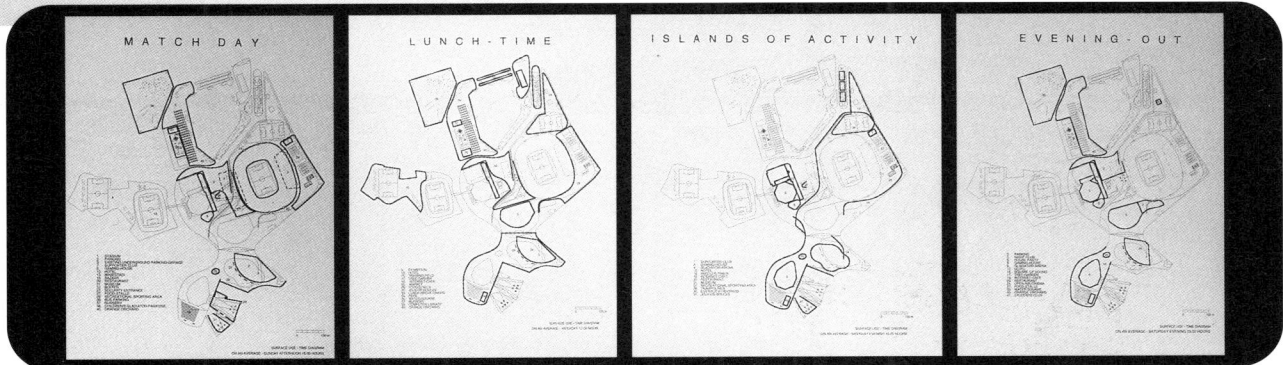

MATCH DAY · LUNCH-TIME · ISLANDS OF ACTIVITY · EVENING-OUT

ROBERT JAMES

Els estadis són flanquejats per dues estructures paral.leles als seus eixos principals. Aquestes estructures conformen un espai convergent que lliga la ciutat amb la universitat i acull una circulació lliure de vianants. Serveix d'element connector entre parts de la ciutat, de porta d'accés als estadis, i de connexió entre la ciutat i els estadis. Els volums edificatoris allotgen funcions diverses per al Futbol Club Barcelona i espais per llogar.

Each stadium is flanked by a structure parallel to the major axes of the stadiums, making a converging space that links the city and the university and that accommodates the free flow of pedestrians. It serves as a connection between parts of the city, an entrance gate to the stadiums, and a connection between the city and the stadiums. The volumes house various functions for the Barcelona Football Club and rentable space.

Los estadios se flanquean por estructuras paralelas a sus respectivos ejes principales. Estas estructuras conforman un espacio convergente que une la ciudad y la universidad y que acoge la libre circulación peatonal. Sirve de conexión entre partes distintas de la ciudad, entre la ciudad y los estadios y de recinto de acceso a los estadios. Los volúmenes edificatorios alojan funciones distintas del Fútbol Club Barcelona y espacios de alquiler.

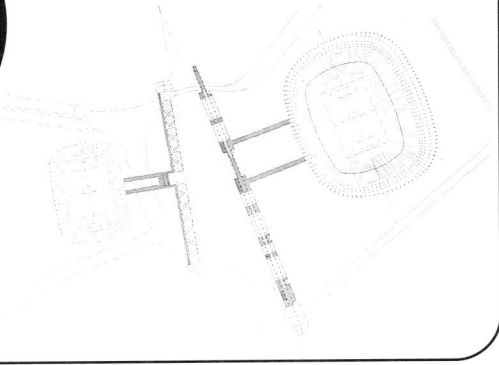

FCB

MASAYUKI IRIE, MISATO ASAI,
JUN IKEMURA, DAISUKE KATSUHAMA
OSAMU KITAOKA, YUKA FUKUHARA
TOHRU MIYAZAWA, JUNJI YATSUI
KIROAKI HOSHINO, HIROSHI MANABE
MASAHIKO ISHIDA
MASAOMI TAKESHITA, TAKASHI OHYA
TOMONUBU OHSHIMA
YASUKO EBIHARA
YOSHINORI KUWABARA

S'ha concebut l'àrea compresa entre l'estadi del FCB i el Palau Blaugrana i pista de gel com un gran espai obert (plaça) que connecta amb l'accés principal a l'estadi. La plaça no només esdevé un espai de reunió, sinó que acull també un hotel, botigues, restaurants i diversos bars i cafès. També conté mercats que responen a les necessitats diàries dels veïns.

We planned the area between the FCB stadium and Palau Blaugrana - ice rink to be a wide open space (Plaza). It functions as a space or plaza that connects with the stadium's main gate. The plaza also becomes an assembly hall and it has a hotel, shops, restaurants and many bars and cafeterias. It has markets which provide daily necessities for its neighboring residents.

El área comprendida entre el estadio del FCB, el Palau Blaugrana y la pista de hielo como un gran espacio abierto (plaza) que conecta con el acceso principal al estadio. La plaza no sólo es un espacio de reunión, sino que acoge también un hotel, tiendas, restaurantes y diversos bares y cafés. Asimismo, contiene mercados que responden a las necesidades diarias de los vecinos.

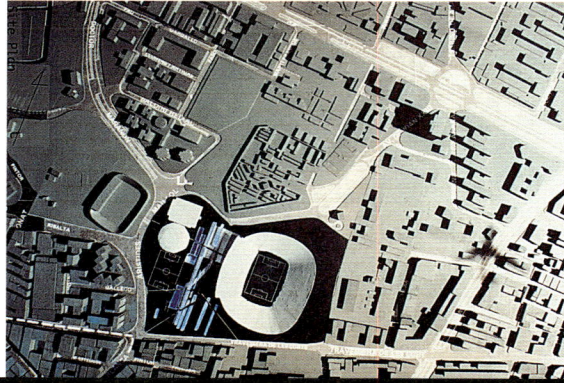

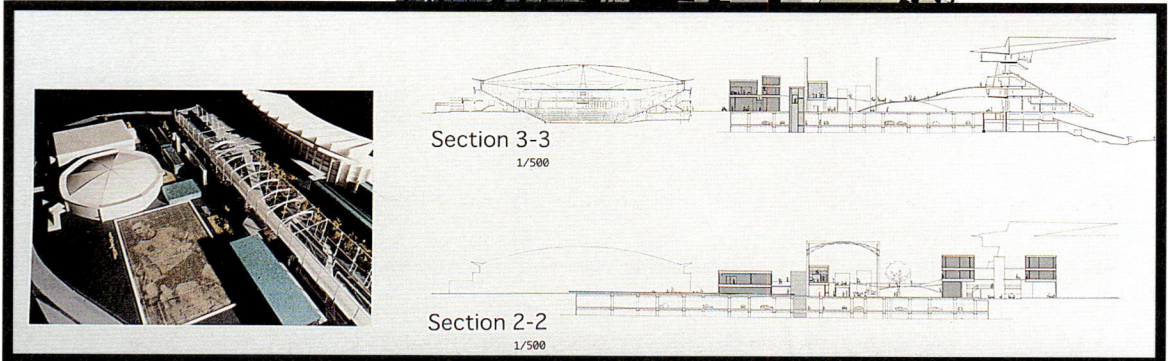

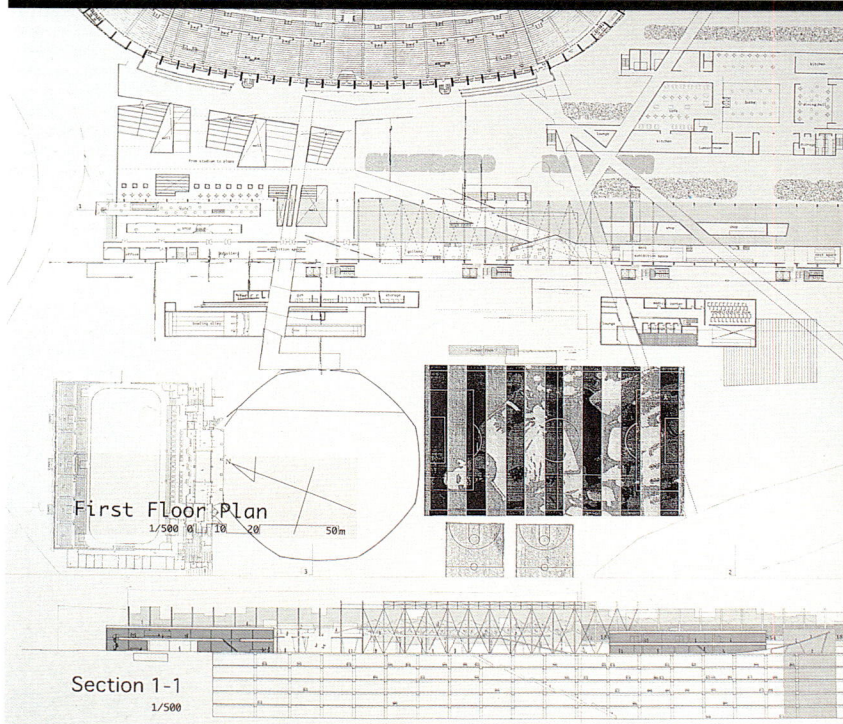

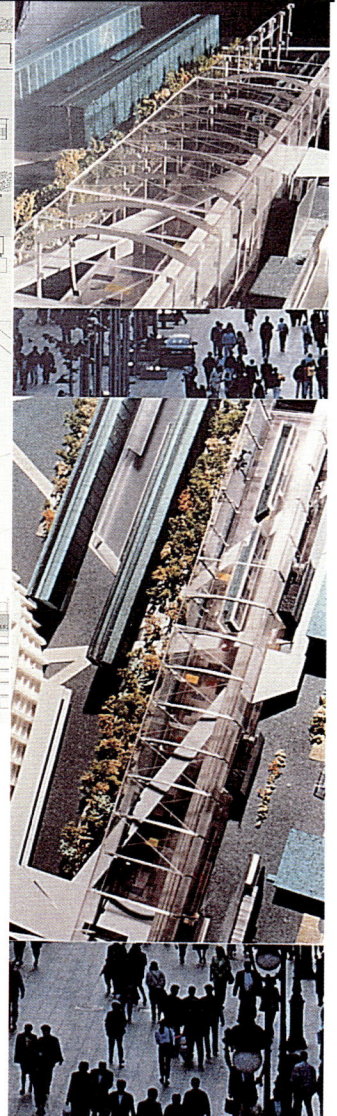

Section 3-3
1/500

Section 2-2
1/500

First Floor Plan
1/500 0 10 20 50m

Section 1-1
1/500

TOSHIAKI KAWAI
TAKEYA OBATA
TOMOYUKI HAMAYA

En la societat contemporània el futbol existeix com a fenomen mediàtic. Els espectadors ja han experimentat l'estadi mitjançant els mitjans de comunicació abans de tenir-hi un contacte físic. En aquesta situació, la funció simbòlica de l'edifici i de la seva pell han canviat. Es proposa la creació del tub "Makituku" que enbolcallarà l'estadi actual i utilitzarà un llenguatge contemporani per parlar d'històries urbanes. El tub "Makituku" inclou nombrosos programes autònoms que funcionen simultàniament.

In contemporary society football exists as a media event. Spectators have already experienced the stadium through the mass media before encountering it physically. Thus the symbolic function of the building and its exterior or skin has changed.
We propose the creation of "Makituku" tube which will envelop the current stadium and will tell urban stories in a contemporary manner of story telling.
The "Makituku" tube incorporates several autonomous programs which function simultaneously.

En la sociedad contemporánea, el fútbol es un fenómeno mediático. Los espectadores ya han experimentado el estadio a través de los medios de comunicación antes de tener un contacto físico con él. En esta situación, la función simbólica del edificio y de su piel ha cambiado.
Se propone la creción del tubo "Makituku" que envolverá el actual estadio y utilizará un lenguaje contemporáneo para hablar de historias urbanas. El tubo "Makituku" incluye numerosos programas autónomos que funcionan simultáneamente.

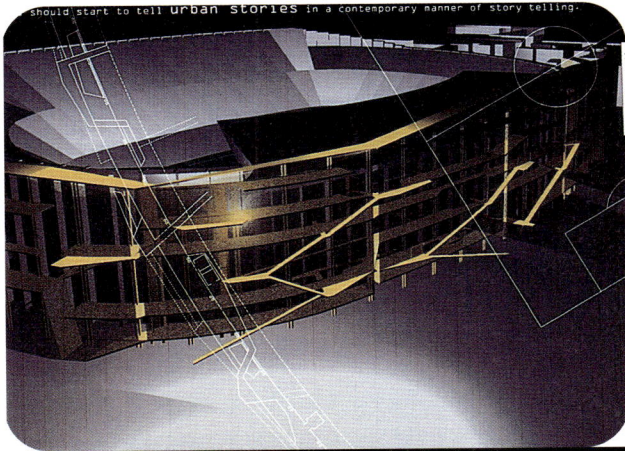

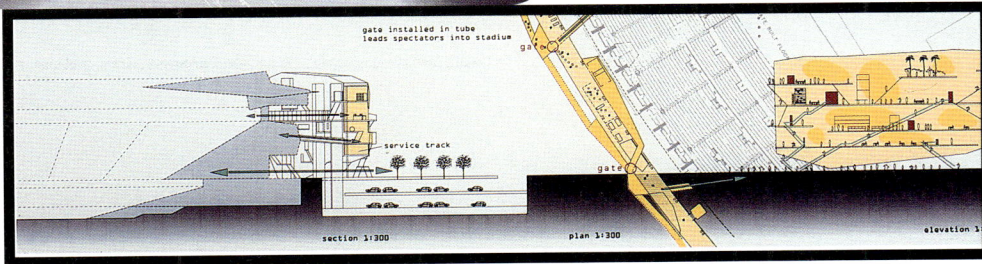

GEORG UFERMANN
PETER DONNER
HERBERT KAUER

La major part dels 13.500 cotxes que s'escampen els dies de partit al voltant de l'estadi es concentra en una estructura que el rodeja. L'estructura d'aparcament abraça l'estadi com una segona pell transparent. Un nou jardí i parc urbà es configura gràcies a l'eliminació de la majoria dels cotxes de la superfície. Aquest parc millora les condicions d'accessibilitat per als usuaris dels transports públics.

The most part of the 13,500 cars which on game days spread today oner the whole surroundings of the stadium is contentrated on a structure around it. The parking structure embraces the stadium like a transparent second skin. Because of the almost complete removal of cars from ground level, a large urban place and park are formed, which favour the visitors using public transportation systems.

La mayor parte de los 13.500 coches que los días de partido se esparcen alrededor del estadio se concentran en una estructura que lo rodea. La estructura de aparcamiento abraza el estadio como una segunda piel transparente. Un nuevo jardín y parque urbano se configura gracias a la eliminación de la mayoría de los coches de la superficie. Este parque mejora las condiciones de acceso para los usuarios de los transportes públicos.

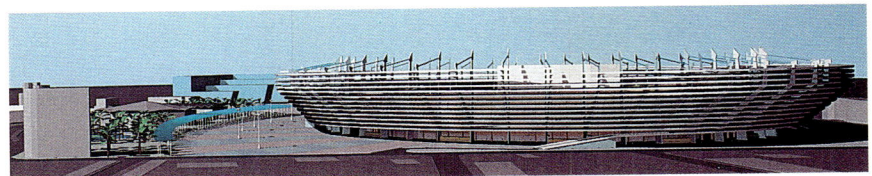

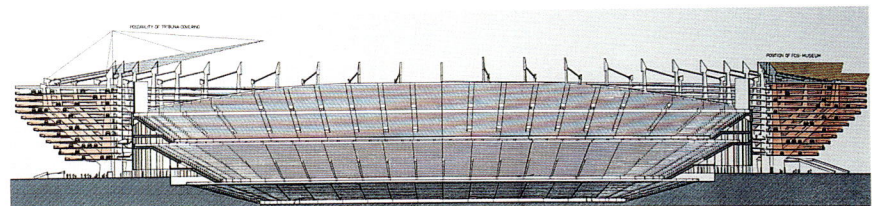

YOON GYOO JANG
JEONG HYUN YOON
SEI YON PAIK

La ciutat perd el seu poder. Cap fragment urbà tallat per traçats viaris no s'autogenera, ni troba cap estratègia per crear activitats urbanes. Cal configurar un complex que acceleri elements i fragments urbans i no només distribuir funcions a l'espai. El buit ha d'acollir elements i fragments diversos de caràcter polític, econòmic, social, cultural, artístic o esportiu.

The city is loosing its life power. Urban fabrics cut by roads do not undergo autogenesis, and do not have any strategy of defining an activity in urban life. What is important is to make a complex accelarating many urban elements and fragments, not only filling up functions in space. The void must accommodate many elements and fragments —politics, economics, society, culture, art, sports, etc.

La ciudad pierde su poder. Cada fragmento urbano cortado por trazados viarios no se autogenera ni encuentra estrategia alguna para crear actividades urbanas. Hay que configurar un complejo que acelere elementos y fragmentos urbanos y no sólo distribuir funciones en el espacio. El vacío tiene que acoger elementos y fragmentos diversos de carácter político, económico, social, cultural, artístico y deportivo.

BRANISLAV MITROVIC
VASILIJE MILUNOVIC
DEJAN MILJKOVIC
ZORAN RADOJICIC
GORDANA RADOVIC
MAJA KUSMUK
MILAN MAKSI

La superposició de plataformes es configura com la força unificadora de la geometria espacial. Són alhora sostre, plaça i arquitectura. Els estadis s'enfonsen sota els plans horitzontals dels nivells que emmarquen les instal·lacions, i s'integren així a la nova arquitectura.

The superposition of deck surfaces becomes the uniting force in spatial geometry, and also roof, square and architecture. The stadiums are sunk into the horizontal planes of the framing levels, thus being incorporated in the new architecture.

La superposición de plataformas se configura como la fuerza unificadora de la geometría espacial. Son a la vez techo, plaza y arquitectura. Los estadios se hunden bajo los planos horizontales de los niveles que enmarcan las instalaciones y se integran así en la nueva arquitectura.

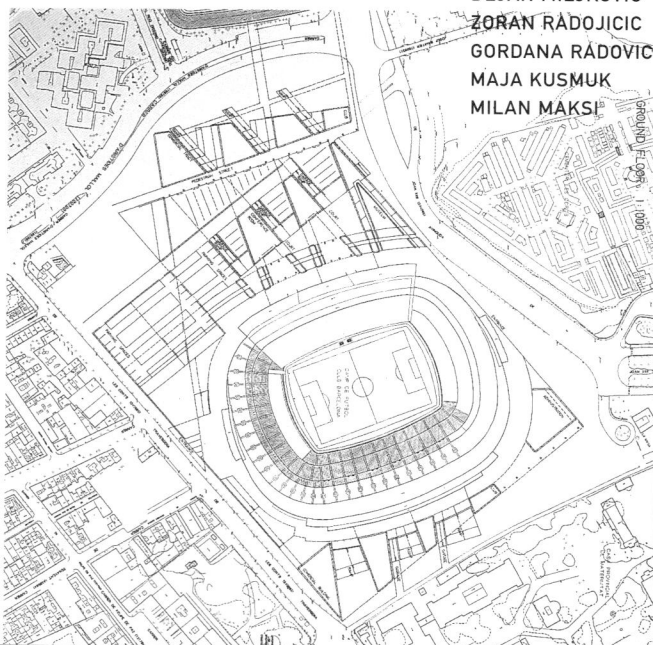

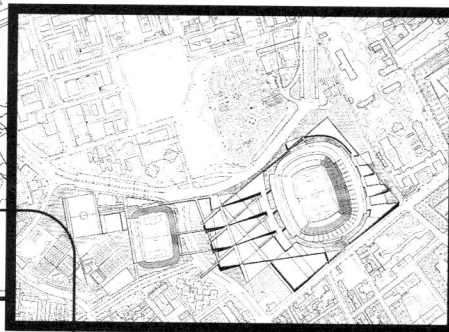

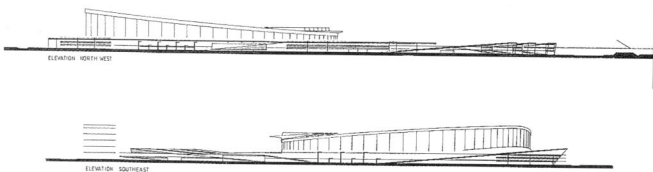

EVA PRATS
ANNE HANSEN

El nou traçat viari amplia els solars de l'oest, i crea unes illes més regulars respecte al teixit urbà. Entre un i altre estadi es defineixen dues grans places públiques: una a nivell de carrer i l'altra elevada i amb pistes de joc.

Entre les rampes de tribuna i el pendent natural del terreny cap al barri de Les Corts apareix un nou estrat de serveis. La coberta és una plataforma contínua de pistes de joc des de Travessera fins a l'illa del Miniestadi.

The new layout links up with the Travessera in a single sweep, extending the sites to the west and leaving a series of more regular city blocks with respect to the urban fabric. Between the two stadia, two large public squares are defined: one at street level and another raised up and provided with playing fields.

Between the ramps of the stand and the natural slope of the terrain towards the Les Corts neighbourhood a new layer of services appears. The roof is a continuous platform of playing fields from the Travessera to the Mini Estadi block.

El nuevo trazado viario amplía los solares del oeste, quedando unas islas más regulares respecto del tejido urbano. Entre los dos estadios se definen dos grandes plazas públicas: una a nivel de calle y la otra elevada y con pistas de juego.

Entre las rampas de tribuna y la pendiente natural del terreno hacia el barrio de Les Corts, aparece un nuevo estrato de servicios. La cubierta es una plataforma continua de pistas de juego que va desde la travesera hasta el Miniestadi.

SECCION TR
E:1/500

SECCION COR
PISTES ESPO
E:1/2.000

JOSEP PUIG TORNÉ
DANIEL GELABERT
XAVIER GELABERT
JOAN BISQUERT
ELISA PUIG

Problemàtica:
Espais urbans infrautilitzats, generadors de caos.
Solució:
-Reordenació d'espais tangencials.
-Ordenació d'espais marginals per a noves estructures urbanes.
-Nous continguts sinèrgics, d'"activitats dinàmiques" en "buits existents".
La proposta global ajuda a resoldre problemes de logística, estructurals, d'imatge i funcionals.

Problem:
Under-used urban spaces, generators of chaos.
Solution:
-Restructuring of tangential spaces.
-Planning of marginal spaces for new urban structures.
-New synergetic contents, as "dynamic activities" in "existing voids". The overall proposal contributes to the resolution of a series of problems — of logistics, structures, image and function.

Problemàtica:
Espacios urbanos infrautilizados generadores de caos.
Solución:
-Reordenación de espacios tangenciales;
-Ordenación de espacios marginales para nuevas estructuras urbanas;
-Nuevos contenidos sinérgicos de "actividades dinámicas" en "vacíos existentes".
La propuesta global ayuda a resolver problemas de logística, estructurales, de imagen y funcionales.

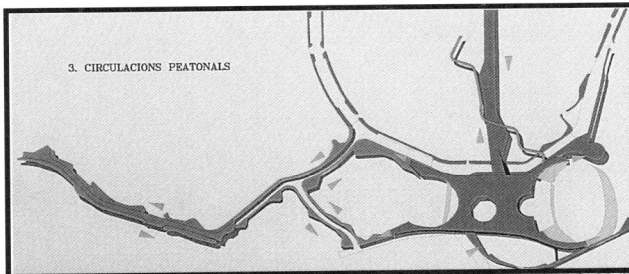

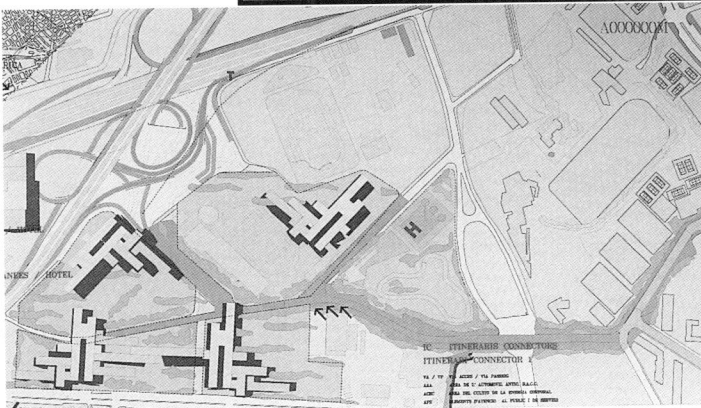

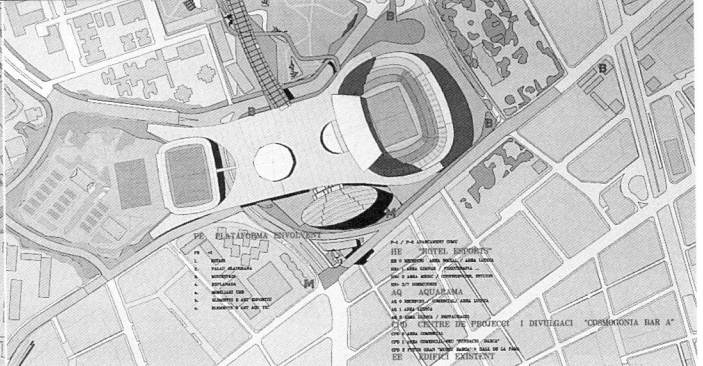

3. CIRCULACIONS PEATONALS

F C B

**MAX BOSSHARD
CHRISTOPH LUCHSINGER**

La proposta adopta la forma d'una plataforma espacial tridimensional concebuda com un principi organitzador adaptable més que com una configuració formalment determinada.

Nivell inferior: esports, sales d'ús públic i aparcament.

Nivell superior: Un sistema horitzontal d'edificis lineals de sis metres d'alçada s'estén sobre una gran part del solar. La disposició intercalada d'edificis més amples dins el sistema lineal permet allotjar oficines, serveis i activitats lúdiques.

The proposal takes the form of a three-dimensional spatial platform which is intended as an adaptable organising principle rather than a formallyu determined confirguration.

Lower level: Sports, public function halls and parking.

Upper level: A horizontal system of linear buildings six meters tall extends over a wide area of the site. Broader buildings placed at intervals in the linear system provide premises for offices, services and leisure activities.

La propuesta adopta la forma de una plataforma espacial tridimensional concebida más como un principio organizador adaptable que como una configuración formalmente determinada.

Nivel inferior: deportes, salas de uso público y aparcamiento.

Nivel superior: un sistema horizontal de edificios lineales de seis metros de altura se extiende sobre una gran parte del solar. La disposición intercalada de edificios más amplios dentro del sistema lineal permite albergar oficinas, servicios y actividades lúdicas.

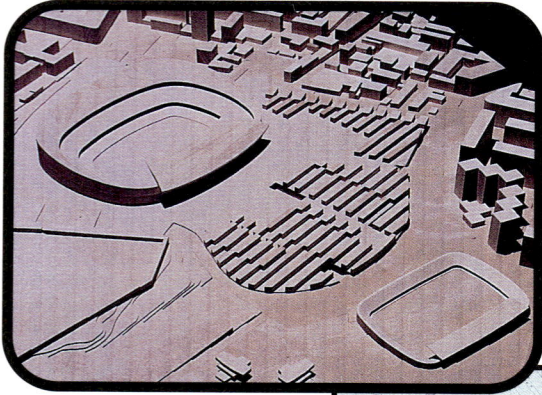

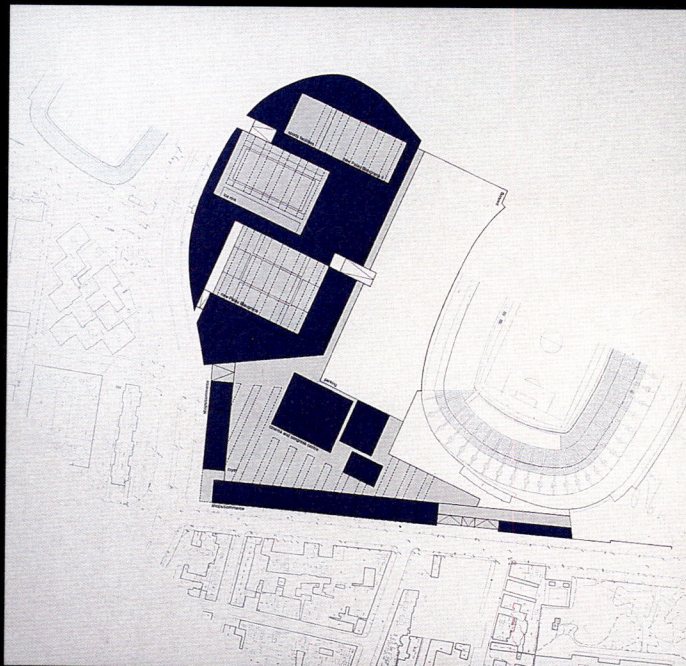

CATHERINE SPELLMAN
VALENTIN HOKMANN
DAVID R. RUSSO
JOCELYN ROSS
PAMELA RILEY
LORI FRIEDLANDER

"Ampliacions d'allò existent" detecta focus regionals d'activitat en els quals s'esté el desenvolupament del solar.

Els límits definits dels terrenys del FCB es dilueixen; les millores al solar s'escampen a la ciutat i es delimiten zones dels terrenys del club per a ús comunitari.

"Extensions of the existing" identifies regional points of activity into which the development of the site is extended. The defined border of the FCB property is blurred, expanding the imrpovement at El Barça site into the community, as well as designating public spaces on the property to be utilized by residents of the community.

"Ampliaciones de lo existente" detecta focos regionales de actividad en los que se extiende el desarrollo del solar.

Los límites definidos de los terrenos del FCB se diluyen; las mejoras en el solar se esparcen por la ciudad y se delimitan zonas de los terrenos del club para uso comunitario.

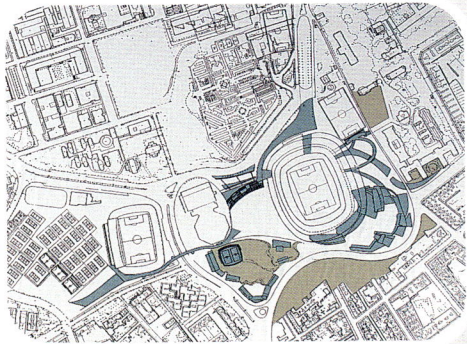

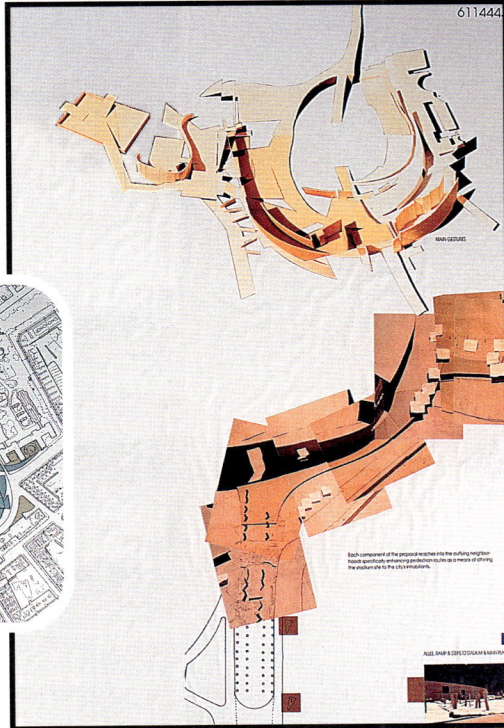

RENATO RIZZI
FRANCO ALLOCA
BARBARA BORGINI
GIOVANNI LEO SALVOTTI
ILDEBRANDO CLEMENTE
KUNO MAYR
NIGEL RYAN

L'objectiu de la proposta és donar al símbol una visibilitat objectiva per mitjà de la precisió i la coherència de la forma arquitectònica. Les dues "corones" es conformen com llindars, com zones de filtratge que separen la ciutat dels estadis. Es proposa així un nou sistema de relació i una nova jerarquia espacial. Al voltant dels estadis hi ha una zona totalment plana, com una safata sobre la qual es mostren objectes preciosos.

The aim of the project is that of rendering the symbol objectively 'visible' in the coherence and the precision of the architectural form. The two 'corone' take shape as thresholds, as a filtering zone distinguishing the city from the stadiums. A new system of relationships is thus created and a new spatial hierarchy proposed. Surrounding the stadiums is a completely flat empty area, like a tray where precious objects are shown.

El objetivo de la propuesta es dar al símbolo una visibilidad objetiva por medio de la precisión y la coherencia de la forma arquitectónica. Las dos "coronas" se conforman como umbrales, como zonas de filtración que separan la ciudad de los estadios. Se propone así un nuevo sistema de relación y una nueva jerarquía espacial. Alrededor de los estadios hay una zona totalmente llana, como una bandeja sobre la cual se muestran objetos preciosos.

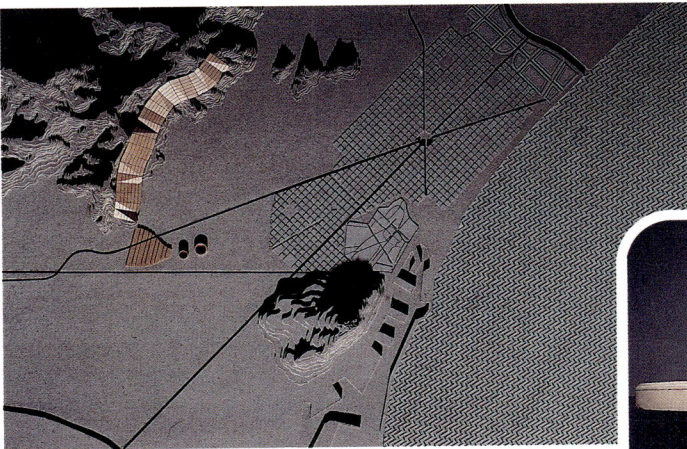

PETAR ARSIC
SLODOBAN STANOJEVIC
JELENA BULATOVIC
TATJANA NEGIC

Nous continguts.
-La concentració lineal dels continguts cap a l'espai central del complex universitari, les riques superfícies verdes i d'aigua, l'equipament urbà.
-La plaça del Camp Nou —el centre multifuncional, activitats multimèdia disposades en una estructura horitzontal i dues torres: l'hotel i l'edifici d'oficines.

New contents.
-The linear concentration of the contents towards the central space of the university complex, the rich landscaped areas, the urban installations.
-The Camp Nou square —the multifunctional square, multimedia activities in a horizontal layout, as with the two towers: the hotel and the office block.

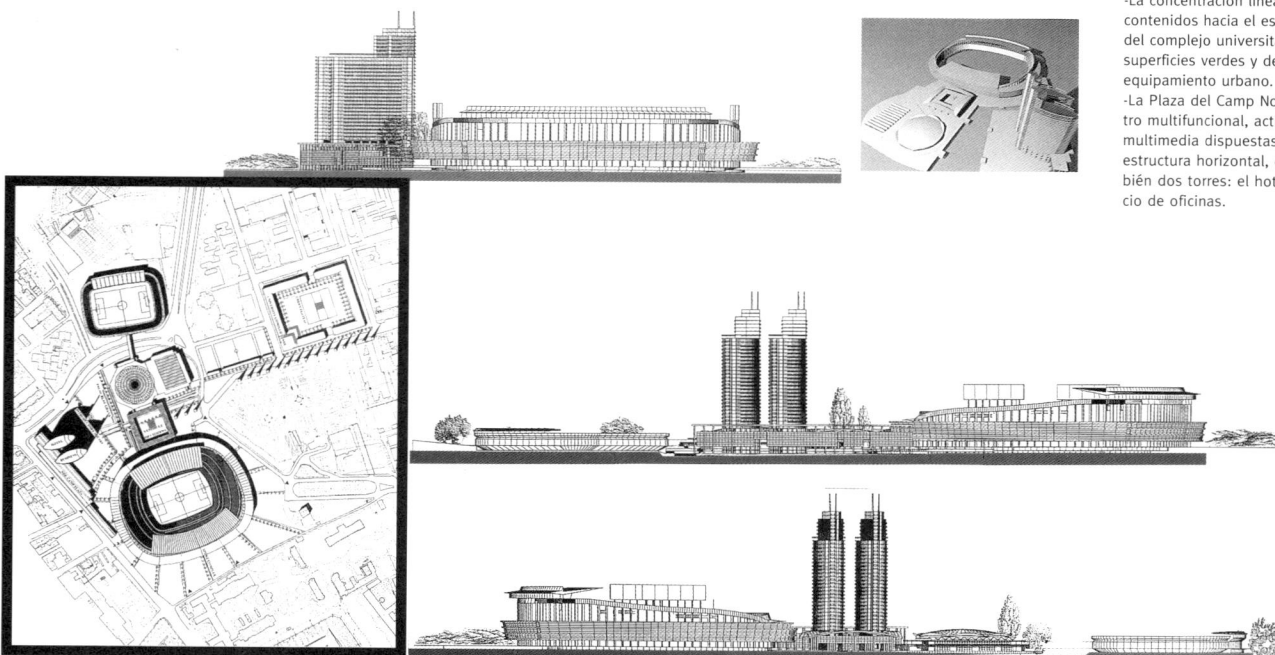

Nuevos contenidos.
-La concentración lineal de los contenidos hacia el espacio central del complejo universitario, las ricas superficies verdes y de agua, el equipamiento urbano.
-La Plaza del Camp Nou —el centro multifuncional, actividades multimedia dispuestas en una estructura horizontal, como también dos torres: el hotel y el edificio de oficinas.

DENIS LASCAR
PHILIPPE DUBUISSON
MARC DUPRÉ
PHILIPPE POUS
ALICIA ORTIZ
RÉGIS PERICOT
OLIVIER XATART

Elements estructuradors de la proposta:
-Reestructuració d'un pol d'activitat del FCB al voltant del Palau Blaugrana i de la pista de gel.
-L'edifici de serveis delimita un ampli recinte d'accés a l'estadi.
-A l'extrem sudoest del solar, un programa residencial continua l'edifici existent i es relaciona amb els edificis d'habitatges de l'Hospitalet.

Structuring elements of the proposal:
-Restructuring of a focus of activity of the FCB around the Palau Blaugrana and the ice rink.
-The service building delimits a spacious square in front of the stadium.
-At the south-west edge of the site, a programme of housing will be developed as a continuation to the existing apartment block, establishing a dialogue with the Hospitalet housing blocks.

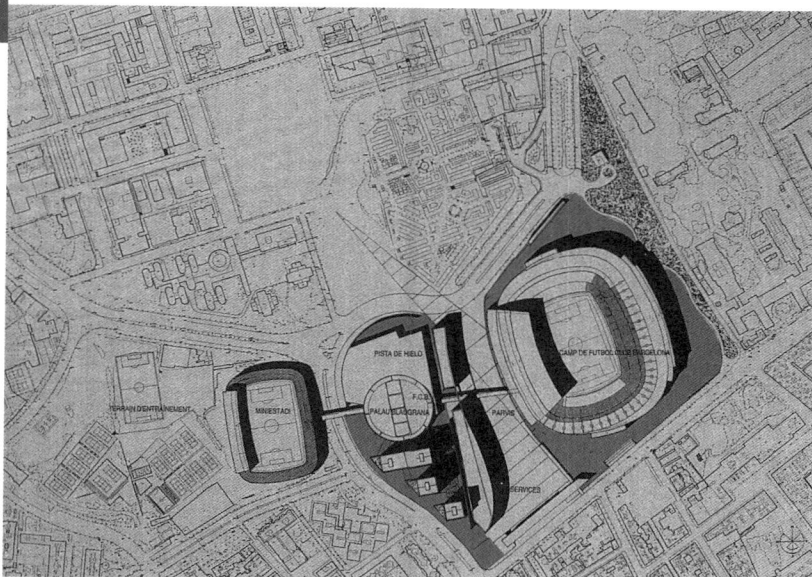

Elementos estructuradores de la propuesta:
-Reestructuración de un polo de actividad del FCB alrededor del Palau Blaugrana y de la pista de hielo.
-El edificio de servicios delimita un amplio recinto de acceso al estadio.
-En el extremo sudoeste del solar, un programa residencial continúa el edificio existente y se relaciona con los edificios de viviendas de L'Hospitalet.

GABRIEL RUIZ CABRERO
F. JAVIER RODRÍGUEZ SUÁREZ
M. JESÚS ORTIZ
MARTA REDONDO
ALFONSO DÍAZ

Es proposen edificis residencials i comercials que agafen plantes i alçats de projectes coneguts. Els nous aparcaments seran subterranis i formaran a nivell de l'estadi grans extensions verdes. L'orientació varia segons la seva major o menor proximitat als carrers, als estadis i a l'aparcament subterrani existent.

Residential and commercial buildings are proposed, borrowing plans and elevations from well-known projects. All of the new parking is proposed as underground construction which meets the stadium level as great patches of green space. Their orientation varies according to their proximity to the streets, the stadiums and the existing underground parking.

Se proponen edificios residenciales y comerciales que toman plantas y alzados prestados de proyectos conocidos. Los nuevos aparcamientos serán subterráneos y formarán a nivel del estadio grandes parcelas verdes. Su orientación varía según la proximidad a las calles, a los estadios y al aparcamiento subterráneo existente.

VENTURA VALCARCE
CARLOS VALLS
AMAYA CASTOLDI
DAVID GARCÍA

El paisatge i tot l'entorn són objecte de la proposta. Un objecte trobat al qual cal subvertir la seva realitat física, prescindint de la necessitat d'un ordre per concentrar-se en la definició d'una estructura: l'estructura d'un relat laberíntic, que proposa arguments que engloben altres arguments, històries que s'entrelliguen, que es repliquen, que es repleguen sobre si mateixes.

We consider the landscape and the whole zone to be the object of the project. A FOUND OBJECT whose physical reality must be subverted, dispensing with the NEED FOR ORDER so as to concentrate on the DEFINITION OF A STRUCTURE. The structure of a labyrinthine narrative, in that it proposes arguments that entail other arguments, narratives that interlink, that repeat themselves, that fold over on themselves.

Consideramos el paisaje y todo el territorio como objeto del proyecto. Un objeto encontrado al que es necesario subvertir su realidad física, prescindiendo de la necesidad de un orden para concentrarse en la definición de una estructura: la estructura de un relato laberíntico, en cuanto que propone argumentos que engloban otros argumentos, historias que se entrelazan, que se replican, que se repliegan sobre sí mismas.

FCB

KAZUHIRO KOJIMA
NAOKI SOEDA, HIDEKI HIRAHARA
MIKA MATSUO, NAOTO MITSUMOTO
MASANORI AOKI, KEIKO IWAKI
SERGIO SOLOKOVSKY
Y. TADOKORO, K. TSUYUKI
N. HAMANA, T. YAMAKOSKI

L'espai que rodeja l'estadi no té un ús clar. El projecte vol donar una vida a aquest espai mitjançant un "Parc interactiu".

1. Entramat lineal. Franges de 30 m amb característiques diverses: espai d'art, caixa de projeccions, zoo, mercat a l'aire lliure.

2. Mur de vidre. A costat i costat de cada franja es construeix un mur de vidre de 20 m d'alçada. El pla bidimensional esdevé volumètric.

3. Límit. La possibilitat d'obertures defineix "límits oberts", traspassables, o "límits tancats", d'accés restringit o de pagament.

The project vivifies this void space by proposing the 'Interactive Park'.

1. Stripe pattern. 30 m wide stripes with different characteristics: art space, screen box, zoo, free market space.

2. Glass wall. On both sides of each stripe, 20 m high glass walls are built. The two-dimensional plan will have volume.

3. Boundary. Openings allowing to form 'open boundary', which people can pass through freely or 'close boundary', in which the flow of people is contolled by an entrance fee.

El proyecto quiere dar vida a este espacio mediante un "parque interactivo".

1. Entramado lineal. Franjas de 30 metros con características diversas: espacio de arte, caja de proyecciones, zoo y mercado al aire libre.

2. Muro de cristal. A ambos lados de cada franja se construye un muro de cristal de 20 metros de altura. El plano bidimensional se vuelve volumétrico.

3. Límite. La posibilidad de aberturas define "límites abiertos", traspasables, o "límites cerrados", de acceso restringido o de pago.

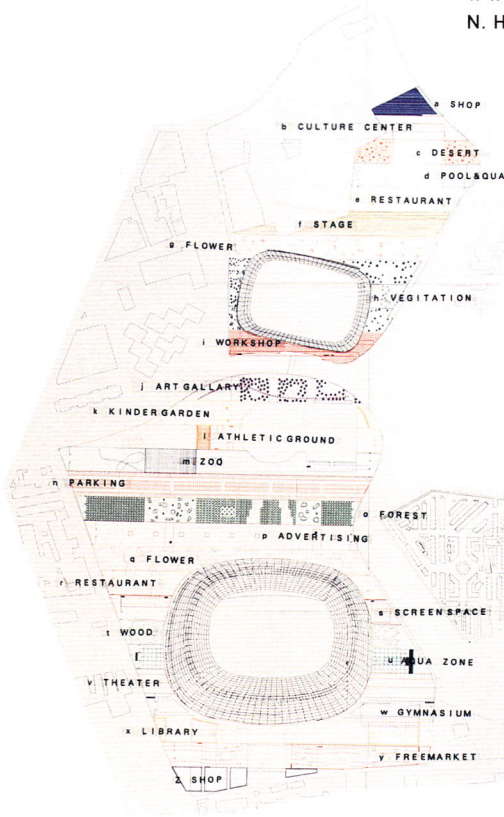

Plan legend:
a SHOP
b CULTURE CENTER
c DESERT
d POOL&QUA
e RESTAURANT
f STAGE
g FLOWER
h VEGITATION
i WORKSHOP
j ART GALLARY
k KINDERGARDEN
l ATHLETIC GROUND
m ZOO
n PARKING
o FOREST
p ADVERTISING
q FLOWER
r RESTAURANT
s SCREEN SPACE
t WOOD
u AQUA ZONE
v THEATER
w GYMNASIUM
x LIBRARY
y FREEMARKET
z SHOP

LEENDERT VERBOOM
MYRA VAN MUNSTER
PATRICK BIL

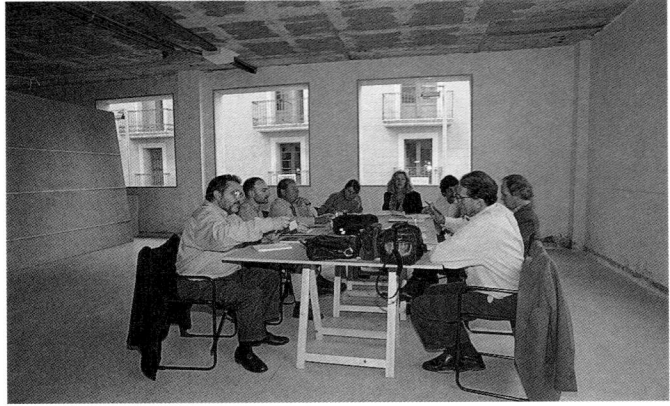

José Antonio Acebillo - Albert Ferré - Josep Lluís Núñez - Anna Puyuelo,
Helle Juul - Rafael de Cáceres - Kristian Gullichsen - Roberto Segre

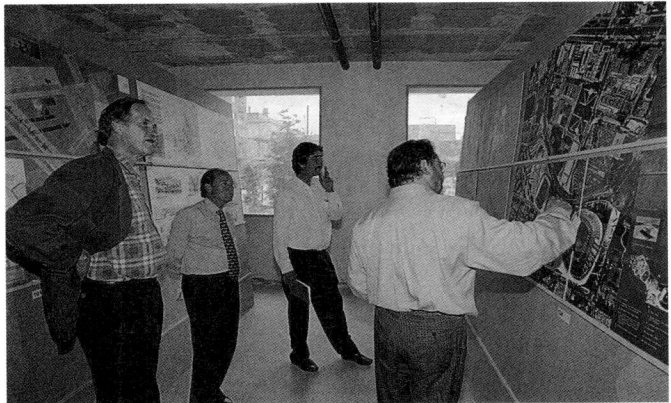

Kristian Gullichsen   Rafael de Cáceres
        Josep Lluís Núñez   José Antonio Acebillo

José Antonio Acebillo   Roberto Segre   Helle Juul   Rafael de Cáceres
        Josep Lluís Núñez   Kristian Gullichsen

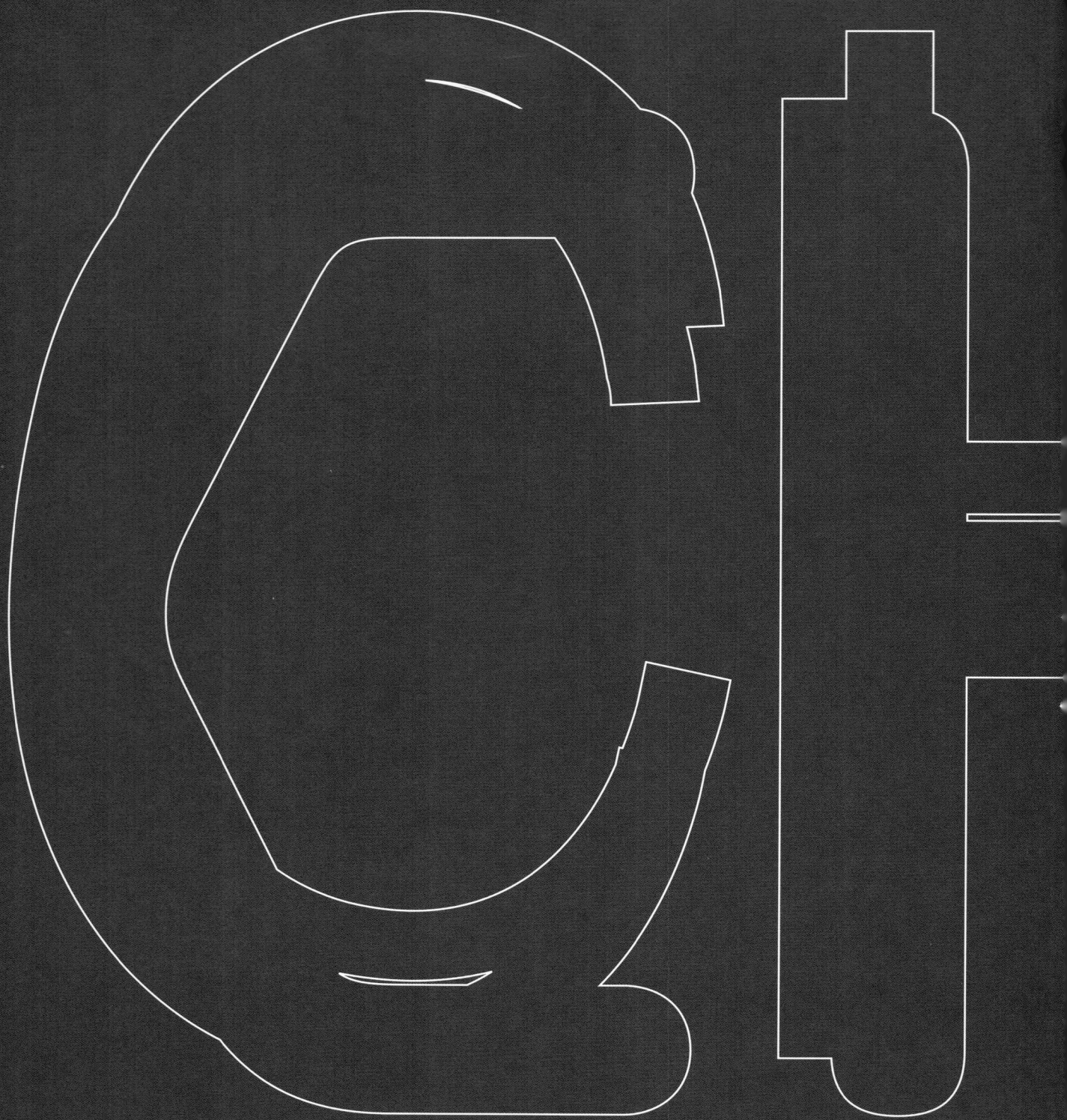

Habitatge i espai públic
al centre històric de Barcelona

Housing and public space
in the historical centre of Barcelona

Vivienda y espacio público
en el centro histórico de Barcelona

In 1988, Barcelona's historical centre set under way what it called the "Ciutat Vella Project". In the world of student architects, the international competition organized on the occasion of the XIX Congress of the International Union of Architects is looking for a response as regards housing and functions, to the building-public space relation, where the question at hand is the substitution of expended building.

Housing interventions in Ciutat Vella have been rather few and far between this century. To take the Raval in particular, we have to go back to the extension of Carrer Ponent and the early experiments in the definition of the corner-type for Barcelona's future grid structure of the Eixample to find a response to new calls for housing architecture. Instead, the urban block takes definitive form, and gives way to a more than familiar process of densification for a district made up of factory housing and workers' homes, measuring forty square metres, with unventilated rooms, shared amenities and comprising four or five floors, water tanks and roof-top apartment, giving way to the "vertical shantytowns" of the post-war years.

It was a behind-the-scenes atmosphere that we found in Ciutat Vella until the arrival of the fresh drive of the new public housing programme as a result of the need to relocate people affected by the Special Interior Reform Plans (PERIs) which were drawn in the eighties and are currently being carried through.

New buildings replacing the former constructions are required to observe the change from four-metre-wide streets to streets which are eight, ten and even twelve metres wide in medieval or eighteenth century stretches. The new public spaces produced by the opening-up process also have to be dealt with; here, the individual project has become a key go-between from vital planning to the management process that turns it into reality. (Remember the City of Barcelona Prize, recently awarded to the housing unit by architect Josep Llinàs.)

In recent years, public space has played a vital role in the transformation of Ciutat Vella, creating and structuring itineraries around a mesh of urban spaces characterised by their diversity and complexity, seeking to implement positive influences to improve the urban landscape, in which the role of the people and activities are basic elements for its relaunching.

In this context it is necessary to recognise the qualitative and quantitative significance of the operation proposed by this competition, in which the effectiveness of solutions does not, on the whole, lie in general urban development reformulations, but of those situations in which the scope of the intervention permits.

Given the scarcity of interventions on the part of the private sector to date, it is left to public sector operations —with a patchy track record which cannot always be put down to budgetary limitations— to go one step further, with the knowledge that abstract or non-contextual housing types are difficult to extrapolate to urban situations like the one we find in Ciutat Vella, where management is a key factor.

Substitution —necessary, apparently and individually of little significance, but which establish models of intervention— must become the norm in Ciutat Vella, just as the norm must be a steady rate of rehabilitation, maintenance, valuation of the structures which outlive time. Substitutions which, for their scope or the singularity of the operation, substantially modify the surroundings — interventions between party walls, on corners, combinations of plots which might even end up affecting a whole block to present a new setting, one in which, apart from the formal contribution of the vertical plane, they extend to the context, to public space, to the street, observing new visual relations, singularizing, connecting, partially reinterpreting the fabric, accessibility... In short, filling, with new contents. This is a particularly difficult objective in a situation where environmental density, superposition, uses and activities, the history of the place, are all swept aside in the interests of constructive renovation which socially, economically and culturally revitalizes rundown, irretrievable areas. With quality of life for their inhabitants, making the historical centre part of the city's life cycle, but also giving this centre new values, rediscovering the hidden structures it contains, in a process that goes deeper than a simple process of face-washing.

En 1988, en el centro histórico de Barcelona, se puso en marcha el llamado "Projecte Ciutat Vella". El concurso internacional con motivo del XIX Congreso de la Unión Internacional de Arquitectos plantea y busca, en el mundo de los estudiantes, respuestas acerca de la vivienda y los usos y la relación edificio-espacio público, en que la sustitución de una edificación agotada es el objetivo planteado.

Durante este siglo, las actuaciones residenciales en Ciutat Vella han sido más bien escasas. Concretamente en el Raval, hay que remontarse a la apertura de la calle de Ponent y a los ensayos de las primeras soluciones en esquina del futuro ensanche barcelonés para encontrar respuestas a las nuevas demandas de arquitectura residencial. Un Raval donde se formaliza definitivamente el modelo de casa de vecinos, a partir de un proceso de densificación, de sobras conocido, de un barrio configurado por la casa-fábrica y la vivienda obrera, de cuarenta metros cuadrados, piezas sin ventilación, servicios comunitarios y alturas de cuatro y cinco plantas, depósitos y palomar, dando paso al "barraquismo vertical" de posguerra.

Un panorama discreto el que encontramos en Ciutat Vella hasta llegar al empuje que supone la nueva vivienda de promoción pública, consecuencia del realojamiento de los afectados urbanísticos por los Planes Especiales de Reforma Interior (PERI), aprobados en la década de los ochenta y actualmente en plena gestión.

Se pide a las nuevas edificaciones, consecuencia de la sustitución de la edificación existente, que participen del cambio de calles de cuatro metros a calles de ocho, diez e, incluso, doce metros en trazados medievales u ochocentistas. También deben hacer frente a nuevos espacios públicos, producto del llamado "esponjamiento", donde el proyecto se convierte en herramienta clave entre el planeamiento imprescindible y la gestión que lo hace realidad. (Hay que recordar el reciente premio Ciutat de Barcelona otorgado a las viviendas del arquitecto Josep Llinàs).

El papel del espacio público en Ciutat Vella ha sido decisivo en estos últimos años para explicar su transformación, generando y estructurando recorridos en un entramado de espacios de ciudad y de barrio basados en la diversidad y complejidad, buscando aprovechar impactos positivos para la mejora de la imagen urbana, en la cual el papel de la gente y las actividades constituyen elementos básicos de relanzamiento.

En este contexto, es necesario reconocer la importancia de futuro, cualitativa y cuantitativamente, de la operación que propone el concurso, en que la eficacia de las soluciones no radica mayoritariamente en reformulaciones urbanísticas generales, sino en aquellas situaciones en las que la dimensión de la actuación así lo permite.

Dada la escasa intervención, hasta ahora, del sector privado, es en las operaciones del sector público (con un balance no siempre brillante ni siempre imputable a las limitaciones presupuestarias) donde hay que hacer un esfuerzo e ir más allá; conocedores de que arquitecturas residenciales tipológicas y fundamentalmente singulares son de difícil extrapolación a situaciones urbanas y de gestión como las de Ciutat Vella.

Operaciones de sustitución necesarias, aparentemente e individualmente poco significativas, pero que marcan pautas de intervención tienen que ser habituales en Ciutat Vella, como habitual tiene que ser el ritmo de rehabilitación, de mantenimiento, de puesta en valor de aquellas estructuras que sobreviven al tiempo. Sustituciones que, por el alcance o singularidad de la operación, modifican sustancialmente el entorno, operaciones entre medianeras, en esquinas, agregaciones parcelarias que llegan a afectar incluso a una manzana entera, y que permiten ofrecer un nuevo espacio que, además de la aportación formal del plano vertical, se extiende al entorno, al espacio público, a la calle, observando nuevas relaciones visuales, singularizando, permeabilizando, reinterpretando parcialmente el trazado, la accesibilidad... Llenando, en definitva, de nuevos contenidos.

Un objetivo especialmente difícil, en que la densidad ambiental, la superposición, los usos y actividades y la historia del lugar son barridas en beneficio de una renovación edificatoria que revitalice social, económica y culturalmente áreas degradadas e irrecuperables. Aportando calidad de vida a los residentes, incorporando el centro histórico al ciclo vital de la ciudad pero, a la vez, añadiendo nuevos valores a este centro, redescubriendo aquellas estructuras ocultas que contiene, persiguiendo algo más que un simple proceso de higienización.

PERE CABRERA

El 1988 al Centre Històric de Barcelona es va posar en marxa l'anomenat "Projecte Ciutat Vella". El concurs internacional amb motiu del XIX Congrés de la Unió Internacional d'Arquitectes planteja i busca, en el món dels estudiants, resposta pel que fa referència a l'habitatge i als usos, a la relació edifici-espai públic, on la substitució d'una edificació exhaurida és l'objectiu plantejat.

Durant aquest segle, les actuacions residencials a Ciutat Vella han estat més aviat escasses. Concretament al Raval, cal remuntar-se a l'eixample del carrer Ponent i als assaigs de les primeres solucions en cantonada del futur eixample barceloní, per trobar respostes a les noves demandes d'arquitectura residencial. Un Raval on es formalitza definitivament el model de casa de veïns, lliurant-se a un procés de densificació sobradament conegut d'un barri configurat per la casa-fàbrica i l'habitatge obrer, de quaranta metres quadrats, peces sense ventilació, amb serveis comunitaris i alçades de quatre/cinc plantes, dipòsits i colomar, donant pas al "barraquisme vertical" de postguerra.

Un panorama discret el que trobem a Ciutat Vella fins arribar a l'empenta que suposa el nou habitatge de promoció pública, conseqüència del reallotjament d'afectats urbanístics dels Plans Especials de Reforma Interior (P.E.R.I), aprovats a la dècada dels anys vuitanta i actualment en plena gestió.

Es demana a les noves edificacions, conseqüència de la substitució de l'edificació existent, que participin del canvi de carrers de quatre metres a carrers de vuit, deu, fins i tot dotze metres en traces medievals o vuit-centistes. També ha de fer front a nous espais públics producte de l'anomenat esponjament, on el projecte es converteix en eina clau entre el planejament imprescindible i la gestió que el fa realitat. (Cal recordar el recent Premi Ciutat de Barcelona, atorgat als habitatges de l'arquitecte Josep Llinàs).

El paper de l'espai públic a Ciutat Vella ha estat decisiu en aquests darrers anys per explicar la seva transformació, generant i estructurant recorreguts dins un entramat d'espais de ciutat i de barri basats en la diversitat i en la complexitat, buscant aprofitar impactes positius per a la millora de la imatge urbana, on el paper de la gent i de les activitats constitueixen elements bàsics de rellançament.

En aquest context és necessari reconèixer la importància de futur, qualitativament i quantitativament, de l'operació que proposa aquest concurs, on l'eficàcia de les solucions no ve donada majoritàriament per reformulacions urbanístiques generals, i sí en canvi per aquelles situacions en què la dimensió de l'actuació així ho permet.

Donada l'escassa intervenció, fins ara, del sector privat, és en les operacions del sector públic —amb un balanç no sempre brillant i no sempre imputable a les limitacions pressupostàries— on cal fer un esforç i anar més enllà; coneixedors que arquitectures residencials tipològiques i fonamentalment singulars són de difícil extrapolació a situacions urbanes i de gestió com les de Ciutat Vella.

Les operacions de substitució, tot i que aparentment i individualment poc significatives, marquen pautes d'intervenció i han d'ésser habituals a Ciutat Vella, com habitual ha d'ésser el ritme de rehabilitació, de manteniment, de posta en valor d'aquelles estructures que sobreviuen als temps. Substitucions que, per l'abast o singularitat de l'operació, modifiquen substancialment l'entorn, operacions entre mitgeres, en cantonades, agregacions parcel·làries que arriben a afectar fins i tot una illa sencera i que permeten oferir un nou escenari que, a banda de l'aportació formal del pla vertical, s'estén a l'entorn, a l'espai públic, al carrer, observant noves relacions visuals, singularitzant, permeabilitzant, reinterpretant parcialment el traçat, l'accesibilitat... Omplint, en definitiva, de nous continguts. Es tracta d'un objectiu especialment difícil, on la densitat ambiental, la superposició, els usos i les activitats, la història del lloc, són escombrats en benefici d'una renovació edificatòria que revitalitzi socialment, econòmica i cultural àrees degradades i irrecuperables. Amb qualitat de vida per als seus residents, incorporant el centre històric dins el cicle vital de la ciutat, però alhora afegint nous valors a aquest centre, redescobrint les estructures ocultes que contenen, perseguint quelcom més que un simple procés higienitzador.

Housing and public space in the historical centre of Barcelona

Until the construction of the major infrastructures and projects linked to the 1992 Olympic Games, the urban form of Barcelona was mainly associated with the Eixample — or city extension — the street gridiron formed by Ildefons Cerdà's ambitious project for the extension of the city after the demolition of the city walls in the mid-nineteenth century. Cerdà's project spread freely and homogeneously across the plain beyond the old walls to create a new city. From then on, the historical centre and particularly its western sector — El Raval — entered into a rapid process of deterioration and abandonment. This "fringe" situation was characterized by problems in accessibility, an extremely high population density and precarious hygienic and sanitary conditions.

El Raval — a word which originally refers to a settlement outside the city walls — became part of the city in the fifteenth century. It had traditionally been host to peripheral uses as regards the political, commercial and ecclesiastical centre: the hospital, the hospices, convents and, later on, the first industrial installations. The industrialization of the city and its surrounding area starting at the end of the eighteenth century saw El Raval turned into the principal destination for labour arriving in the city, with the resulting consolidation and densification of its fabric.

As far back as Cerdà's project, the historical centre was the object of a great many proposals which have sought to unify two different city models. Among these is the opening in around 1910 of Via Laietana (the extension down to the port of one of the streets in the Eixample grid) and Avinguda García Morato (today Avinguda de les Drassanes) in the sixties, an unfinished project which was also conceived as an extension of the grid.

The great amount of buildings affected by the successive urban planning proposals and projects of sventramento has led, in recent decades, to a fall in investment and progressive deterioration of affected areas. At the same time, the unsanitary conditions of many of the houses, problems of vehicle access and the start of large-scale drug consumption and dealing in the seventies have contributed to a sharp fall in population and a change of the social structure of the neighbourhood.

In spite of the progressive increase in residents from North Africa and the Middle East, the population of El Raval and the entire historical centre (Ciutat Vella) has practically halved: 72,029 inhabitants in 1975 as opposed to 37,109 in 1991 (26.65% of whom are over 65 years of age) in El Raval, and 171,243 as opposed to 90,612 in the whole district. Even in this situation, population density continues to be approximately 21,000 inhabitants per square kilometre, much higher than the average density of the city.

In the mid-eighties, almost 13% of the housing in the Ciutat Vella district did not have its own bathroom, 60% had a surface area of less than 65 m² and only 10% had a lift. The social urgency of this situation have led to the drawing up and application of urbanistic plans which, while taking advantage of the situation created by earlier proposals, avoid major traffic operations and aspire to maintaining the residential nature of the area and recovering the leading role it played in the past in citizen life.

One of the main lines of action has been to "perforate" or open up the densest sectors, despite the architectural qualities of the

---

Vivienda y espacio público en el centro histórico de Barcelona

Hasta la construcción de las grandes infraestructuras y proyectos ligados a los Juegos Olímpicos de 1992, la forma urbana de Barcelona se ha asociado principalmente con l'Eixample o Ensanche, la retícula del ambicioso proyecto de Ildefons Cerdà para la extensión de la ciudad una vez demolidas las murallas a mediados del siglo XIX. El proyecto de Cerdà se extendía libre y homogéneamente sobre el llano que rodeaba la ciudad antigua para conformar una nueva ciudad. El centro histórico y, especialmente, su sector occidental —conocido como el Raval— entraron a partir de aquel momento en un rápido proceso de degradación y abandono, hasta convertirse en una zona marginal de difícil accesibilidad, con una altísima densidad de población y precarias condiciones higiénicas y sanitarias.

El Raval (o arrabal), incorporado a la ciudad en el siglo XV, había acogido tradicionalmente usos marginales respecto al centro político comercial y eclesiástico: el hospital, las casas de caridad, conventos y, posteriormente, las primeras instalaciones industriales. La industrialización de la ciudad desde finales del siglo XVIII convirtió El Raval en el principal destino de la mano de obra que llegaba a la ciudad, con la consiguiente consolidación y densificación de su tejido.

Ya desde el mismo proyecto de Cerdà, el centro histórico ha sido objeto de numerosas propuestas que han intentado integrar dos modelos distintos de ciudad. Entre las propuestas realizadas destaca la apertura hacia 1910 de la Vía Laietana (prolongación hasta el puerto de una de las calles de la retícula del Eixample) y la de la Avenida García Morato (actualmente Av. de les Drassanes) en los años sesenta, un proyecto inacabado que se concebía también como una penetración de la retícula.

La afectación urbanística de un gran número de edificios con motivo de estas sucesivos proyectos de sventramento han propiciado en las últimas décadas la reducción de las inversiones y una degradación progresiva de las zonas afectadas. Al mismo tiempo, la insalubridad de gran número de viviendas, los problemas de accesiblidad rodada o la aparición del consumo masivo y comercio de droga a partir de los años setenta han contribuido a una fuerte regresión demográfica y al cambio de la estructura social del barrio.

A pesar del progresivo aumento de residentes procedentes del norte de África y de Oriente Medio, la población de El Raval y de todo el centro histórico (el distrito de Ciutat Vella) se ha reducido prácticamente a la mitad: 72.029 habitantes en 1975 frente a 37.109 en 1991 (un 26,65% de los cuales tiene más de 65 años) en El Raval, 171.243 frente a 90.612 en todo el distrito. Incluso en esta situación, la densidad de población sigue siendo de unos 21.000 hab./Km², muy superior a la densidad media de la ciudad.

A mediados de los años ochenta, casi el 13% de las viviendas del distrito de Ciutat Vella no disponían de cuarto de baño privado, el 60% tenía una superficie inferior a 65 m² y sólo el 10% disponía de ascensor. La urgencia social ante esta situación y la reconsideración de los valores del centro histórico han propiciado la elaboración y aplicación de planes urbanísticos que, aunque aprovechando las afectaciones de las anteriores propuestas, evitan las grandes operaciones viarias y aspiran a mantener la actividad residencial de la zona y a recuperar el papel central que había desempeñado en el pasado dentro de la vida ciudadana.

Una de las líneas principales de actuación ha consistido en el es-

Habitatge i espai públic al centre històric de Barcelona

Fins a la construcció de les grans infraestructures i projectes vinculats als Jocs Olímpics de 1992, la forma urbana de Barcelona s'ha associat principalment amb l'Eixample, la retícula de l'ambiciós projecte d'Ildefons Cerdà per a l'extensió de la ciutat un cop enderrocades les muralles a mitjan segle XIX. El projecte de Cerdà s'estenia de manera lliure i homogènia sobre la plana que envoltava la ciutat antiga per conformar una nova ciutat. El centre històric i, especialment, el seu sector occidental —conegut com el Raval— van entrar a partir d'aquell moment en un procés de degradació i abandó, fins a esdevenir una zona marginal de difícil accessibilitat, amb una altíssima densitat de població i precàries condicions higièniques i sanitàries.

El Raval, incorporat a la ciutat el segle XV, havia acollit tradicionalment usos marginals respecte al centre polític, comercial i eclesiàstic: l'hospital, les cases de caritat, convents i, posteriorment, les primeres instalxlacions industrials. La industrialització de la ciutat des de final del segle XVIII va convertir el Raval en la principal destinació de la mà d'obra que arribava a la ciutat, amb la consegüent consolidació i densificació del seu teixit.

Ja des del mateix projecte de Cerdà, el centre històric ha estat objecte de nombroses propostes que han intentat integrar dos models diferents de ciutat. Entre les propostes dutes a terme destaca l'obertura, cap al 1910, de la Via Laietana (prolongació fins al port d'un dels carrers de la retícula de l'Eixample) i la de l'avinguda de les Drassanes els anys seixanta, un projecte inacabat que es concebia també com una penetració de la retícula.

L'afectació urbanística d'un gran nombre d'edificis amb motiu d'aquests projectes successius d'esventrament han propiciat durant les darreres dècades la reducció de les inversions i una degradació progressiva de les zones afectades. Al mateix temps, la insalubritat d'un bon nombre d'habitatges, els problemes d'accessibilitat rodada o l'aparició del consum massiu i del comerç de droga a partir dels anys setanta han contribuït a una forta regressió demogràfica i al canvi de l'estructura social del barri. Malgrat l'augment progressiu de residents procedents del nord d'Àfrica i d'Orient Mitjà, la població del Raval i de tot el centre històric (el districte de Ciutat Vella) s'ha reduït pràcticament a la meitat: 72.029 habitants el 1975, davant els 37.109 del 1991 (un 26,65% dels quals té més de 65 anys) al Raval; 171.243 davant 90.612 per a tot el districte. Fins i tot en aquesta situació, la densitat de població continua essent d'uns 21.000 hab/km², molt per damunt de la densitat mitjana de la ciutat.

A mitjan de la dècada dels vuitanta, gairebé el 13% dels habitatges de Ciutat Vella no disposava de bany privat, el 60% tenia una superfície inferior als 65 m² i només el 10% disposava d'ascensor. La urgència social davant d'aquesta situació i la reconsideració dels valors del centre històric han propiciat l'elaboració i l'aplicació de plans urbanístics que, malgrat que aprofiten les afectacions de les propostes anteriors, eviten les grans operacions viàries (i la fragmentació consegüent del districte) i aspiren a recuperar l'activitat residencial de la zona i el paper central que havia tingut en el passat dins la vida quotidiana.

fabric and of many of the buildings in this area. These interventions combine the renovation of the residential fabric with reorganization of infrastructures, the construction of local and metropolitan cultural facilities, the rehabilitation of architectural landmarks, the opening of a mesh of new public spaces and the construction of underground car parking. The continuity of public-use spaces thus substitutes that of the network of streets as a tool to revitalize citizen life.

OBJECTIVES

In this context, any action may be regarded as a model intervention. The substitution of the old fabric by new housing blocks and free spaces brings different conceptions of the city face to face.
So the relation between the buildings and public space, between domestic space and urban space, becomes here a fundamental design issue.
The competition calls for the design of residential units and the immediate public space. The programme may also consider other uses to complement the social or commercial activity of the sector and should also include the construction of parking space for the inhabitants of this area, in keeping with the type of housing proposed.
Investigation into new housing models which adapt to the changes taking place in family structure and lifestyles, the use and impact of new technologies and the definition of public space are questions which call for particular attention.

SITE DESCRIPTION

The site, covering approximately 10,500 m², is created by the demolition of two existing blocks (currently under way). It is bordered by four streets: Robador, Sant Josep Oriol, Cadena and Sant Rafael, ranging between 3 and 5.7 metres in width. Maintenance of the street which currently divides the site in two, Sadurní, is not foreseen.
To the southwest (along Carrer Cadena), the site will open up onto a large linear public space, 318 x 48 metres, which will be left by the demolition of five adjacent blocks. To the southeast, it currently opens up onto Plaça de Salvador Seguí.
The height of building in this sector is relatively homogeneous, ranging between 18 and 20 metres, corresponding in general to ground floor (often with a small loft or mezzanine) and a further four storeys.
The plot is practically flat, with a maximum difference in level of one metre in an approximate northwest-southeast direction, and an average height above sea level of 6.4 m.
There are no major problems of geological composition and load-bearing capacity of the ground, except the relative proximity of the water table, which makes the construction of more than two basement levels unadvisable.

COMPETITION BRIEF

Although most of the interventions carried out so far in this sector have been based on the rehabilitation or construction of social housing, intended especially for neighbourhood residents affected by the process of expropriation arising from the renovation of the sector, this project is open to any type of user who can contribute to the social regeneration of the neighbourhood. In this sense, the competition participant must approach the definition of the dwelling, its grouping and its relation to the public space in keeping with the type of user intended.
A minimum of 2700 m² of the surface area of the site must be set aside for open public space, and maximum building capacity is set at 35,000 m². This is the maximum floor area foreseeable above ground level. Some 65% of the floor area will be put to residential use, while the remaining 35% and the surface area of basement floors may be given over to private or public services (commerce, community facilities, parking...). Current planning legislation sets a minimum width of 8 metres for adjacent streets. Although Carrer de Sadurní need not be conserved, the pedestrian connection from Carrer Hospital and Passatge Bernardí Martorell to Carrer Espalter and Carrer Sant Pau must be contemplated.
Although this is an ideas competition and therefore seeks alternative solutions to traditional questions as regards the form of the city, the organizers would like to promote a realistic approach on the part of the students. In this sense, density, building heights, construction techniques, materials and residential typologies should be considered critically and realistically (which does not mean to say mimetically).

ponjamiento de los sectores más densificados, compaginando la renovación del tejido residencial con una reorganización de las infraestructuras, la construcción de equipamientos culturales de ámbito local y metropolitano, la rehabilitación del patrimonio arquitectónico, la apertura de un entramado de nuevos espacios públicos y la construcción de aparcamientos subterráneos. La continuidad de los espacios de uso público sustituye así a la de la retícula de calles como herramienta de revitalización de la vida ciudadana.

OBJETIVOS

En este contexto, cualquier actuación puede adquirir un carácter modélico. La sustitución del antiguo tejido por nuevos edificios de viviendas y espacios libres enfrenta distintas concepciones de la ciudad. Así, la relación entre los edificios y el espacio público, entre el espacio doméstico y el espacio urbano, se convierte en este sector un tema fundamental de proyecto.
El tema de concurso es la proyectación de un conjunto residencial y del espacio público que lo rodea. El programa podrá contemplar también otros usos que complementen la actividad social o comercial del sector, y deberá incluir la construcción de zonas de aparcamiento para los habitantes de este conjunto, de acuerdo con el tipo de vivienda propuesto.
La investigación sobre nuevos modelos de vivienda que se adapten los cambios que se producen en la estructura familiar y en los modelos de vida, la utilización e impacto de las nuevas tecnologías y la definición del espacio público son cuestiones que se deberán considerar con especial atención.

DESCRIPCIÓN DEL SOLAR

El solar, de una superficie aproximada de 10.500 m², es el resultado de la demolición de dos manzanas existentes (actualmente en proceso). Está limitado por las calles de Robador, Sant Josep Oriol, Cadena y Sant Rafael, con anchuras comprendidas entre los 3 m y 5,7 m. No se contempla el mantenimiento de la calle de Sadurní, que actualmente divide el solar en dos.
En dirección suroeste (a lo largo de la calle Cadena) el solar se abrirá a un gran espacio público lineal de 318 x 48 metros que resultará de la demolición de cinco manzanas colindantes. En dirección sureste se abre actualmente a la plaza de Salvador Seguí.
La altura de la edificación en este sector es relativamente homogénea, comprendida entre los 18 y los 20 metros, que corresponden generalmente a planta baja (que a menudo incorpora un pequeño altillo o planta entresuelo) y cuatro plantas piso.
El terreno es prácticamente llano, con un desnivel máximo de un metro en dirección aproximada noroeste-sureste, y una altura mediana sobre el nivel del mar de 6,40 m.
No existen problemas importantes respecto a la composición y resistencia del suelo, salvo la relativa proximidad de la capa freática, que hace desaconsejable la construcción de más de dos plantas subterráneas.

PROGRAMA

Aunque la mayor parte de las intervenciones realizadas hasta este momento en este sector se han centrado en la rehabilitación o construcción de viviendas sociales, especialmente destinadas a residentes del barrio afectados por los procesos de expropiación que se derivan de la renovación del sector, este conjunto se abre a cualquier tipo de usuarios que puedan contribuir a la regeneración social del barrio.
Un mínimo de 2.700 m² de la superficie del solar deberá destinarse a espacio público abierto, y se establece una edificabilidad máxima de 35.000 m². Ésta es la máxima superficie construida que podrá preverse sobre la rasante de la calle. Un 65% de la superficie construida se destinará a uso residencial, mientras que el 35% restante y la superficie en plantas sótano podrán dedicarse a servicios privados o públicos (comercio, equipamientos, aparcamiento...). El planeamiento vigente fija un ancho mínimo para las calles colindantes de 8 m. Aunque no es necesario conservar la calle de Sadurní, sí lo es mantener la conexión peatonal que se establece a través de ella desde la calle Hospital y el pasaje de Bernardí Martorell hasta las calles Espalter y Sant Pau.
A pesar de que se trata de un concurso de ideas, que busca por lo tanto soluciones alternativas a cuestiones tradicionales relativas a la forma de la ciudad, los organizadores desean promover una respuesta realista por parte de los estudiantes. En este sentido, la densidad, la altura edificatoria, las técnicas constructivas, los materiales y las tipologías residenciales deberán considerarse de forma crítica y realista (lo cual no quiere decir aquí mimética).

Una de les línies principals d'actuació, per damunt de la valoració del teixit existent o de l'arquitectura que el conforma, ha consistit en l'esponjament dels sectors més densificats. Aquestes intervencions compaginen l'obertura d'un entramat de nous espais públics amb la renovació del teixit residencial, una reorganització de les infraestructures, la construcció d'equipaments culturals d'àmbit local i metropolità, la rehabilitació del patrimoni arquitectònic i la construcció d'aparcaments subterranis. La continuïtat dels espais d'ús públic esdevé una nova eina de revitalització de la vida ciutadana.

OBJECTIUS

La substitució de l'antic teixit per nous edificis d'habitatges i espais lliures enfronta diferents concepcions de la ciutat. En aquest context, qualsevol actuació pot adquirir un caràcter modèlic. Així, la relació entre els edificis i l'espai públic, entre l'espai domèstic i l'espai urbà, esdevé aquí un tema fonamental del projecte.

El tema de concurs és el projecte d'un conjunt residencial i de l'espai públic immediat. El programa pot contemplar també altres usos que complementin l'activitat social o comercial del sector, i ha d'incloure la construcció de zones d'aparcament per als habitants d'aquest conjunt, d'acord amb el tipus d'habitatge proposat.

La investigació sobre nous models d'habitatge que s'adaptin als canvis que tenen lloc en l'estructura familiar i en els models de vida, la utilització i l'impacte de les noves tecnologies i la definició de l'espai públic són qüestions que s'han de considerar amb una atenció especial.

DESCRIPCIÓ DEL SOLAR

El solar, d'una superfície aproximada de 10.500 m^2, és el resultat de l'enderrocament de dues illes de cases existents (actualment en procés). És limitat pels carrers de Robador, Sant Josep Oriol, Cadena i Sant Rafael, amb amples que oscilxlen entre els 3 m i els 6 m. No es contempla el manteniment del carrer de Sadurní, que actualment divideix el solar en dos.

En direcció sud-oest (al llarg del carrer Cadena), el solar s'obrirà a un gran espai públic lineal de 318 x 48 m, que resultarà de l'enderrocament de cinc illes adjacents. En direcció sud-est, s'obre actualment a la plaça de Salvador Seguí.

L'alçària de l'edificació en aquest sector és relativament homogènia, compresa entre els 17 i els 20 m, que corresponen generalment a planta baixa (que sovint incorpora un petit entresolat o una planta entresol) i quatre plantes pis.

El terreny és pràcticament pla, amb un desnivell màxim d'un metre en direcció aproximada nord-oest—sud-oest, i una altura mitjana sobre el nivell del mar de 6,40 m.

No hi ha problemes importants respecte a la composició i la resistència del sòl, llevat de la relativa proximitat de la capa freàtica, que fa desaconsellable la construcció de més de dues plantes subterrànies.

PROGRAMA

Encara que bona part de les intervencions executades fins ara en aquest sector s'han centrat en la rehabilitació o la construcció d'habitatges socials, destinats sobretot a residents del barri afectats pels processos d'expropiació que resulten de la renovació del sector, aquest conjunt s'obre a qualsevol tipus d'usuari que puguin contribuir a la regeneració social del barri. En aquest sentit, el concursant ha d'abordar la definició de l'habitatge, la seva agrupació i la seva relació amb l'espai públic d'acord amb els usuaris previstos.

Un mínim de 2.700 m^2 de la superfície del solar s'ha de destinar a espai públic obert, i s'estableix una edificabilitat màxima de 35.000 m^2. Aquesta és la màxima superfície construïda que es pot preveure sobre la rasant del carrer. Un 65% de la superfície construïda s'ha de destinar a ús residencial, mentre que el 35% restant i la superfície de les plantes soterrani es poden dedicar a serveis privats o públics (comerç, equipaments, aparcament...). El planejament vigent fixa un ample mínim per als carrers limítrofs de 8 m. Tot i que no és necessari conservar el carrer de Sadurní, sí que ho és mantenir la connexió per a vianants que s'estableix mitjançant aquest carrer des del carrer de l'Hospital i el passatge de Bernardí Martorell fins als carrers Espalter i Sant Pau.

Malgrat que es tracta d'un concurs d'idees —que busca, per tant, alternatives a qüestions tradicionals relatives a la forma de la ciutat—, els organitzadors volen promoure una resposta realista per part dels estudiants. En aquest sentit, la densitat, l'alçària edificatòria, les tècniques constructives, els materials i les tipologies residencials s'han de considerar de manera crítica i realista (la qual cosa aquí no vol dir mimètica).

JURY REPORT

The jury of the 1996 UIA/UNESCO competition for students of architecture met from 26 to 30 May in Barcelona with the attendance of the following persons:

Chairperson:
Adèle Naudé Santos (San Francisco)
Members:
Rifat Chadirji (London)
Manuel Gallego (La Coruña)
Dietmar Steiner (Vienna)
Wolf Tochtermann, Consultant to the Human Habitats Unit of UNESCO
Reserve members:
Sabine Kraft (Aachen)
Víctor Pérez Escolano (Seville)

Albert Ferré acted as secretary (without a right to vote). Also present and without a right to vote were Anna Puyuelo and Cristina Soler from the competition secretariat.

The 1118 projects which had been submitted following to the competition regulations were classified according to a proposal of the technical committee under seven thematic and typological groups:

1. Projects which work with the existing conditions of the site as they are now, prior to the completion of the demolition process taking place in El Raval.
2. Projects which break up the site into an aggregation of smaller units that sought to reproduce the qualities of the old fabric.
3. Schemes that develop the site as a single unity defined by a perimeter block structure, which could incorporate public or private open spaces inside or around the block.
4. Open block schemes that incorporate more than one building type and where open space was defined as public space.
5. The fragmentation of the site in the form of the repetition of linear structures and linear open spaces.
6. Three-dimensional grids that support the construction of residential units and the inclusion of layers of overlapped activities.
7. Isolated architectural objects disconnected from the surrounding fabric.

The jury visited the site and saw the transformations taking place in El Raval today. After discussion the following issues were developed as special considerations for the evaluation of the entries:

1. the scale of the intervention
2. the compatibility with the environment, especially with the immediate buildings and open spaces
3. the organization and interrelation of spaces
4. the planning of the residential units
5. the clear presentation of the ideas or of the statement made by the student
6. an aesthetic valuation of the proposed architecture
7. the novelty of the ideas

The members of the jury made an individual evaluation of the entries and chose a maximum of 50 per member to be considered for a second stage of discussion. This first round of individual evaluation led to a selection of 175 entries representing all the thematic and typological attitudes reflected in the classification mentioned above. Entries selected by three or more members of the jury automatically went on to the next stage. Entries selected by less than three members were discussed and included or excluded from the selection by a majority vote. This process led to a selection of 45 finalists. Subsequent rounds of discussion and votes were held to select the prize winners and to award 25 prizes according to the ranking of their economical value.
The jury valued the presence of schemes which did not necessarily accept the policies of demolition of the existing urban fabric as stated in the competition brief in keeping with the existing planning of the area. In the final selection process, the jury was very sympathetic to the entries which showed a special concern for retaining the existing social and physical fabric of this sector of El Raval, including the relation with and definition of the planned open space along Carrer Cadena following the demolition of five city blocks. This disposition was translated in many entries including the UNESCO prize in the conservation or replacement of the old fabric.

ACTA DEL JURADO

El jurado del concurso UIA/UNESCO 1996 para estudiantes de arquitectura se ha reunido entre el 26 y el 30 de mayo en Barcelona con la asistencia de las siguientes personas:

Presidente:
Adèle Naudé Santos (San Francisco)
Vocales:
Rifat Chadirji (Londres)
Manuel Gallego (La Coruña)
Dietmar Steiner (Viena)
Wolf Tochtermann, Consejero de la Unidad de Hábitats Humanos de la UNESCO
Miembros suplentes:
Sabine Kraft (Aquisgrán)
Víctor Pérez Escolano (Sevilla)

Albert Ferré ha actuado como secretario (sin derecho a voto). También presentes, sin derecho a voto, han estado Anna Puyuelo y Cristina Soler de la secretaría técnica del concurso.

Los 1118 proyectos entregados de acuerdo con las bases se han clasificado según una clasificación propuesta por el comité técnico del concurso bajo siete categorías temáticas y tipológicas:

1. Proyectos que trabajan con las preexistencias del solar en su estado actual, antes de la finalización del proceso de demolición que tiene lugar en El Raval.
2. Proyectos que dividen el solar en una agregación de unidades menores con el objetivo de reproducir las cualidades del viejo tejido.
3. Propuestas concebidas como intervenciones unitarias, definidas por la estructura en manzana que permite incluir espacios abiertos públicos o privados en su interior.
4. Agrupaciones en manzana abierta que permiten reunir más de un tipo edificatorio y donde el espacio abierto se define como espacio público.
5. La fragmentación del solar a base de una repetición de estructuras y espacios abiertos lineales.
6. Mallas tridimensionales que actúan como estructura de las unidades residenciales y de distintas capas de funciones superpuestas.
7. Objetos arquitectónicos aislados desligados del tejido circundante.

El jurado ha visitado el solar y ha observado las transformaciones en curso en El Raval. Después de un primer debate, los siguientes puntos se consideran de especial importancia en la valoración de las propuestas:

1. la escala de la intervención
2. la compatibilidad con el entorno, especialmente con los edificios y espacios abiertos inmediatos
3. la organización e interrelación de los espacios
4. la organización de las unidades residenciales
5. la clara presentación de las ideas de proyecto
6. una valoración estética de la arquitectura propuesta
7. la novedad de las ideas

Después de una valoración individual de los proyectos, cada miembro del jurado ha seleccionado un máximo de 50 proyectos para una segunda fase de debate. Esta primera ronda de votaciones ha terminado en la selección de 175 proyectos que representan todas las aproximaciones temáticas y tipológicas mencionadas anteriormente. Entre estos proyectos, aquellos seleccionados por menos de tres miembros del jurado han sido comentados e incluidos o no en la siguiente fase de selección por mayoría simple. Este proceso ha conducido a la selección de 45 finalistas. Varias rondas de debate y votaciones han sido necesarias para asignar los 25 premios concedidos según una clasificación basada en su valor económico.
Entre las propuestas presentadas y seleccionadas por el jurado se estima la existsencia de soluciones que no necesariamente pasan por la aplicación de planteamientos de destrucción del tejido urbano existente, incluidos en las bases de acuerdo con el planeamiento urbanístico vigente. El jurado se ha mostrado especialmente en sintonía con los proyectos que manifiestan una preocupación particular por mantener el tejido social y físico existente en esta zona de El Raval, icluyendo el espacio público de futura creación a lo largo de la calle Cadena a partir de la demolición de cinco manzanas colindantes y su relación con el solar. Esta disposición se tradujo en numerosos proyectos, incluido el premio UNESCO, en la conservación o reconstrucción del viejo tejido.

ACTA DEL JURAT

El jurat del concurs UIA/UNESCO de 1996 per a estudiants d'arqutiectura s'ha reunit entre el 26 i el 30 de maig a Barcelona amb l'assistència de les persones següents:

President:
Adèle Naudé Santos (San Francisco)
Vocals:
Rifat Chadirji (Londres)
Manuel Gallego (La Corunya)
Dietmar Steiner (Viena)
Wolf Tochtermann, Conseller de la Unitat d'Hàbitats Humans de la UNESCO
Membres suplents:
Sabine Kraft (Aachen)
Víctor Pérez Escolano (Sevilla)

Albert Ferré ha actuat com a secretari (sense dret a vot). També hi han assistit, sense dret a vot, Anna Puyuelo i Cristina Soler de la secretaria tècnica del concurs.

Els 1118 projectes presentats d'acord amb les bases s'han classificat seguint una proposta del comitè tècnic del concurs en set categories temàtiques i tipològiques:

1. Projectes que treballen amb les preexistències del solar en el seu estat actual, abans de concloure el procés d'enderroc que té lloc al Raval.
2. Projectes que divideixen el solar en una agregació d'unitats menors amb l'objectiu de reproduir les qualitats del vell teixit.
3. Propostes concebudes com a intervencions unitàries, definides per estructures d'illa que permeten incorporar espais públics o privats en el seu interior.
4. Agrupacions en illa oberta que permeten agrupar més d'un tipus edificatori i on l'espai obert es defineix com espai públic.
5. La fragmentació del solar mitjançant la repetició d'estructures i espais oberts lineals.
6. Xarxes tridimensionals que fan de suport a les unitats residencials i a capes superposades de funcions diverses.
7. Objectes arquitectònics aïllats i deslligats del teixit circumdant.

El jurat ha visitat el solar i ha observat les transformacions en curs al Raval. Després d'un primer debat, els punts següents es consideren d'especial rellevància en la valoració de les propostes:

1. l'escala de la intervenció
2. la compatibilitat amb l'entorn, especialment amb els edificis i espais oberts immediats
3. l'organització i interrelació dels espais
4. l'organització de les unitats residencials
5. la clara presentació de les idees de projecte
6. una valoració estètica de l'arquitectura que es proposa
7. la novetat de les idees

Després d'una valoració individual dels projectes, cada membre del jurat ha seleccionat un màxim de 50 projectes per a una segona fase de les deliberacions. Aquesta primera ronda de votacions ha portat a la selecció de 175 projectes representatius de totes les aproximacions temàtiques i tipològiques mencionades anteriorment. D'aquests projectes han passat directament a la fase següent aquells seleccionats per tres o més membres. Els projectes restants han estat debatuts i retinguts o no per a la fase següent per majoria simple. Aquest procés ha portat a la selecció de 45 projectes finalistes. Diverses rondes suplementàries de debat i votacions han permès assignar els 25 premis que es concedeixen segons una classificació basada en el seu valor econòmic.
Entre les propostes presentades i seleccionades pel jurat es valora l'existència de solucions que no necessàriament passen per l'aplicació dels plantejaments de destrucció del teixit existent, inclosos a les bases d'acord amb el planejament vigent. El jurat ha mostrat una sintonia especial amb els projectes que manifesten una preocupació particular en el manteniment del teixit social i físic existent en aquesta zona del Raval, inclosa la zona destinada al nou espai públic al llarg del carrer Cadena com a resultat de la demolició de cinc illes de cases. Aquesta disposició s'ha traduït en nombrosos projectes, inclòs el premi UNESCO, en la conservació o reconstrucció del vell teixit.

LLISTA DE PREMIATS
LIST OF PRIZE WINNERS
LISTA DE PREMIADOS

Peter Abt (Bettingen-Zürich, Schweiz)
7000 USD
Premi UNESCO **UNESCO prize** Premio UNESCO

Juan Gabriel García, Paula Cardells, José M. Flores, Juan Marco, Clara E. Mejía, Chelo Penadés (Valencia, España)
5000 USD
Institut Japonès d'Arquitectes **Japan Institute of Architects** Instituto Japonés de Arquitectos

Michal Sulo (Vrbové, Slovakia)
Beca Pérez Piñeiro, 500 000 PTA
Consell Superior dels Col·legis d'Arquitectes d'Espanya **Higher Council of the Colleges of Architects of Spain (CSCAE)** Consejo Superior de los Colegios de Arquitectos de España

Juan Arregui Lopez, María Fernandez Torrado (Madrid, España)
3500 USD
Unió d'Arquitectes Holandesos (BNA) **Union of Dutch Architects (BNA)** Unión de Arquitectos Holandeses (BNA)

Cristina Díaz-Moreno (London, United Kingdom)
15000 DKR
Secció Nòrdica de la UIA **Nordic Section of the UIA** Sección Nórdica de la UIA

Samuel Tamisier, Laurence Narce (Montpellier, France)
3000 DM
Unió d'Arquitectes Alemanys (BDA) **Union of German Architects (BDA)** Unión de Arquitectos Alemanes (BDA)

Yazmín Crespo (San Juan, Puerto Rico, USA)
1000 USD
Cambra Tècnica de Grècia **Technical Chamber of Greece** Cámara Técnica de Grecia

Nami Komatsu, Naoki Sonoda, Atsumi Hayashi, Hiroyuki Miyabe (Yokohama, Japan)
1000 USD
Col·legi dels Enginyers i els Arquitectes de Beirut **Union of Engineers and Architects of Beyrouth** Colegio de Ingenieros y Arquitectos de Beyrouth

Tim Kettler (Montpellier, France)
1000 USD
Institut Malaisi d'Arquitectes **Malaysian Institute of Architects** Instituto Malasio de Arquitectos

Tina Gregoric, Alexandra Dolenc (Ljubljana, Slovenia)
1000 USD
Cambra Turca d'Arquitectes **Turkish Chamber of Architects** Cámara Turca de Arquitectos

Jaime Sicilia Fernandez-Shaw (Madrid, España)
5000 FF
Secció Francesa de la UIA **French Section of the UIA** Sección Francesa de la UIA

Carlos Patricio Gonzalez (London, United Kingdom)
Estada de 10 dies a Moscou i Sant Petersburg **A stage of 10 days in Moscow and St. Petersburg** Estancia de 10 días en Moscú y San Petersburgo
Unió d'Arquitectes de Rússia **Union of Architects of Russia** Unión de Arquitectos de Rusia

Günter Möller (Kaiserslautern, Deutschland)
Estada de 3-4 setmanes a Eslovàquia **A 3-4 week learning-stay in Slovakia** Estancia de 3-4 semanas en Eslovaquia
Societat d'Arquitectes Eslovacs **Slovak Architects' Society** Sociedad de Arquitectos Eslovacos

Silvia Ahrer, Verena Puchmayr (Wien, Österreich)
Estada de dues setmanes a Polònia **A two-week stay in Poland** Estancia de dos semanas en Polonia
Associació d'Arquitectes Polonesos (SAP) **Association of Polish Architects (SAP)** Asociación de Arquitectos Polacos (SAP)

Astrid Wuttke, Daniel Macholz (Barcelona, Espanya)
Estada de sis dies a Letònia per a dos estudiants **A six day stay in Latvia for two students** Estancia de seis días en Letonia para dos estudiantes
Associació d'Arquitctes de Letònia (LAS) **Association of Architects of Latvia (LAS)** Asociación de Arquitectos de Letonia (LAS)

Michael B. McKay (Lexington, Kentucky, USA)
Estad de deu dies a Hongria **A ten-day stay in Hungary** Estancia de diez días en Hungría
Cambra i Associació d'Arquitectes Hongaresos (MEKES) **Chamber and Association of Hungarian Architects (MÉKES)** Cámara y Asociación de Arquitectos Húngaros (MEKES)

Xoan M. Mosquera Muiños, Ricardo Pariente Villasur (A Coruña, España)
Dos bitllets d'avió a qualsevol destinació continental **Two plane tickets to any continental destination** Dos billetes a cualquier destino continental
Iberia, les línies aèries d'Espanya **Iberia, the national airline of Spain** Iberia, las líneas aéreas de España

Matsui Takashi, Tohru Horiguchi, Takahide Aiba, Takumi Kato, Tanaka Yasumichi (Sendai-Miyagi, Japan)
500 USD awarded by the "Ordre des Ingénieurs et Architectes" of Beyrouth.

Carles Casablancas, Marta Peris (L'Hospitalet de Llobregat-Barcelona, Espanya)
Una matrícula al curs "Conservació i rehabilitació del patrimoni construït" **Registration to the Master "Conservation and Restoration of Constructed Architectural Heritage"** Una matrícula al curso "Conservación y rehabilitación del patrimonio construido"
Unió Nacional d'Arquitectes i Enginyers de la Construcció de Cuba **National Union of Architects and Construction Engineers of Cuba** Unión Nacional de Arquitectos e Ingenieros de la Construcción de Cuba
Una subscripció bianual **A bi-annual subscription** Una suscripción bianual
Arch+

Blaz Kriznik, Gregor Gojevic, Bojan Purg, Vasja Zupan (Ljubljana, Slovenia)
250 USD
Col·legi dels Enginyers i els Arquitectes de Beirut **Union of Engineers and Architects of Beyrouth** Colegio de Ingenieros y Arquitectos de Beyrouth
Una col·lecció de llibres **A collection of books** Un lote de libros
Architektur Zentrum Wien

Dominique Desmet, Jean Pierre Vinceslas, Guillemette Karpelès (Paris, France)
Dos paquets de publicacions del RAIA **Two collections of RAIA pubications** Dos lotes de publicaciones del RAIA
Reial Institut Australià d'Arquitctes **The Royal Australian Institute of Architects** Real Instituto Australiano de Arquitectos

Santiago Vinuesa, M. José Pacheco, Núria Solé, Ricard Torres (Cerdanyola del Vallès-Barcelona, Espanya)
Dos paquets de publicacions del RAIA **Two collections of RAIA pubications** Dos lotes de publicaciones del RAIA
Reial Institut Australià d'Arquitctes **The Royal Australian Institute of Architects** Real Instituto Australiano de Arquitectos

Maria Asun Oses, Maider Alustiza, Irma Otegui, Marta Palacios, Aitziber Rubio (Logroño-Pamplona, España)
Una col·lecció de llibres **A collection of books** Un lote de libros
Architektur Zentrum Wien

Roberto Soto, David Juárez, Joan Escofet, Nadia Casabella (Barcelona, Espanya)
Una col·lecció de llibres **A collection of books** Un lote de libros
Architektur Zentrum Wien

Guillaume Lecomte, André Bernard (Bruxelles, Belgique)
Una subscripció bianual **A bi-annual subscription** Una suscripción bianual
Quaderns d'Arquitectura i Urbanisme

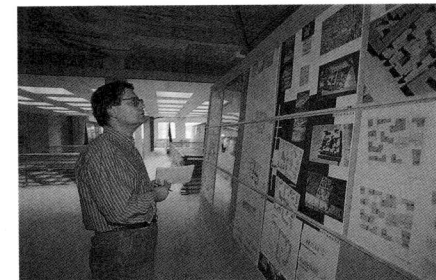

CHB

PETER ABT

Premi Prize Premio UNESCO

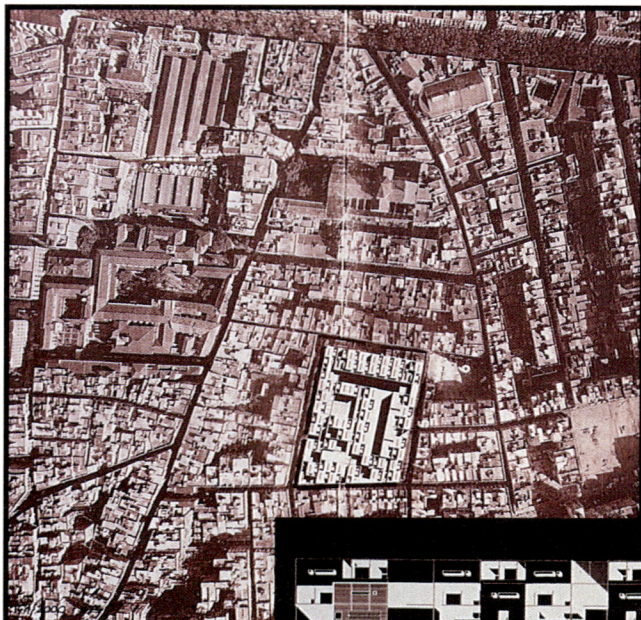

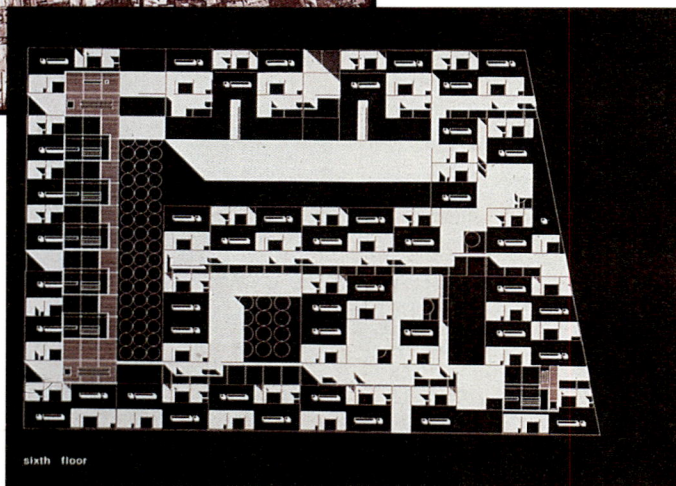

sixth floor

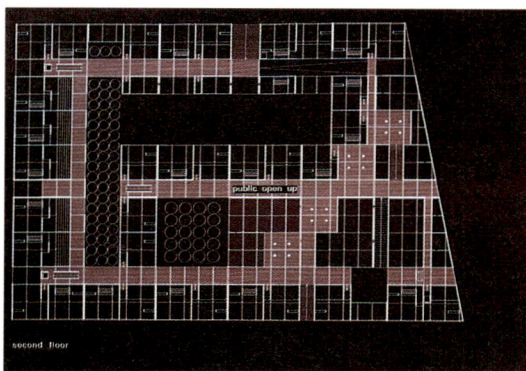

public open up

second floor

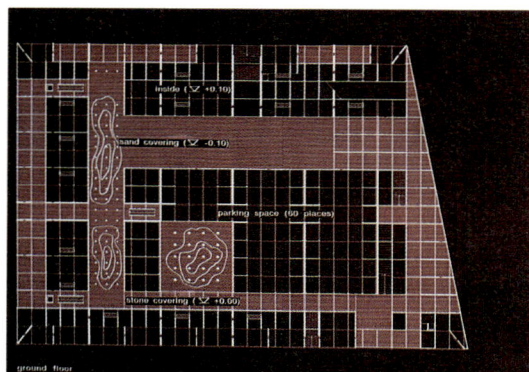

inside (▽ +0.10)
sand covering (▽ -0.10)
parking space (60 places)
stone covering (▽ +0.00)

ground floor

Viure, treballar i habitar entren en contacte i creen un sistema espacial ordenat per una retícula estructural. La combinació de volums pauta la definició d'espais clarament definits.

Una sèrie de patis i de passatges relacionen l'exterior i l'interior i conformen espais de característiques i graus de privacitat diversos.

Unitats residencials altament adaptables que poden respondre davant dels possibles canvis en l'estructura familiar i en els estils de vida mitjançant petites modificacions: altres plantes esdevenen accessibles amb l'obertura d'escales. Les plantes i els serveis són adaptables.

Els espais de la primera planta poden agrupar-se amb els locals comercials de planta baixa o amb l'espai residencial de les plantes segona i tercera. Un entramat de façana que permet incorporar gelosies de fusta, plafons (aïllament) o finestres manifesta aquesta flexibilitat a l'exterior.

Living, working and housing communicate and create a spatial system. A construction grid orders the system.
The combination of different volumes gives the rules of the clear defined spaces.
Courtyards and passages mediate between inside and outside and create spaces of different grades of publicity and character.
Highly adaptable apartment units: whatever change will take place in family and lifestyle — it can be met by simple modifications: closing/opening the stairs makes other floors accessible. Floors and sanitary facilities are adaptable.
The second floor can thus be combined with commercial units of the ground floor or with housing space of the third and forth floor. The facade grid in which wooden lattice, (isolation) panels or windows can be inserted, shows this flexibility to the outside.

Vivir, trabajar y habitar entran en contacto y crean un sistema espacial ordenado por una retícula estructural. La combinación de volúmenes pauta la definición de espacios claramente definidos. Patios y pasajes median entre el interior y el exterior, y conforman espacios de características y niveles de privacidad distintos. Unidades residenciales altamente adaptables que pueden responder a cualquier cambio que pueda ocurrir en la estructura familiar o estilos de vida mediante simples modificaciones: abriendo las escaleras se hacen accesibles otros niveles. Plantas y servicios son adaptables.
Los espacios de la primera planta pueden agruparse con los locales comerciales de planta baja o con las viviendas de la segunda y tercera plantas.
Una retícula de fachada que permite incorporar celosías de madera, paneles (aislamiento) o ventanas refleja esta flexibilidad al exterior.

94

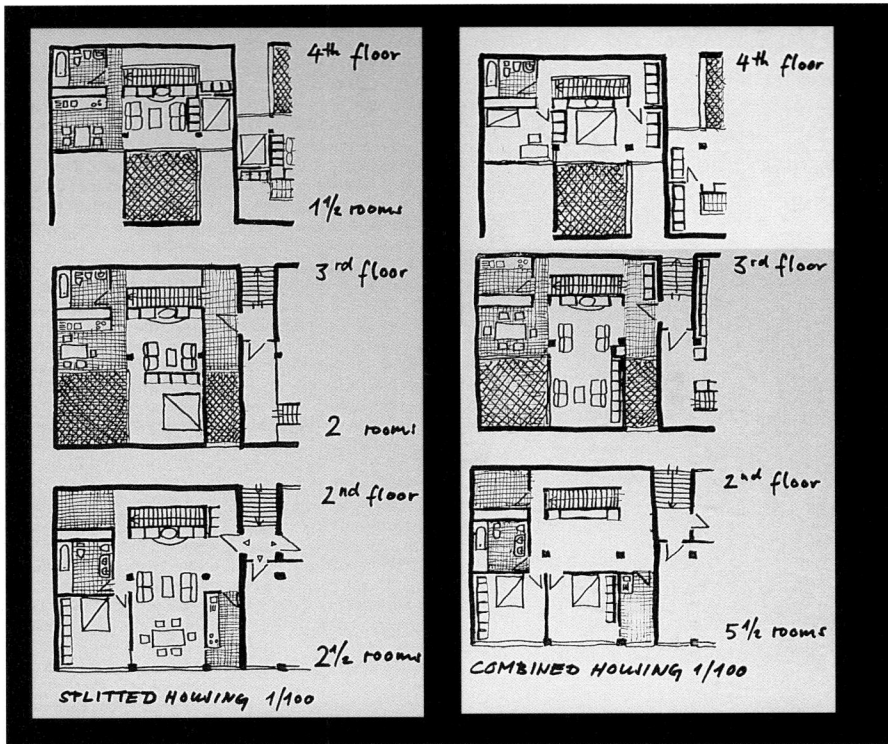

4th floor

1½ rooms

3rd floor

2 rooms

2nd floor

2½ rooms

SPLITTED HOUSING 1/100

4th floor

3rd floor

2nd floor

5½ rooms

COMBINED HOUSING 1/100

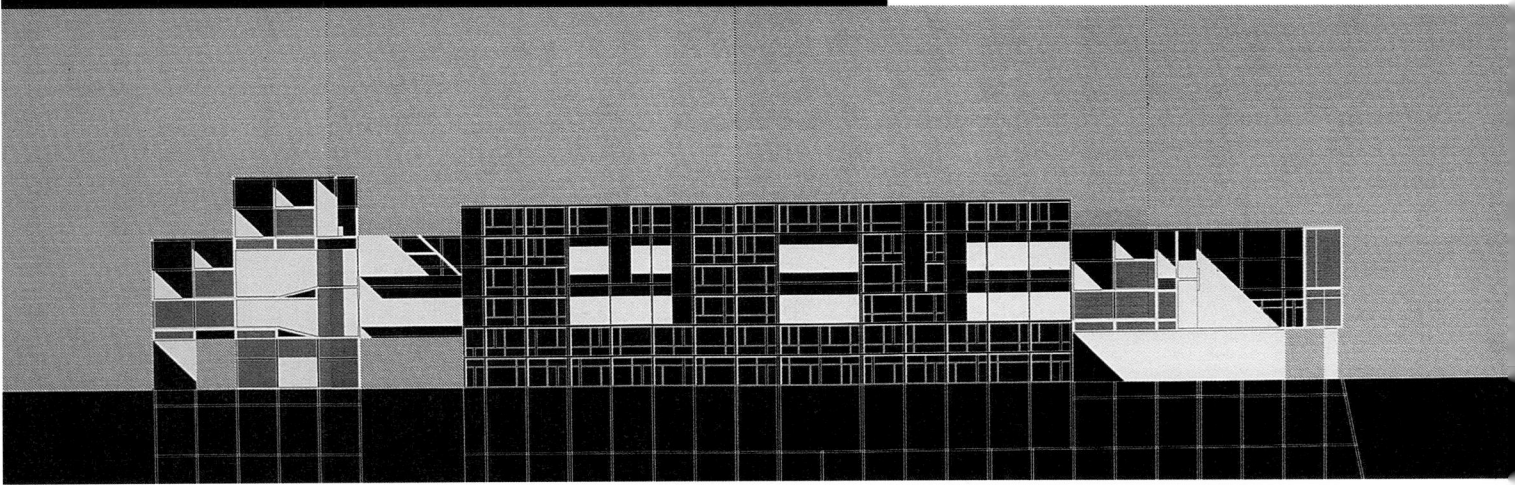

south façade

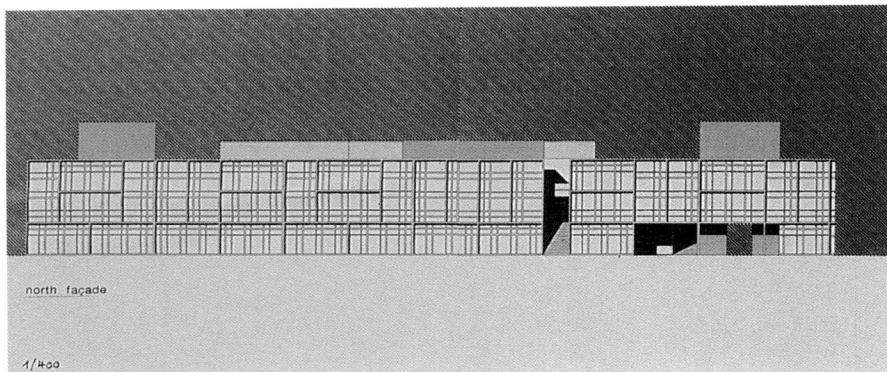

north façade

1/400

CHB

JUAN GABRIEL GARCÍA
PAULA CARDELLS
JOSÉ M. FLORES
JUAN MARCO
CLARA E. MEJÍA
CHELO PENADÈS

**Premi Prize Premio
Japan Institute of Architects**

Mai no li havien interessat, segons li va comentar aquella nit, les intervencions haussmannianes fora d'època: una ciutat tan consolidada com Barcelona pot permetre's mantenir el caràcter de cadascuna de les seves àrees, i l'estructura del teixit forma part d'aquest caràcter. Allò de sempre, deia, entendre el lloc.

Ell no creia que la relació amb el lloc, amb el "paisatge", es trobés a les façanes o cossos frontals, davant dels quals calgués respondre. D'una banda, ell ho entenia més aviat com a construcció o manteniment d'una seqüència de buits que són presents només si existeix el ple, i en la forma com es concretés aquest ple apareixeria la forma de l'habitatge, donat que la densitat visual que existia abans no era compatible amb la densitat visual que tenia darrere. D'altra banda, pensava en Ciutat Vella com un cos edificat i, com que tota relació amb el paisatge és sempre una relació amb l'exterior, no li quedava altra possibilitat que obrir el conjunt i cadascuna de les cases cap amunt, ja que es trobaven al centre mateix; mirar cap al cel i recollir d'ell tot allò que els habitatges anteriors no permetien.

Interventions in the Haussmann style, divorced from their proper period, had never interested him, as he remarked that evening: a city as consolidated as Barcelona can readily allow itself to maintain the character of each of its districts, and the structure of the urban fabric forms part of this character. It always comes to the same thing, he said: understanding the place.

He did not see that the relationship with the place, with the "landscape", was in the facades or the volumes in front, to which it was necessary to respond. He considered it as being, on the one hand, more a matter of the construction or retention of a series of voids which can assume their presence only if the solid exists, and the form of the dwelling was to be present in the way that this "solid" was to be defined, given that the visual density which had previously existed was not compatible with the residential density that lay behind it. On the other hand, he thought of the Ciutat Vella as a built volume, and since any relationship with the landscape is a relationship with the exterior, he had no option but to open up the whole and each of the houses upwards, given that they were situated in the same centre; to look up at the sky and gather from it everything which the former dwellings did not permit.

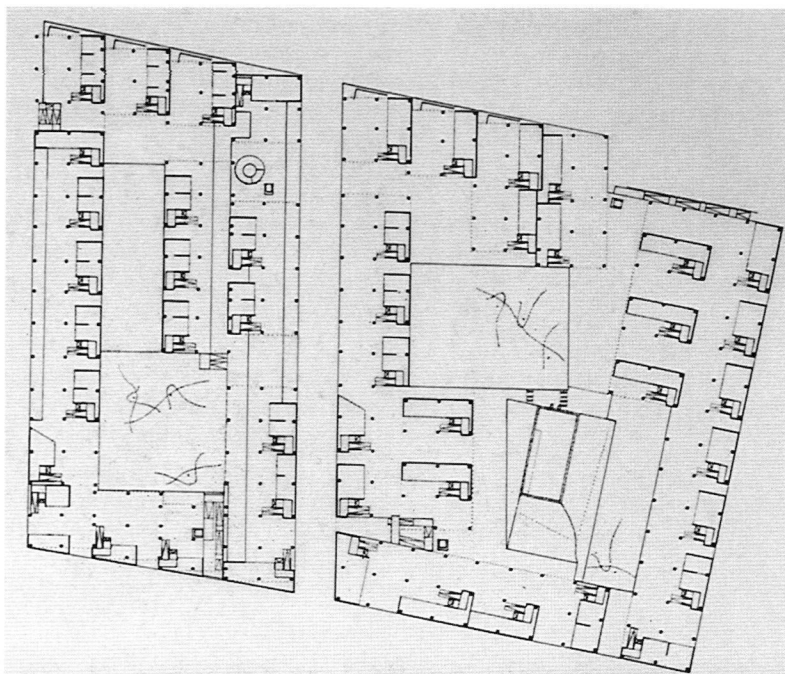

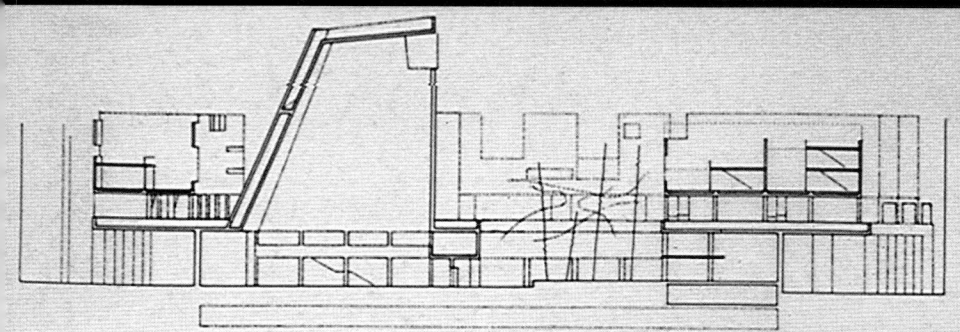

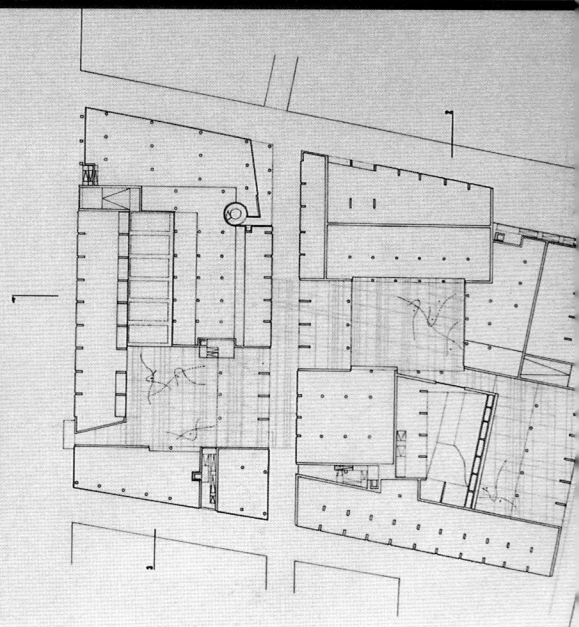

nunca le interesaron, según
 contó esa noche, las intervencio-
nes haussmannianas sacadas de
su época: una ciudad tan conso-
lidada como Barcelona puede
permitirse mantener el carácter
de cada una de sus áreas, y la
estructura del tejido forma parte
de ese carácter. Es lo de siem-
pre, decía, entender el lugar.
Y no veía que la relación con el
lugar, con el "paisaje", estuviera
en las fachadas o cuerpos de
enfrente, a los que hubiera que
responder. Él lo entendía más,
por una parte, como construcción
y mantenimiento de una secuen-
cia de vacíos que tienen su pre-
sencia sólo si existe el lleno, y
en el modo en cómo se definiera
este "lleno" iba a estar presente
la forma de la vivienda, puesto
que la densidad visual que exis-
tía antes no era compatible con
la densidad residencial que tenía
detrás. Por otra parte, pensaba
en Ciutat Vella como un cuerpo
edificado, y como toda relación
con el paisaje es siempre una
relación con el exterior, no le
quedaba más remedio que abrir
el conjunto y cada una de las
casas hacia arriba, puesto que se
encontraban en el mismo centro,
mirar hacia el cielo y recoger de
él todo lo que las viviendas
interiores no permitían.

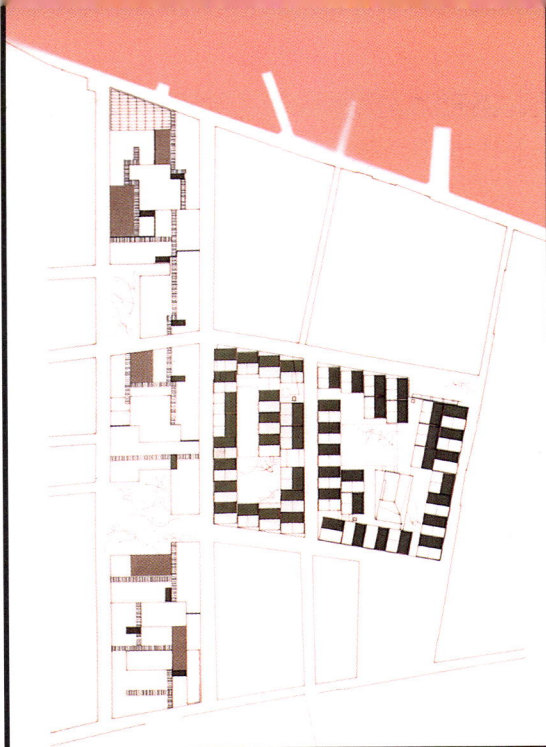

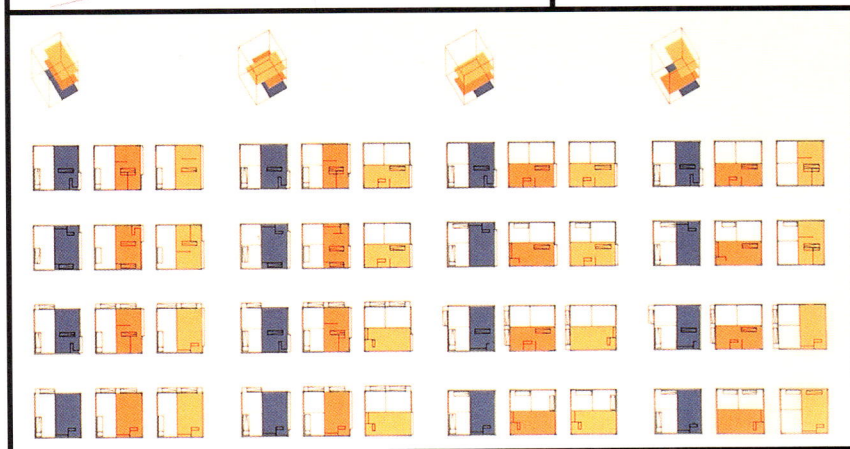

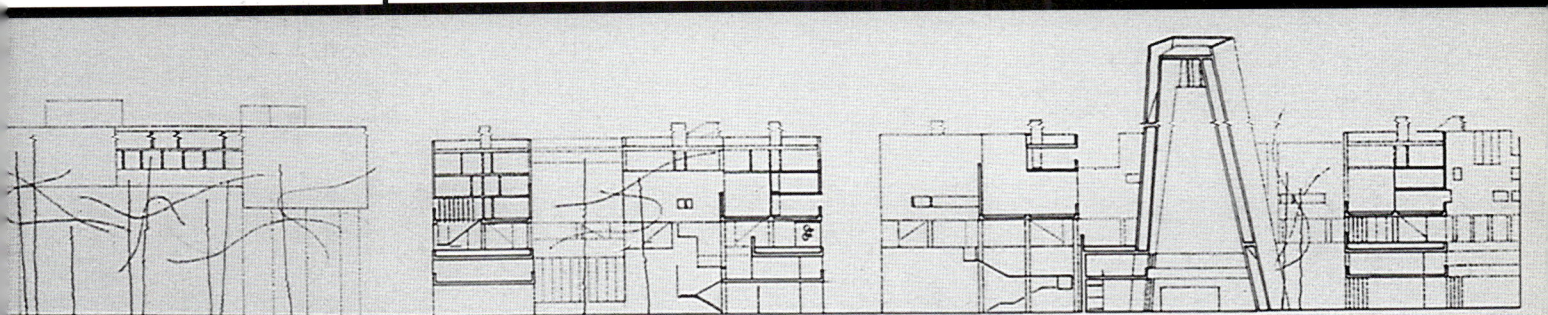

GÜNTER MÖLLER

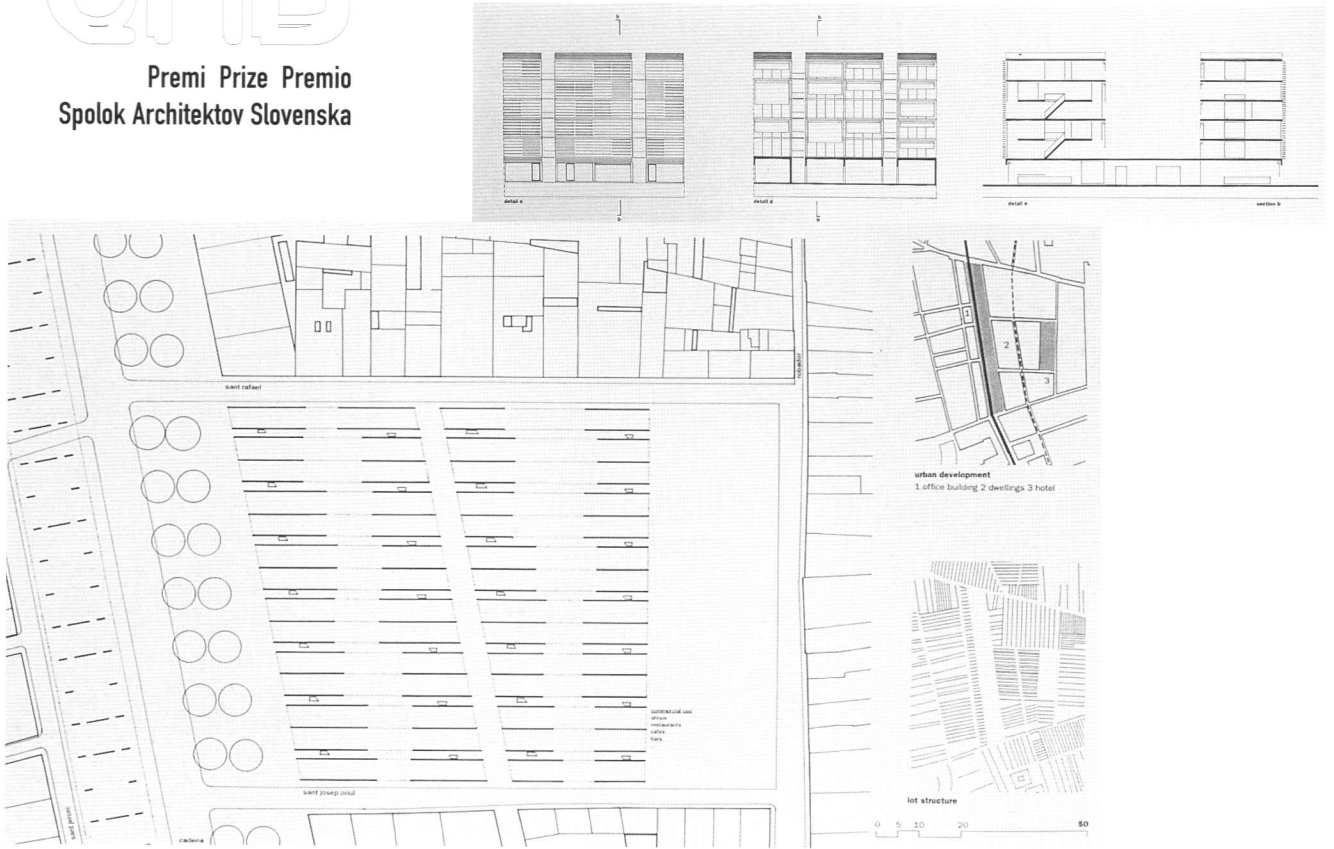

CHB

Premi Prize Premio
Spolok Architektov Slovenska

urban development
1 office building 2 dwellings 3 hotel

lot structure

0 5 10   20   50

Premi Prize Premio
Quaderns d'arquitectura i urbanisme

GUILLAUME LECOMTE
ANDRÉ BERNARD

Principi d'agrupació d'illa permea-
ble. Relació entre la unitat de l'es-
pai urbà i la fragmentació de l'espai
arquitectònic. El projecte intenta
combinar la densitat amb la trans-
parència. Creació d'un espectacle
arquitectònic interior amb multipli-
citat de camps visuals (obertures,
vistes, llum).

The concept of a permeable city
block. Communication between
the unit of urban space and the
fragmentation of architectural
space. The project sets out to
combine density with transpa-
rency. The creation of an interior
architectural scene with an accu-
mulation of visual layers (ope-
nings, views, light).

Principio de manzana permeable.
Relación entre unidad del espa-
cio urbano y fragmentación del
espacio arquitectónico. El pro-
yecto intenta combinar densidad
y transparencia. Creación de un
espectáculo arquitectónico inte-
rior con multiplicidad de campos
visuales (aberturas, vistas, luz).

98

Premi Prize Premio
Bund Deutscher Architekten

SAMUEL TAMISIER
LAURENCE NARCE

El projecte intenta deslliurar-se d'un programa rigorós i pragmàtic i deixar un espai al que és aleatori, a l'apropiació, la interrelació entre activitats diverses per tal de generar esdeveniments diversos. Amb aquest objectiu hem completat les funcions de la zona amb usos anteriorment inexistents, com el cinema i la sala de jocs. La complexitat de l'intercanvi i la proximitat generen una barreja de cultures i la diversitat d'usos.

This project aims to avoid a strict programme, pragmatic with the aim of leaving a small area open to chance, to appropriation, to intermingle different activities in order to provoke a series of events. For that reason we concluded the brief with a space such as a cinema or games room. The complexity of exchange, the proximity in this way generates a mixture of cultures and a diversity of use.

Este proyecto pretende alejarse de un programa riguroso, pragmático a fin de dejar lugar a lo aleatorio, a la apropiación, la interrelación de diversas actividades para provocar una serie de acontecimientos. Con este objetivo se completan los usos de la zona con usos anteriormente inexistentes, como el cine y la sala de juegos. La complejidad de los intercambios y la proximidad generan una mezcla de culturas y la diversidad de usos.

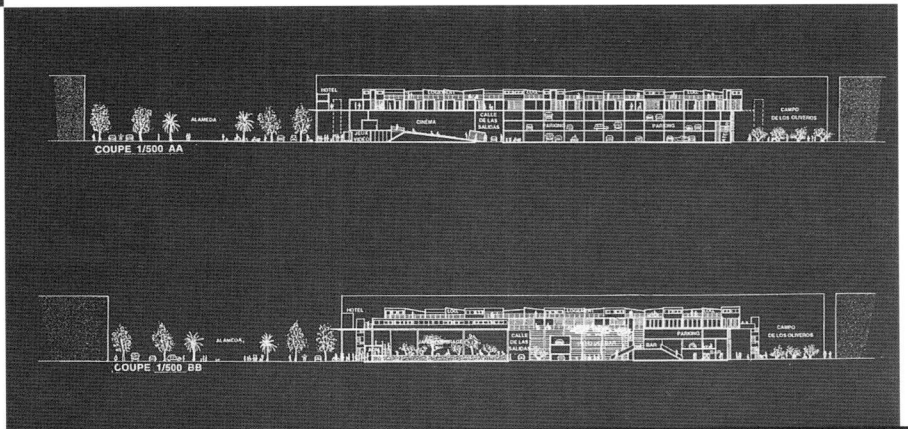

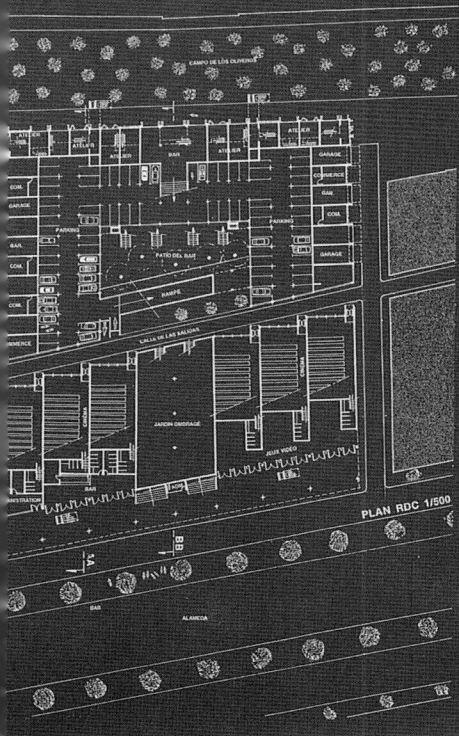

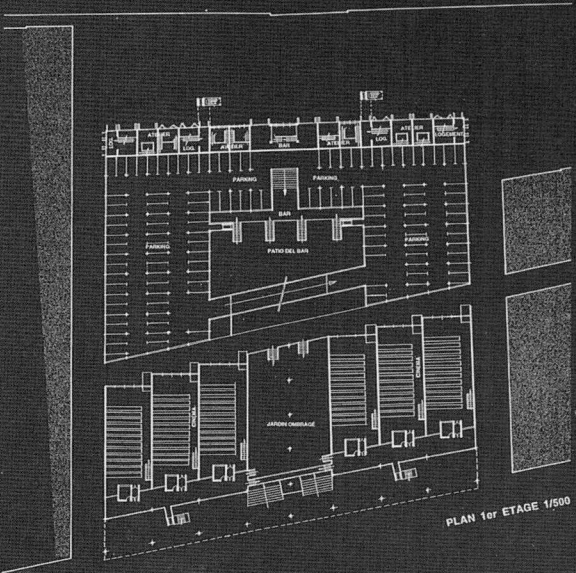

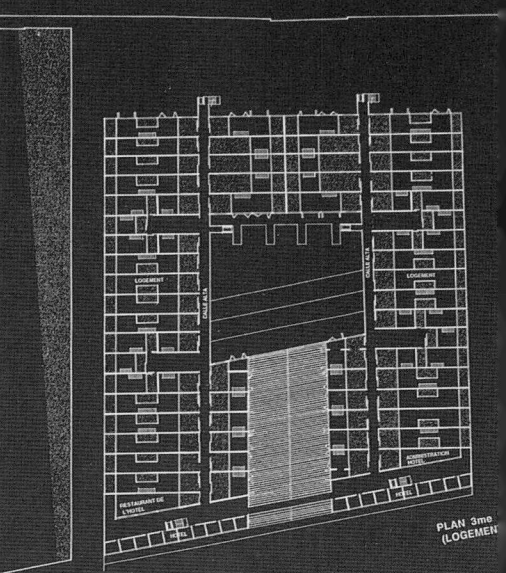

EL CAMPO DE LOS OLIVEROS

COUPE 1/500 AA

COUPE 1/500 BB

589 47

PLAN RDC 1/500

PLAN 1er ETAGE 1/500

PLAN 3me (LOGEMEN)

CHB

Premi Prize Premio
Architektur Zentrum Wien

ROBERTO SOTO
DAVID JUÁREZ
JOAN ESCOFET
NADIA CASABELLA

La recerca de nous tipus d'habitatges no es lliga a la forma del contenidor, sinó a la definició d'una estructura que, des del moment del seu encaix, permeti una definició capritxosa dels límits. Capritxosa perquè l'usuari seria l'única persona que decidiria la seva forma, per apropiar-se d'un cert volum habitable servit per i connectat a les instal·lacions generals.

The investigation of new housing types is not linked to the form of the container, but rather to the creation of a structure which, in the very movement of its coupling, would allow a capricious definition of its limits. Capricious, because the user would be the only person to decide its layout, in disposing of a certain amount of habitable volume served by and connected to the general services.

La investigación sobre nuevos modelos de vivivenda no va ligada a la forma del contenedor, sino a la creación de una estructura que en el mismo movimiento de acoplarse o de engancharse en ella, permitiera la definición caprichosa de sus límites. Y caprichosa porque sería el usuario el único que los decidiría al disponer de una cierta cantidad de volumen habitable servido y conectado a las instalaciones generales.

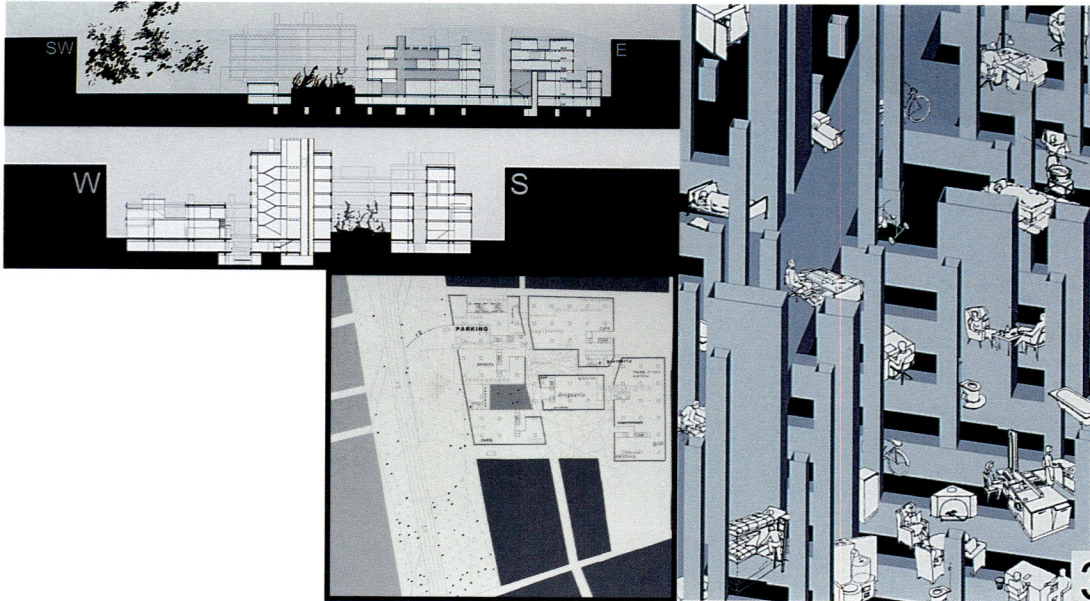

OANA-MARIA FLORICIOIU
SEBASTIAN BOTA
VOICU BOZAC
BOGDAN FODOR

Els dos sistemes superposats intenten crear simultàniament dos estats d'ànim diferents. L'edificació presenta façanes relativament compactes vers l'entorn. El camí serpentejant és obert només a la planta baixa, i ofereix així als vianants portes d'entrada als espais verds.

The two overlapping schemes try to create simultaneously two different states of mind. The construction offers relatively compact fronts towards the neighbourhood. The snake path is open only on the ground floor, offering the pedestrians gates towards the green spaces.

Los dos sistemas superpuestos intentan crear simultáneamente dos estados de ánimo distintos. La edificación presenta fachadas relativamente compactas al vecindario. El camino serpenteante está abierto sólo en planta baja, ofreciendo a los peatones entradas a los espacios verdes.

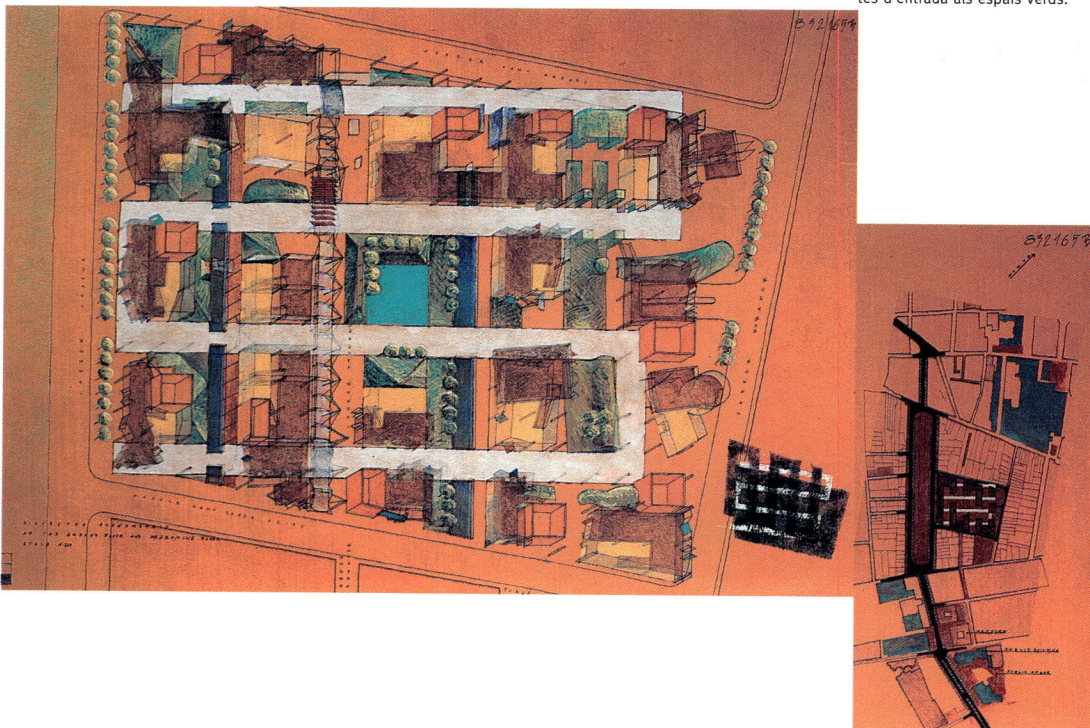

Premi Prize Premio
Danske Arkitekters Landsforbund
UIA Nordic Section

CRISTINA DIAZ-MORENO

El projecte es tracta d'un únic edifici penetrat a planta baixa pels fluxos de vianants i excavat volumètricament pel sol, la qual cosa proporciona llum a l'edifici i als voltants i genera així vida.

L'edifici té una plaça pública interior que pasa a ser una part essencial de la ruta interna dels espais privats, amb l'objectiu de promoure una vida social distesa entre els residents.

The project is a single building penetrated by pedestrian flows in the ground floor and excavated by the sun in its volume which provides light to the building and the surroundings generating life all around.

The building has an inner urban square open to the public that becomes an integral part of the internal route of the private spaces, aiming to encourage casual social interaction among the residents.

El proyecto es un único edificio penetrado en planta baja por el movimiento de peatones y volumétricamente excavado por el sol, lo cual proporciona luz al edificio y a los alrededores y genera vida a su entorno.

El edificio tiene una plaza interior pública integrada en las rutas internas de los espacios privados, con el objetivo de promover una vida social distendida entre los residentes.

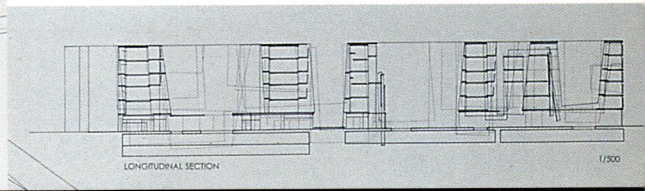

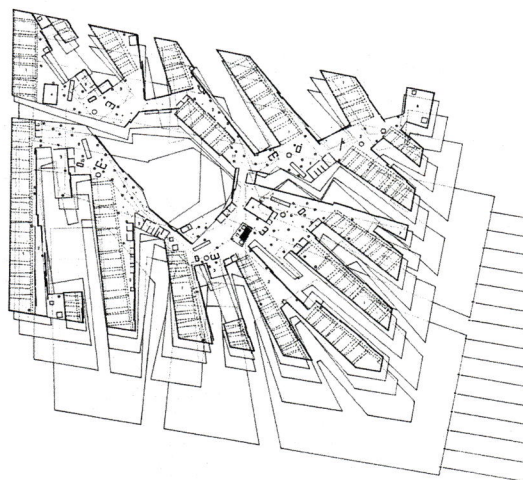

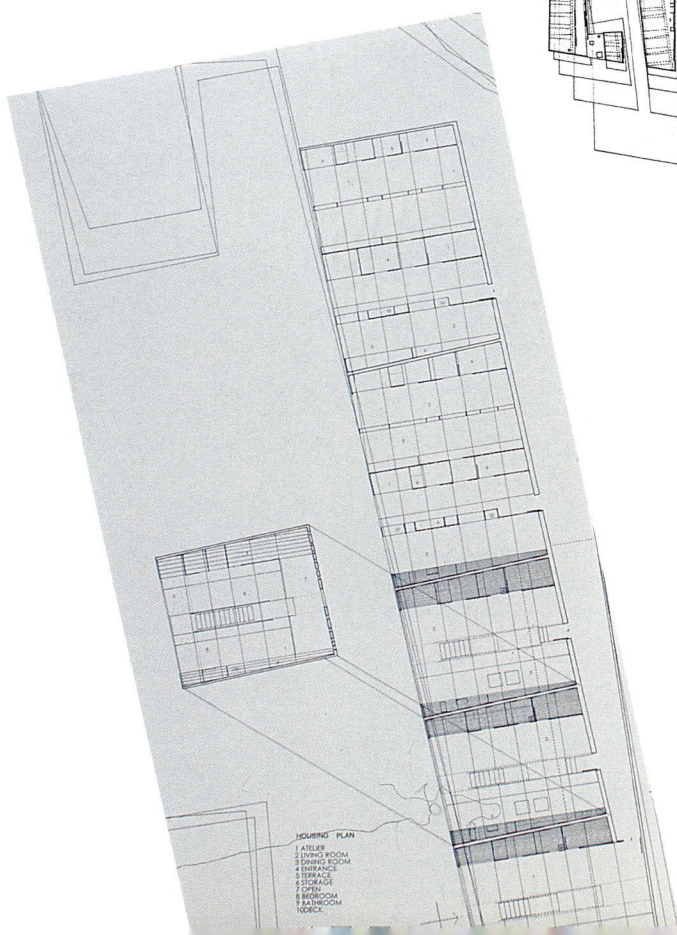

JOOWON LEE

"Fem veure que ens trobem al bosc misteriós", diu la Kelli. "És un lloc fantàstic per amagar-se. Fem veure que només hi ha una porta.
Un cop entres, és impossible sortir. Busquem allà tresors i n'amaguem de petits entre les roques."
ROBIN C. MOORE

"We pretend we're lost in the mysterious forest", says Kelli. "It's a great hiding place. We pretend there's only one door. Once you go in, it's imposible to get out.
We look for treasure there and hide special things among the rocks."
ROBIN C. MOORE

"Fingimos estar perdidos en el bosque misterioso", dice Kelli. "Es un lugar increíble para esconderse. Fingimos que sólo hay una puerta.
Cuando has entrado, es imposible salir.
Buscamos allí tesoros y escondemos cosas especiales entre las rocas."
ROBIN C. MOORE

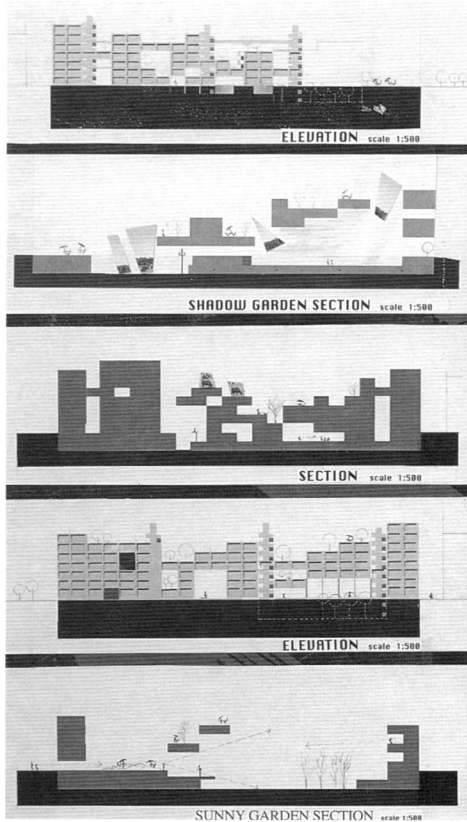

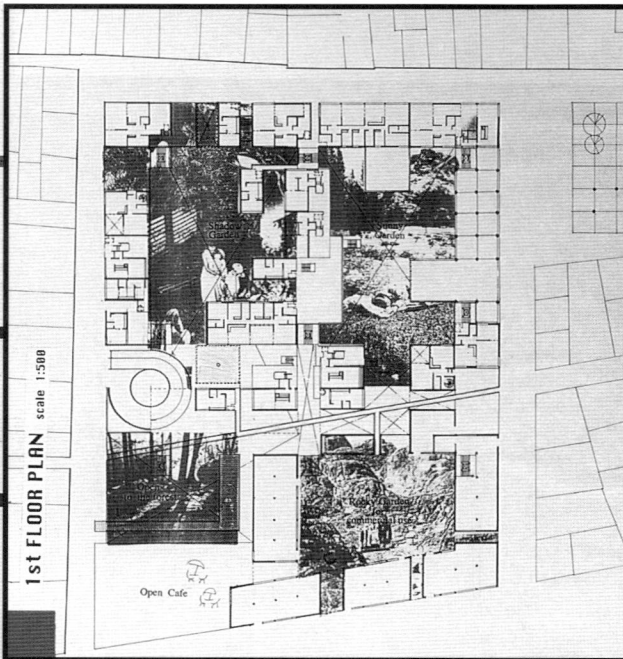

ELEVATION scale 1:500

SHADOW GARDEN SECTION scale 1:500

SECTION scale 1:500

ELEVATION scale 1:500

SUNNY GARDEN SECTION scale 1:500

1st FLOOR PLAN scale 1:500

Open Cafe

JAVIER LÍZANO-VAQUERO

Podem utilitzar el traçat gòtic com exemple per a la recuperació de la zona: carrers estrets i sinuosos, culs de sac...
Es planteja l'ideal àrab: austeritat exterior (tant espacial com estètica) i una gran lluminositat interior, amb grans espais i zones amb arbres dins de cada illa de cases.

We can take the street layout of the Gothic quarter as exemplary for the renovation of the area: narrow, winding streets, cul de sacs... The Arab city is invoked: exterior austerity and great luminosity inside, with large spaces and landscaped areas in the interior of the block.

Podemos utilizar el trazado gótico como ejemplo para la recuperación de la zona: calles estrechas y sinuosas, calles sin salida...
Se plantea el ideal árabe: austeridad exterior (tanto espacial como estética) y una gran luminosidad interior, con grandes espacios y zonas arboladas dentro de cada manzana de casas.

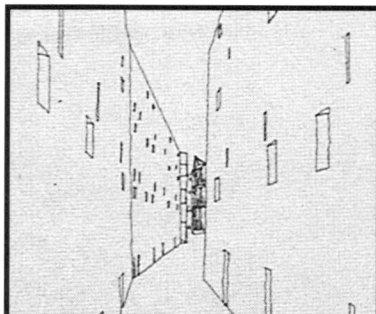

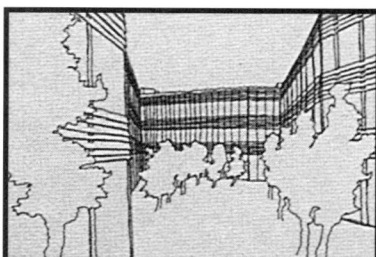

625617JL

102

Premi Prize Premio
Malaysian Institute of Architects

TIM KETTLER

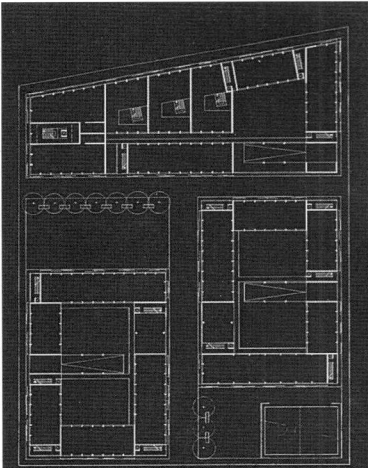

ground floor 1/500

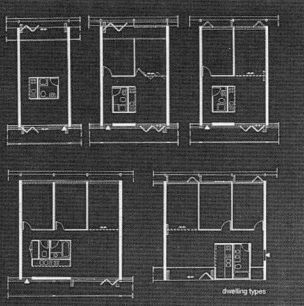

dwelling types

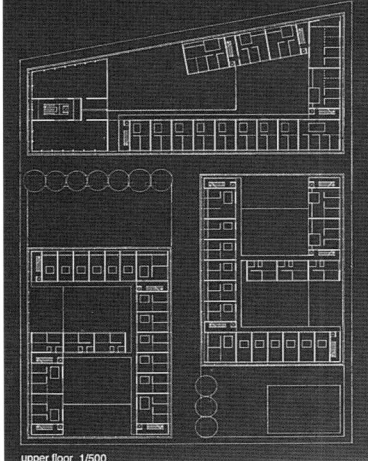

upper floor 1/500

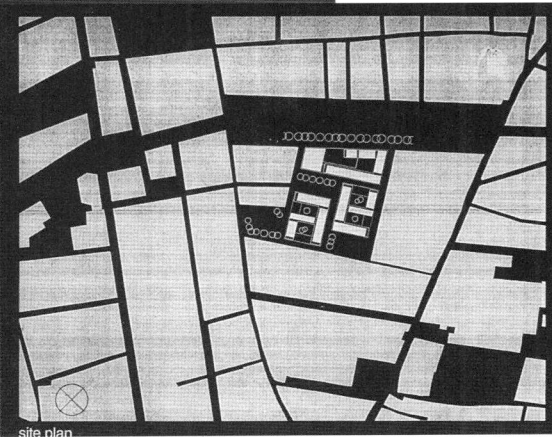

site plan

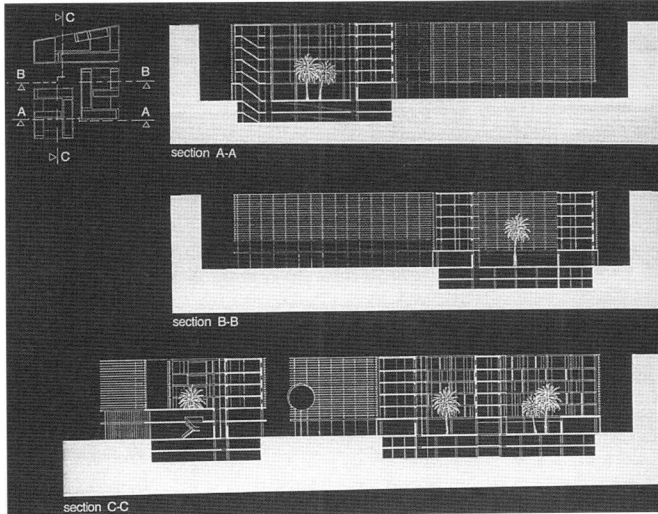

section A-A

section B-B

section C-C

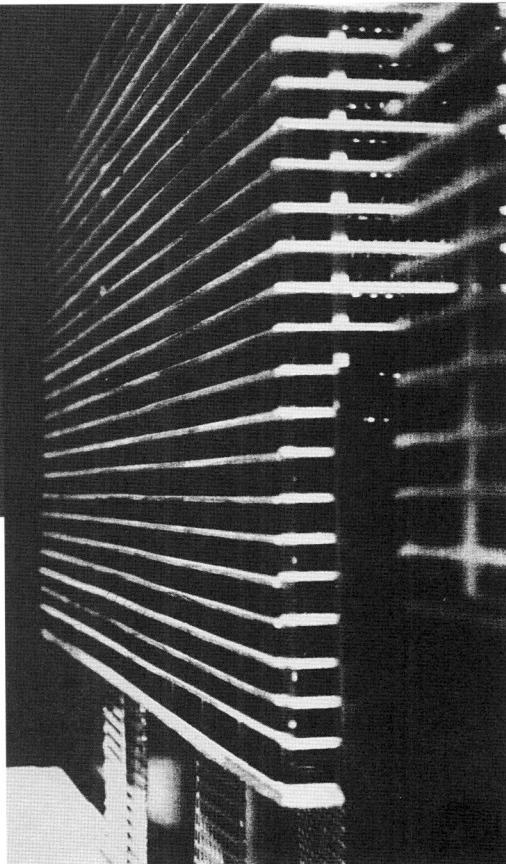

Espai públic.
-Nova estructura determinada per places públiques definides bàsicament pels seus usos, que evita la competència amb el gran espai públic.
-Intentar mantenir l'atmosfera urbana, densitat extrema, estructura d'illes, estretor.
Habitatge.
-Membranes semitransparents constitueixen la "pell urbana". Diversos medis de protecció al sol, membrana, persianes, lògies.
-Tipus d'habitatge segons l'orientació al sol+espai públic.
-Habitatges flexibles: habitacions polivalents, blocs de serveis.

Public space.
-New structure determined by public squares mainly defined by functions, avoiding concurrency with huge public space.
-Try to maintain urban atmosphere, extreme density, block structure, narrowness.
Housing.
-Semi transparent membranes form the "urban skin". Different means of sun shields, membrane, shutters, loggias.
-Dwelling types depending on orientation to sun + public space.
-Flexible dwellings: neutral rooms, service blocks.

Espacio público.
-Nueva estructura determinada por plazas públicas definidas principalmente por sus usos, que evita la competencia con el gran espacio público.
-Intentar mantener la atmósfera urbana, densidad extrema, estructura de bloques, estrechez.
Vivienda.
-Membranas semitransparentes forman la "piel urbana". Diferentes medios de protección al sol, membrana, persianas, logias.
-Tipos de vivienda según la orientación al sol + espacio público.
-Viviendas flexibles: habitaciones polivalentes, bloques de servicios.

CHB

Premi Prize Premio
Ordre des Ingénieurs et Architectes, Beyrouth

TAKASHI MATSUI
TOHRU HORIGUCHI
TAKAHIDE AIBA
TAKUMI KATO
YASUMICHI TANAKA

Portar l'urbanisme a la forma de l'habitatge: Membrana. Una façana canviant vers els voltants. Una metàfora del xiuxiueig de la ciutat. Funciona com una membrana osmòtica. La membrana és també un sistema per crear habitatge temporal a l'edifici. Aquesta és una proposta d'habitatges per a individus. "Individu" no significa necessàriament "solter", fins i tot aquells amb família poden ser individus i viure junts en aquests habitatges. Indueixen a un nou estil de vida.

Lead the urbanism into the housing form: Membrane. A changeable facade to the surroundings. A metaphor of the whisper of the city. It functions as an osmotic membrane. Membrane is also a system to create temporary housing in the building.
This proposal is a housing for individuals. "Individual" doesn't mean "Single", even those who have a family could be an individual and live together in this housing. This housing induces a new lifestyle.

Llevar el urbanismo a la forma de la vivienda: membrana. Una fachada cambiante hacia el entorno. Una metáfora del susurro de la ciudad. Funciona como una membrana osmótica. La membrana es también un sistema para crear vivienda temporal en el edificio.
Esta propuesta es un alojamiento para individuos. "Individuo" no significa "soltero": incluso quienes tienen familia pueden ser individuos y vivir juntos en estas viviendas. Inducen a un nuevo estilo de vida.

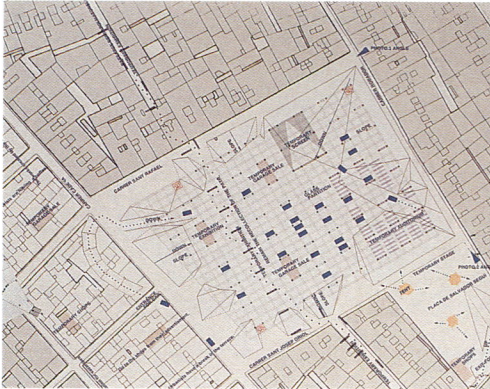

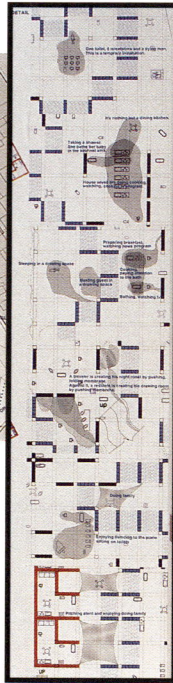

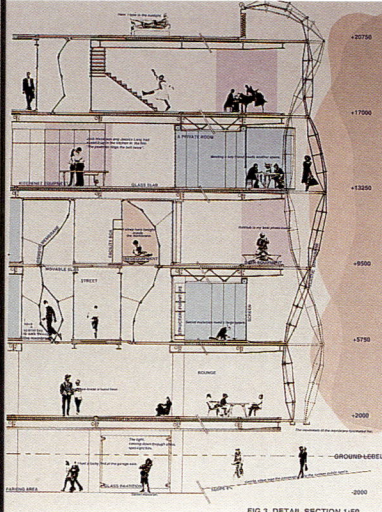

JUAN PABLO MAZA PASTRANA
RUYSDAEL VIVANCO DE GYVES
XAVIER SANCHEZ VALLADARES

Un parc per viure-hi. No cal enderrocar més illes. Integrar, no excloure. Integrar formes de vida diferents. Caminar damunt els arbres.

A park for living in. There is no need to demolish more city blocks. To integrate, not to exclude. To integrate different ways of life. To walk above the trees.

Parque para habitar. Ya no habrá razón para demoler más manzanas. Integrar, no excluir. Integrar diferentes formas de vida. Caminar sobre los árboles.

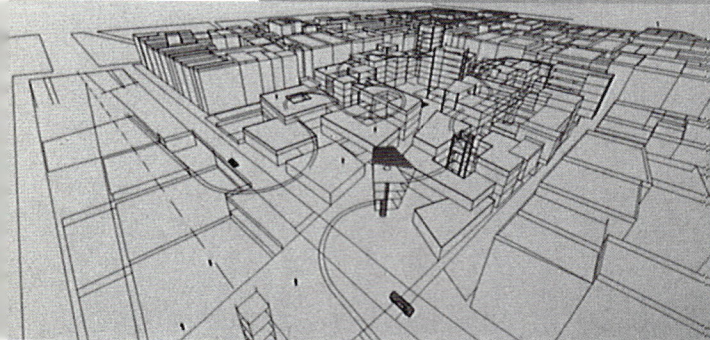

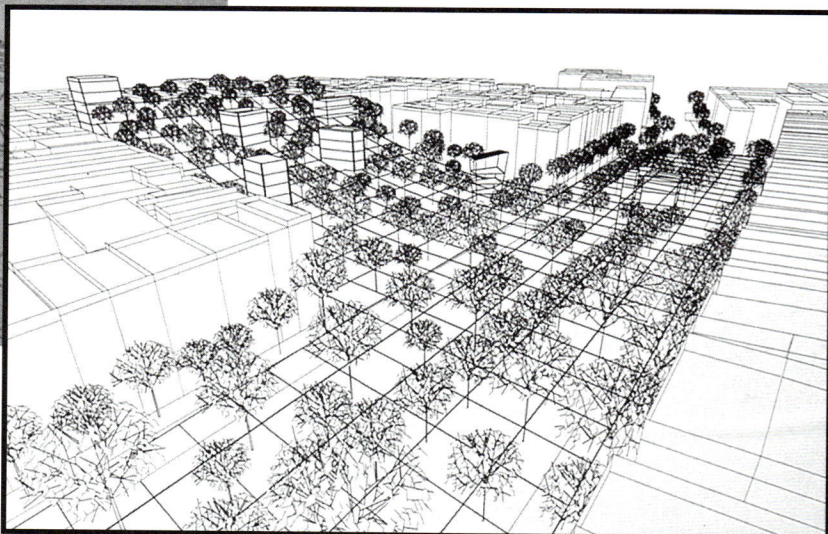

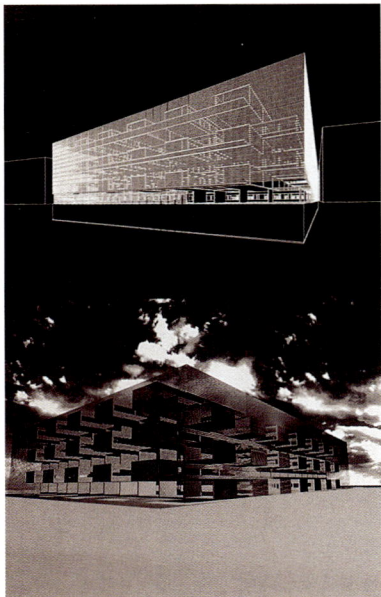

PETER JAPENGA
HERMAN COELINGH

El laberint és una reflexió de com s'experimenta Ciutat Vella actualment. L'illa és una estructura tridimensional que crea possibilitats. La imatge de moviment es veu brillant a través de la "pantalla" exterior. Cada unitat forma part almenys d'un bloc-filera i com a mínim està encarat a un pati vertical que li dóna llum i aire.

The labyrinth is a reflection of the way Ciutat Vella is experienced in the present situation. The block is a three-dimensional framework wich provides opportunities. Shining through the outer "screen" is the image of movement. Each unit is part of at least one horizontal row-block and faces at least one vertical shaft wich provides light and air.

El laberinto es un reflejo de como "Ciutat Vella" es experimentada actualmente. La manzana es una estructura tridimensional que crea posibilidades. La imagen del movimiento brilla a través de la "pantalla" exterior. Cada módulo forma parte de al menos un bloque horizontal y como mínimo da fachada a un patio que le proporciona luz y aire.

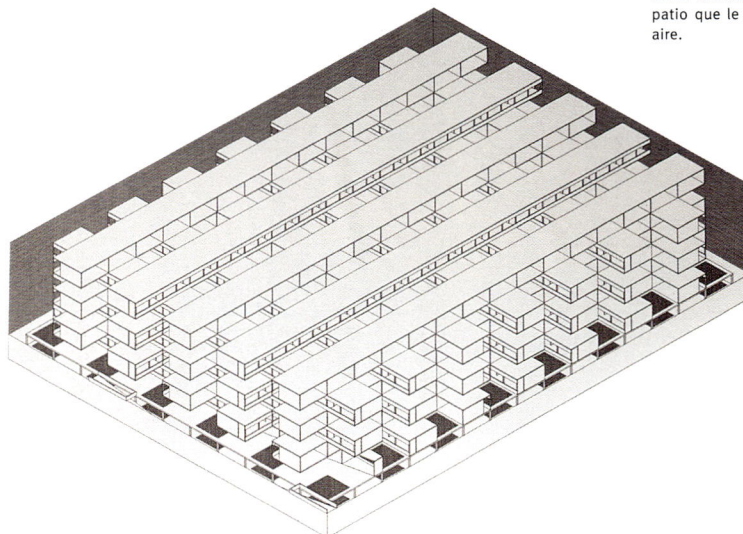

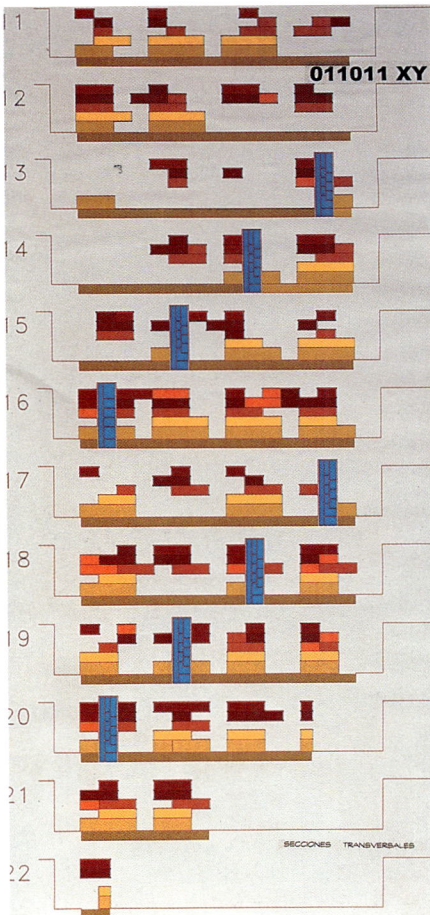

SANTIAGO CASTILLO
XAVIER DIJORT
SALVADOR ESTERAS
ÒSCAR FRANCO
IGNACIO TORRÓ

La malla estructural com a resposta al teixit del centre històric de la ciutat. El pati com a accés als edificis alts. Un volum únic amb cinc façanes tensades, perforades, creuades per fluxos que permeten l'accés des de qualsevol punt de la trama exterior.

The structural grid as a response to the fabric of the historic city centre. The courtyard as a means of access to tall buildings. A single volume with five tense, perforated facades, crossed by currents which allow its accessibility from any point of the exterior grid.

La malla estructural como respuesta al tejido del casco antiguo. El patio como acceso a las viviendas urbanas en altura. Un volumen único con cinco fachadas perforadas y tensas es atravesado por flujos que permiten su accesibilidad desde cualquier punto de la trama exterior.

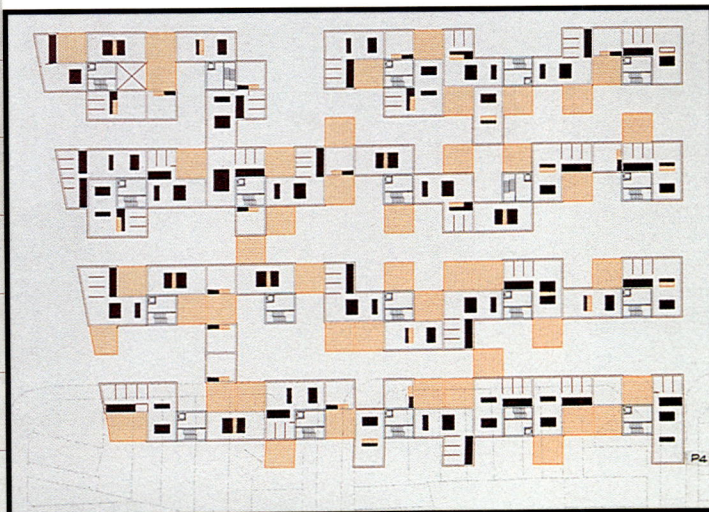

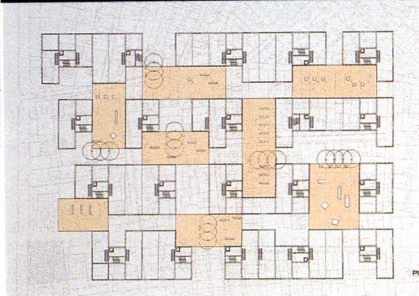

CHB

JUAN ARREGUI
MARÍA FERNANDEZ TORRADO

**Premi Prize Premio
Bond van Nederlandse Architekten**

Un exemple superior d'habitatge. Espai privat per excel·lència. Una casa al voltant d'un pati. Barcelona mediterrània. Un conjunt d'habitacions que recreen la imatge de la ciutat. Un element ambigu. L'espai públic pel qual flueix el programa. Un espai urbà que participa en la lògica del teixit urbà. Comparat als prototipus d'espai públic (oberts, mancats de programa), aquest és ple de programa. L'espai es converteix en una sèrie d'incidents.

A superior example of housing. Private space par excellence. A house around a courtyard. Mediterranean Barcelona. A group of rooms which recreates the image of the city. An ambiguous element. Public space in which the programme flows. An urban space which participates in the logic of the urban fabric. Compared to the prototypes of public space (open, without a brief), this is activated and filled with programme. The space is converted into a series of incidents.

Una pieza superior de vivienda. Espaico privado por excelencia. Casa patio. Barcelona Mediterránea. Enjambre de habitaciones que recrea la imágen de la ciudad.
Un elemento ambiguo. Espacio público en el que el programa fluye. Plaza urbara participando de la lógica del tejido urbano. Frente a los protctípicos espacios públicos (abiertos, carentes de programa), éste es activado y llenado de programa. El espacio se convierte en una sucesión de incidentes.

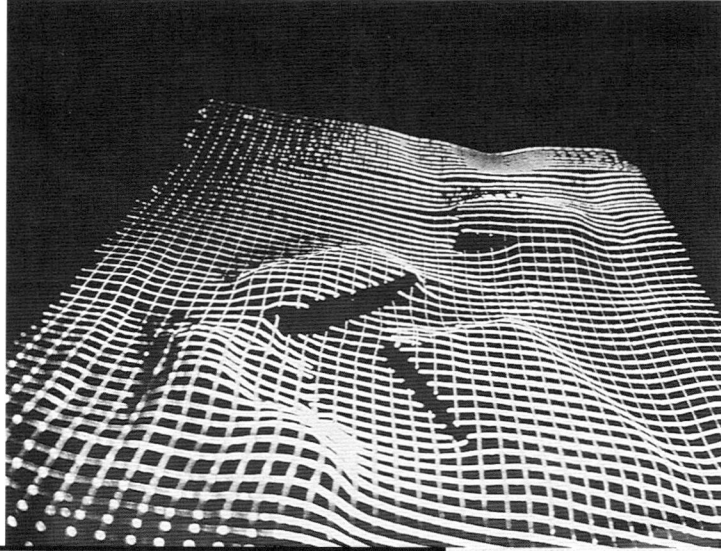

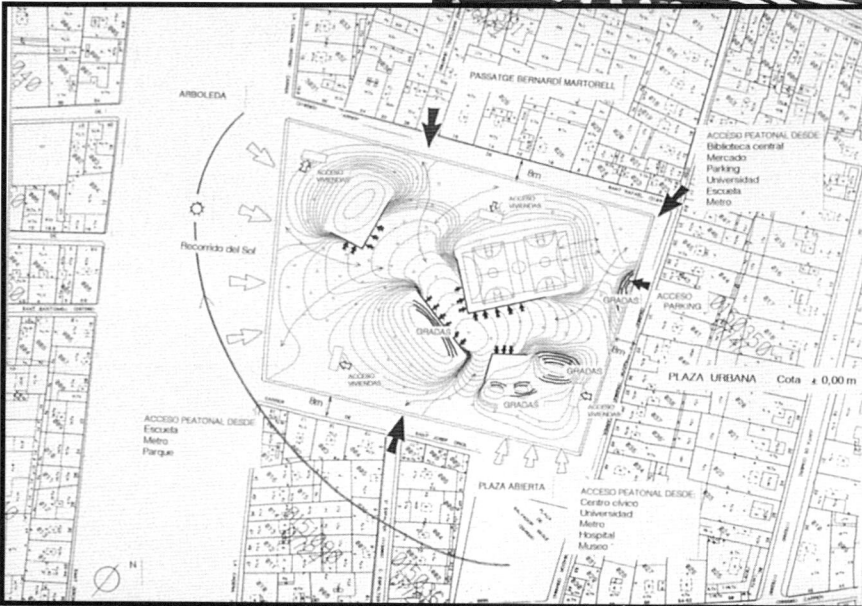

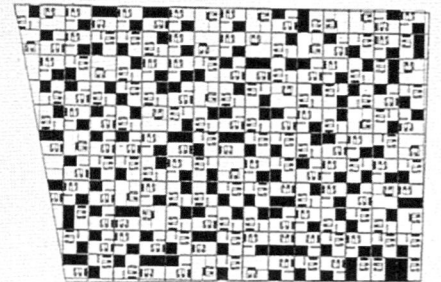

PLANTA VIVIENDAS Cota +15,30 m

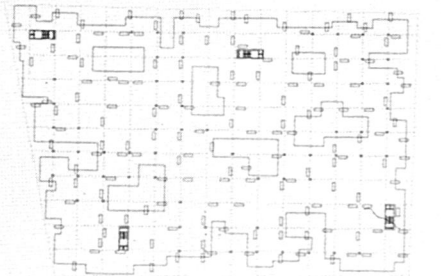

BALCÓN ACCESOS Cota +12,60 m

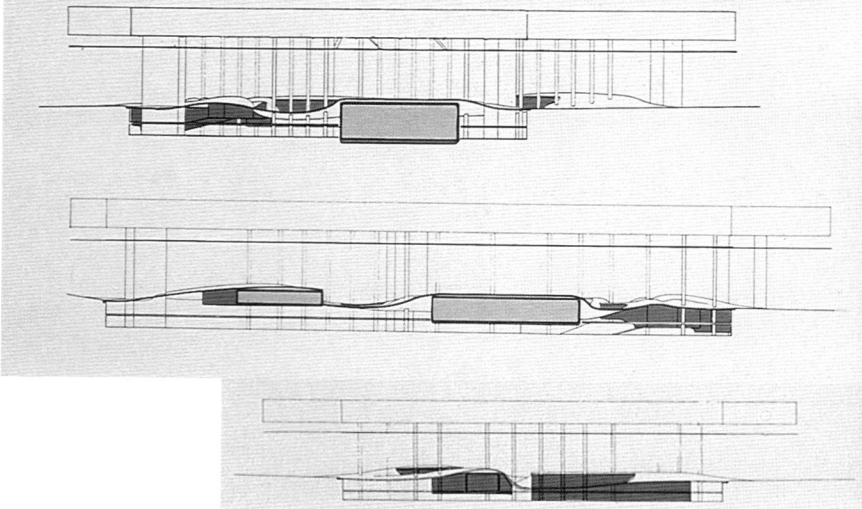

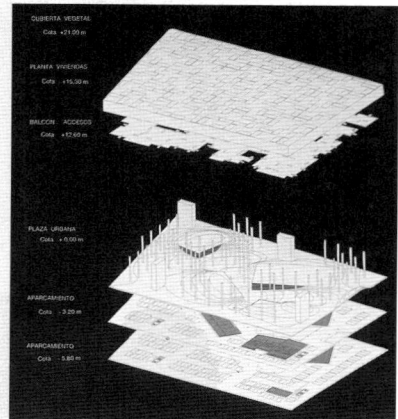

MICHAL SULO

Premi Prize Premio
Consejo Superior
de los Colegios de Arquitectos de España

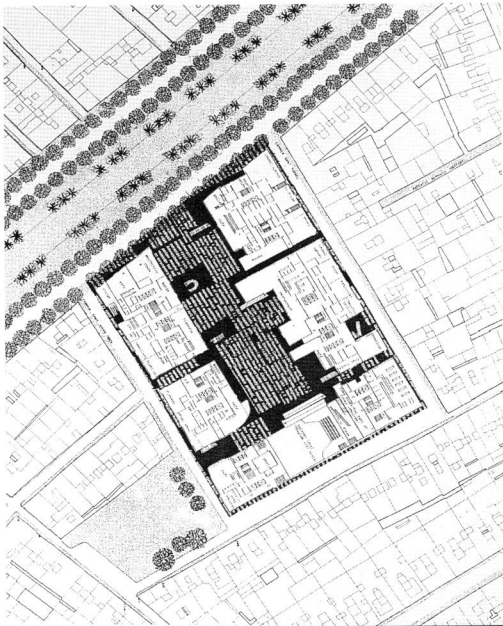

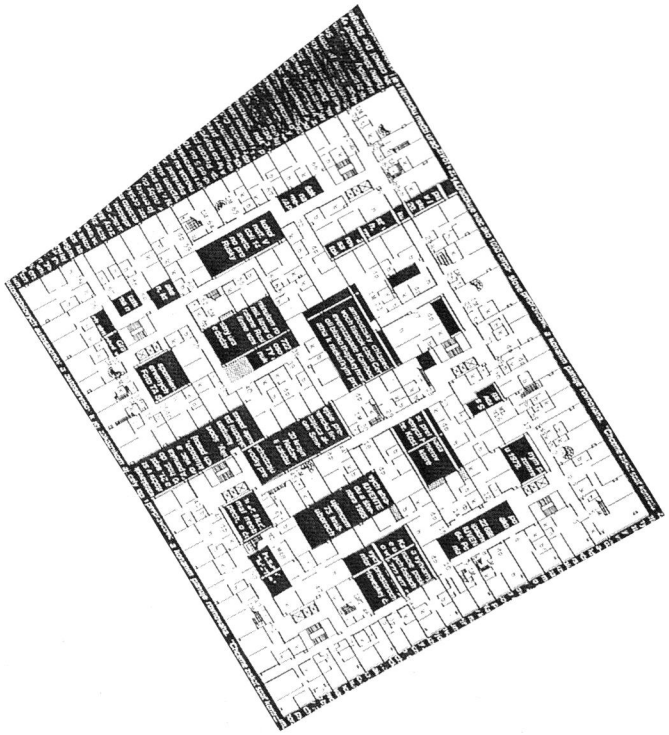

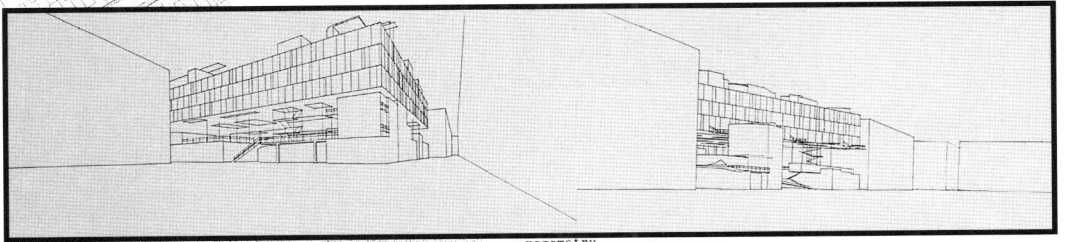

axonometry

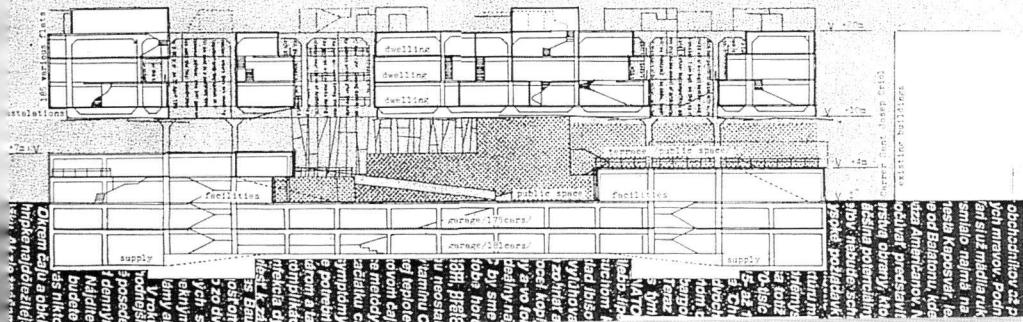

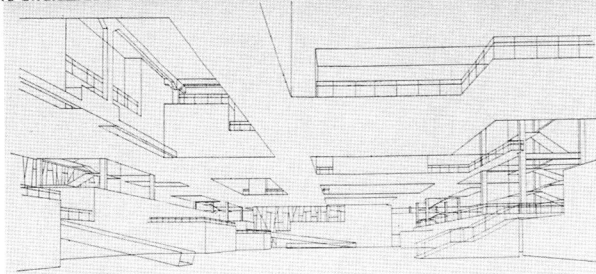

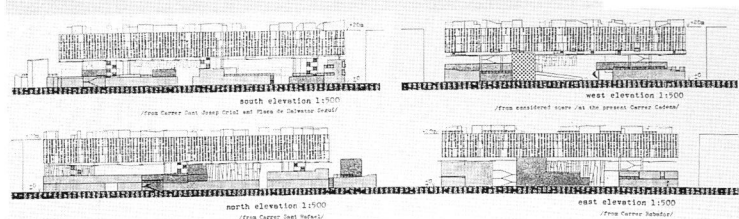

south elevation 1:500

west elevation 1:500

north elevation 1:500

east elevation 1:500

CHB

KARINE HERMAN
DANIEL DELGADO

L'encant al Barri Xino li ve dels carrers estrets. Són el lloc paradigmàtic de relació entre les persones. Cal conservar l'acumulació de les activitats de dia i la sobredosi d'urbanitat que constitueixen la riquesa popular del barri. Més que separar el veïnat, aquest projecte pretén unificar-lo. Creiem en l'intercanvi, en la tolerància.

The Barrio Chino owes its charm to its narrow streets. These are the paradigm sites of interpersonal contact. The accumulation of day to day activities and the overdose of urbanity which gives this area its popular richness must be ensured. Rather than dividing the neighbourhood, this project seeks to unite. We believe in interchange, in tolerance.

El Barrio Chino debe su encanto a sus calles estrechas. Son el lugar de relación con el otro. Es preciso conservar la acumulación de lo cotidiano y la sobrecarga de urbanidad que constituyen la riqueza popular del barrio. Más que separar sobre el territotio, el proyecto quiere reunir. Cree en el intercambio, en la tolerancia.

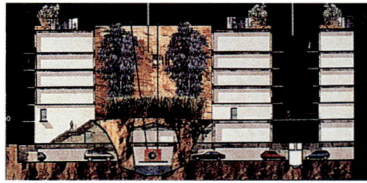

JACEK SYROPOLSKI
ËWA STANISLAWSKA
MAREK LANCUCKI

S'ha conservat l'illa tradicional de l'Eixample de Barcelona amb els seu pati interior. Un gran jardí que penja al costat de l'arquitectura situada dins seu. Al nivell superior, els vianants es troben directament amb les branques dels arbres.

The traditional city block of Barcelona's Eixample with its interior garden has been respected. A great hanging garden next to the architecture situated within it. On the upper level, the passers-by directly encounter the tree tops.

Se ha respetado la tradicional manzana del ensanche barcelonés con una plaza verde en su interior. Gran jardín colgante junto a la arquitectura en él situada. En el nivel superior, los paseantes se encuentran directamente con las copas de los árboles.

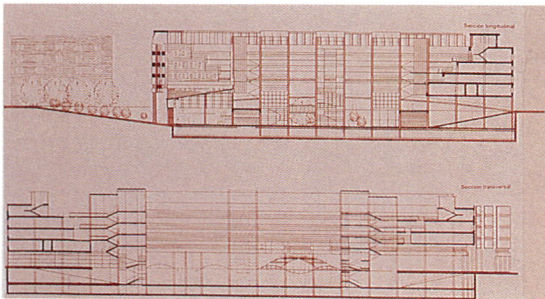

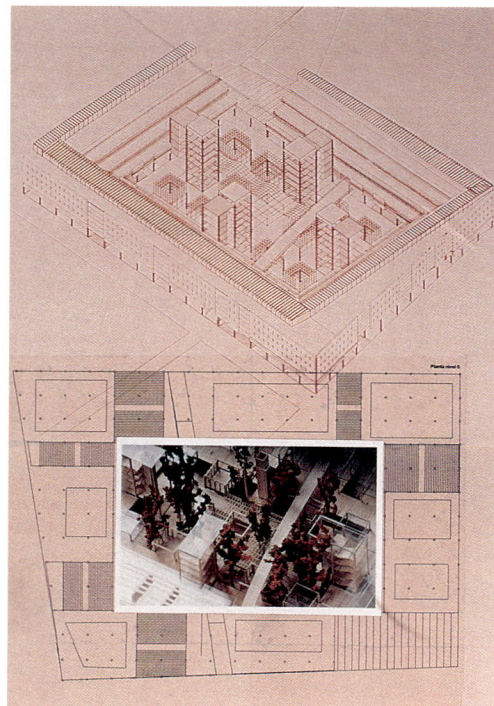

Premi Prize Premio
e des Ingénieurs et Architectes, Beyrouth

NAMI KOMATSU
NAOKI SONODA
ATSUMI HAYASHI
HIROYUKI MIYABE

Tres escales urbanes presents al solar.
Escala 1: en resposta al canvi en el veïnat de resultes de la rehabilitació del barri històric de Barcelona. La façana exterior funciona com una superfície de relació i un esmorteïdor dels canvis possibles de l'àrea, deixant lloc als canvis fora del solar mentre es preserva l'estabilitat de l'espai habitable en l'interior.
Escala 2: assegurar l'espai públic i semipúblic dins el solar.
Escala 3. organització de l'habitatge sensible als canvis en la composició de la família.

Three urban scales present in the site.
Scale 1: responding to the change in the surrounding neighborhood resulting from the renovation of the historical district in Barcelona. The outer facade functions as a plane of interface and a buffer against possible changes in the surrounding area, leaving allowance for changes outside the site while preserving stability of the living enviroment within.
Scale 2: securing public space and semi-public space within the site.
Scale 3: Residential planning responsive to the change in family members.

Tres escalas urbanas presentes en el lugar.
Escala 1: respondiendo al cambio en el vecindario, resultado de la renovación del centro histórico de Barcelona. La fachada exterior funciona como un plano de comunicación y un amortiguamiento a los posibles cambios del área circundante, permitiendo los cambios fuera del solar mientras se preserva la estabilidad del espacio habitable en el interior.
Escala 2: garantizando el espacio público y semipúblico dentro del solar.
Escala 3: planificación de la vivienda sensible a los cambios en la composición familiar.

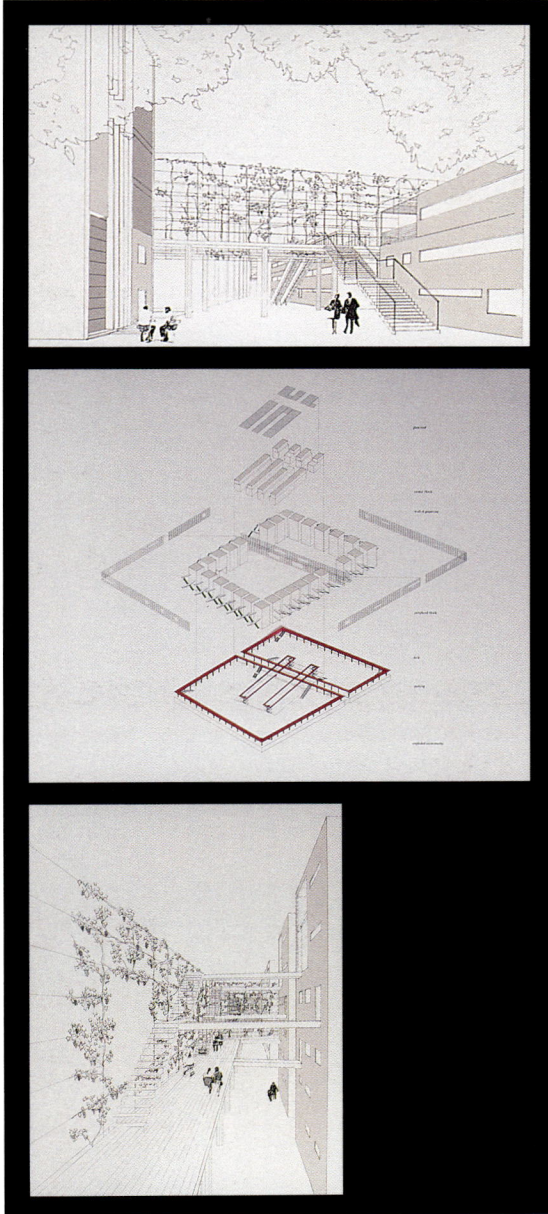

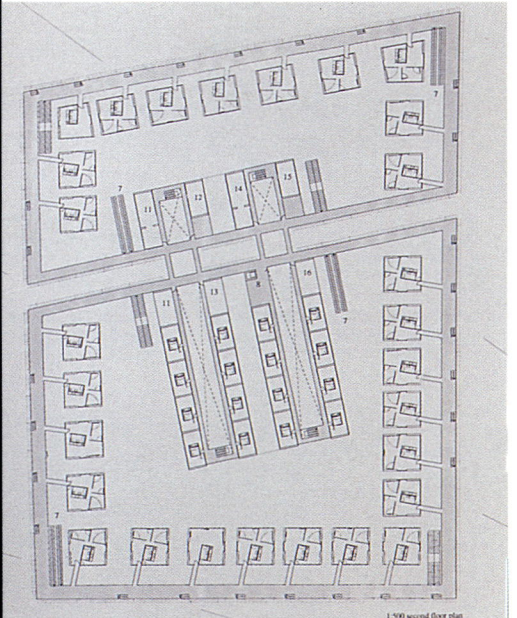

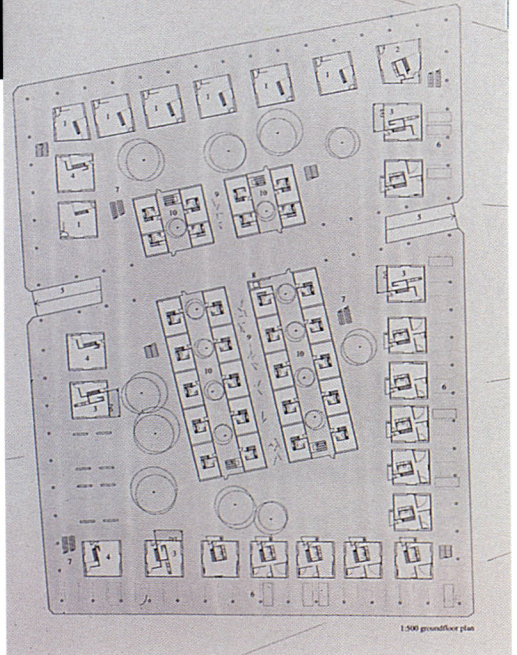

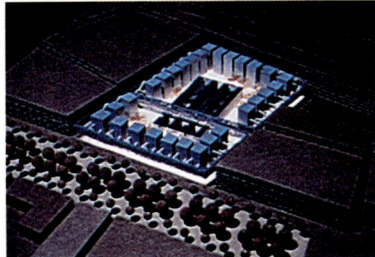

CHB

ELIZA PAWLIK
MARCIN SZCZESIUK
MONIKA WILCZEK

La partició del terreny facilita la integració amb el teixit urbà i dóna un pretext pels canvis successius en l'edifici. La identificació de l'espai està assegurat per un disseny individual de cada illa d'habitatges. L'esquema modular dels pisos permet una personalització dels apartaments per a cada propietari.

Partition of terrain provides good integration with city fabric and gives a pretext for successive changes in existing building. Identification of space is secured by individual design of each housing block. The modular layout of flats enables easy customisation of flats for individual tenants.

La fragmentación del suelo proporciona una buena integración con el tejido de la ciudad y da un pretexto para sucesivos cambios en la edificación existente. La identificación del espacio es asegurada por el diseño individual de cada manzana de viviendas. La distribución modular de las viviendas permite una fácil personalización de los apartamentos para cada propietario.

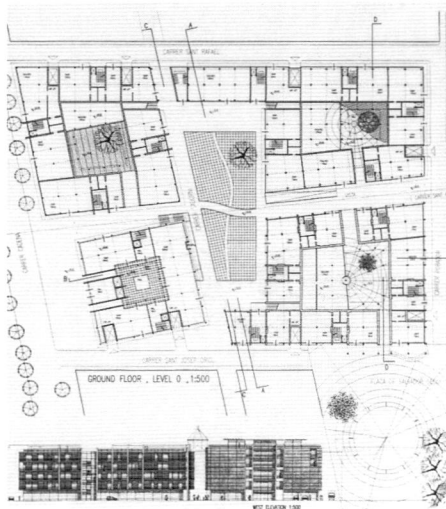

ARTURO DE VISA JAMBRINA
CARLOS GRAS FERNANDEZ
FRANCESC ROLLON RICO

Reorganitzar els recorreguts locals, reforçats per mitjà de la construcció d'edificis de serveis. Crear espais públics que revitalitzin la vida social de la ciutat. Flexibilitat en la implantació i en l'habitatge.

The reorganization of the local routes, strengthening these by means of the construction of service buildings. The creation of public spaces which revitalize the city's social life. Flexibility in siting and in housing.

Reorganizar lo recorridos locales, apoyándolos con la construcción de equipamientos. Crear espacios de dominio público que revitalicen la vida social ciudadana. Flexibilidad en la implantación y en la vivienda.

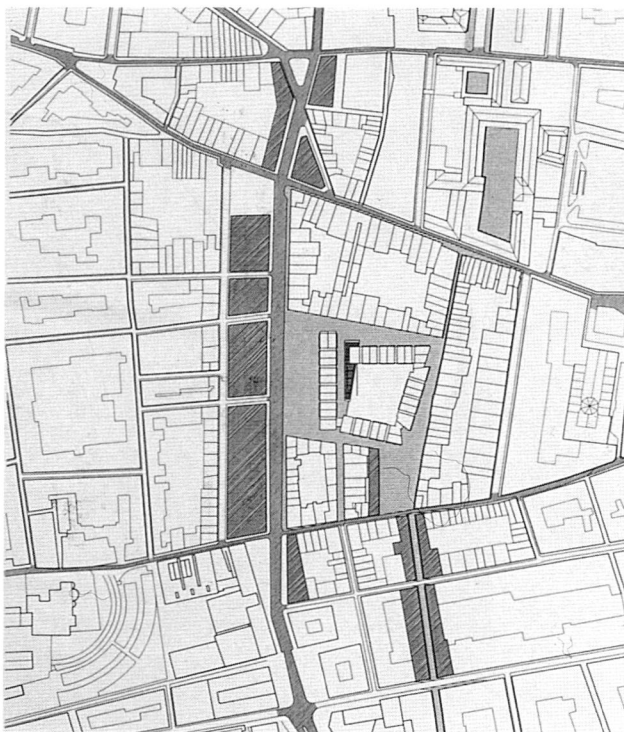

Premi Prize Premio
Unión Nacional de Arquitectos
e Ingenieros de la Construcción de Cuba,
Arch+

CARLES CASABLANCAS
MARTA PERIS

Buscar, tant com sigui possible, el caràcter genuí de l'indret, més que la vista de postal. L'edifici proposat s'adapta segons els requeriments dels voltants, es tanca com en ≠una mena de laberint on la buidor i la solidesa s'entrellacen, els edificis i els espais de la ciutat, la seva essència...

To search, as far as possible, for the genuine character of the place, rather than the postcard view. The proposed building, adapting itself according to the requirements of its surroundings, closes in like a kind of labyrinth where solid and void intermingle, the buildings and the spaces of the city, their essence...

Buscar, en lo posible, el verdadero carácter del lugar, no la postal. El edificio propuesto, deformándose ante las necesidades de su entorno, se cierra como una suerte de laberinto donde se entrelazan el vacío y la materia, los edificios y los espacios de la ciudad, su esencia...

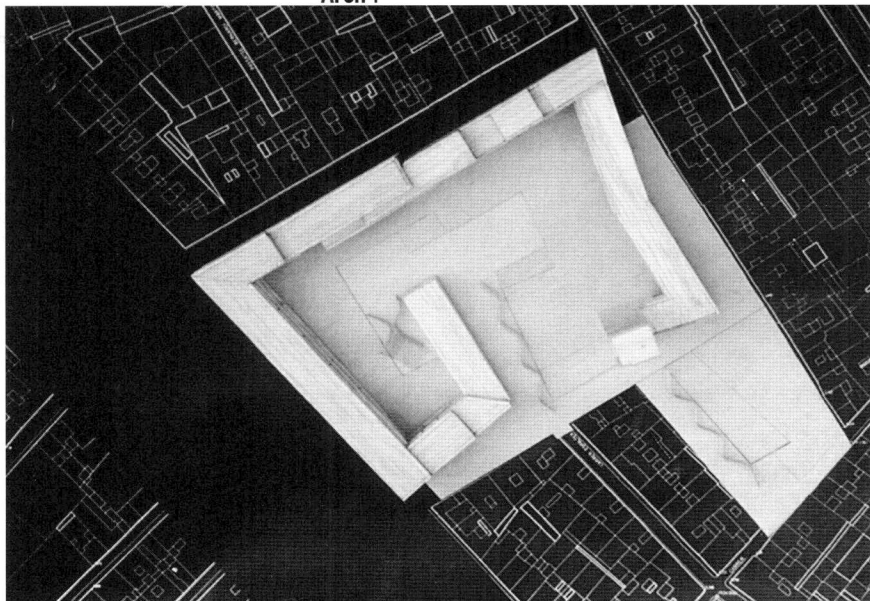

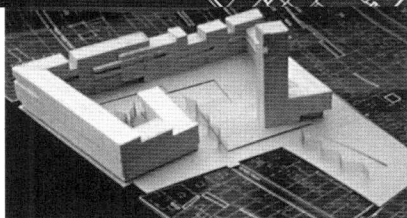

FRANCISCO BELLÓN ARIAS
JUAN IGNACIO BURGOS BLANCO
RAFAEL POWLEY DÍAZ
RAFAEL REYES CABANÁS

L'esquema havia de ser permeable per no aïllar encara més l'espai urbà i oferir diferents graus de privacitat als habitants. Calia que oferís un contacte social extens. Les façanes interiors havien de reflectir el pas del temps, l'època de l'any, la vida que amaga a l'interior.

The scheme had to be permeable in order to avoid further isolation of the urban space and to offer different degrees of privacy to the inhabitants. It had to offer a wide range of social contacts. The interior facades had to reflect the passing of time, the time of year, the life concealed in the interior.

El esquema debía ser permeable para no aislar aún más el espacio urbano y ofrecer distintos grados de privacidad para los habitantes. Debía ofrecer un contacto social extenso. Las fachadas interiores debían reflejar el paso del tiempo, la época del año, la vida que esconde en su interior.

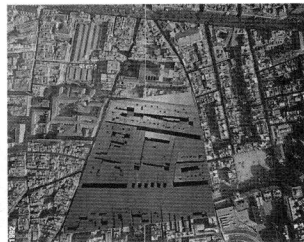

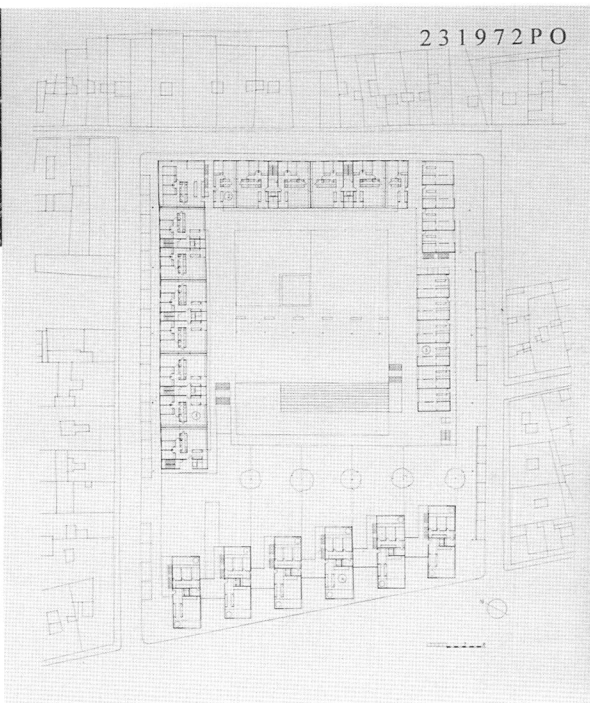

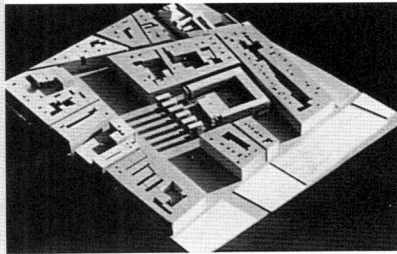

231972PO

CHB

JORGE LÓPEZ VELOSO
V.M. CABRERA, D. GIL, E. SOSA
L. SUÁREZ, N. AGUADO, S. GÓMEZ,
P.L. HERNÁNDEZ, J.M. LEÓN,
M.A. SOSA, J.A. DÍAZ, P. LÓPEZ,
J. MARCHENA, K. MARTÍNEZ, L. OMAR,
M.C. ROMERO, E. SUÁREZ, F.J. BORDES

L'illa de cases està disposada per capes, tant de planta com de secció i els volums es diposen de tal manera que l'espai que dóna a la Rambla està ocupat per un cos continu de caràcter semipúblic, que és permeable al nivell del carrer. Els volums restants estan disposats en una altra direcció.

The city block is set out in layers, both on plan and in section. The volumes are distributed in such a way that the space facing the Rambla is occupied by a continuous body of a semi-public character which is permeable at street level. The remaining volumes are laid out in the other direction.

La manzana se extiende por capas tanto superficiales como en altura y los volúmenes se disponen de tal manera que el espacio que da hacia la rambla está ocupado por una pieza continua de carácter semipúblico permeable en su nivel de calle. En el otro sentido se disponen las piezas más privadas.

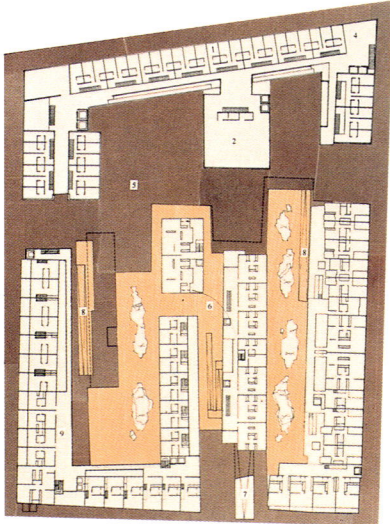

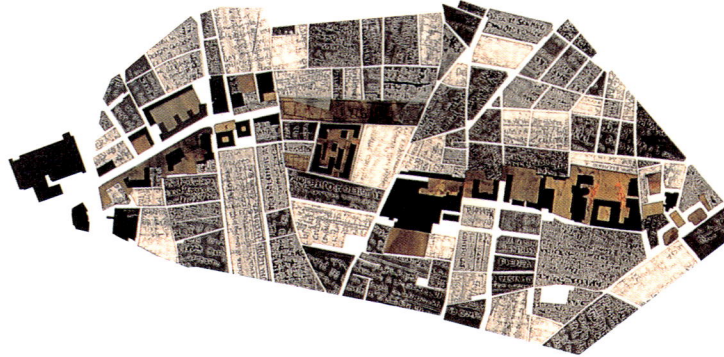

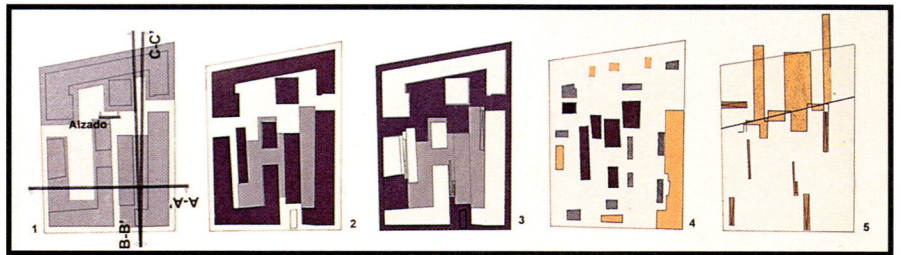

JAVIER GALLEGO TORNEIRO
J. CORREA, S. ESPINO, A. HANNA
A. MARTÍN, F. DE L PINO,
I. VILLEGAS, S. NÚÑEZ, M. GARCÍA
J.A. RIULOBA, E. LLORCA
F. FALCÓN, E. SANZ

Garantir que l'aire no trobi obstacles en el seu recorregut lliure. Es tracta d'un sòlid perforat en el qual els usos diferents no estan tractats d'una manera convencional. L'espai obert s'eleva i permet que l'habitatge es quedi amb una part del terra pel seu propi ús.

To guarantee that the air meets with no obstacles to its free circulation. We are concerned here with a perforated solid in which the different uses are not treated in a conventional manner. The open space rises and allows the housing to take over a part of the ground for its own use.

Garantizar que el aire no encuentre obstáculos en su libre recorrido.
Hablamos de un sólido perforado donde los diferentes usos no son tratados de manera convencional. El espacio libre asciende y posibilita a las viviendas capturar una porción de suelo para su disfrute.

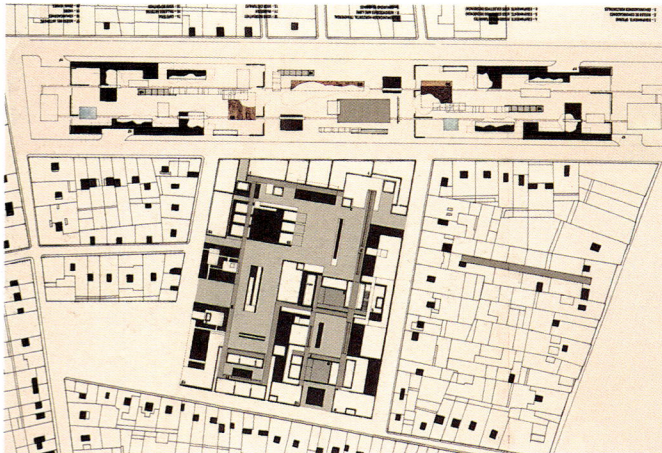

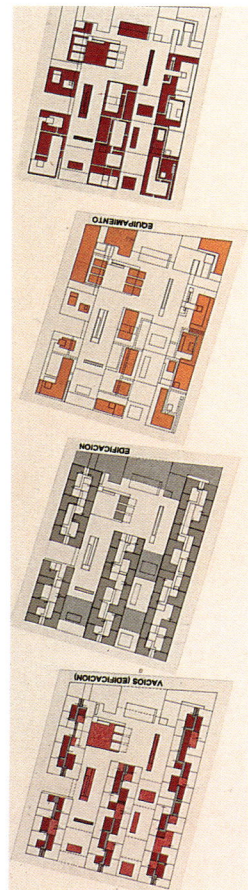

Premi Prize Premio
Union of Architects of Russia

CARLOS PATRICIO GONZÁLEZ

Aquest projecte té en compte la diversitat de la població local, la memòria urbana amb els seus esdeveniments particulars. L'objectiu és contrarestar la situació de semigueto en què es troba el lloc, per mitjà de l'ús de l'arquitectura.

La ubicació dels edificis conforma una sèrie d'espais a nivell de planta baixa als quals els residents poden assignar-ne les funcions que vulguin.

This project takes into account the diversity of the local population, the urban memory with its particular events. The aim is to counteract the semi-ghetto condition of the area through the use of architecture.

The siting of the buildings creates a series of spaces at ground level to which the residents may designate their own chosen functions.

Este proyecto tiene en cuenta la diversidad de la población local. La memoria urbana con sus propios hechos. A través del uso de la arquitectura se pretende luchar contra la situación de semi guetto en que se encuentra el lugar.

La ubicación de los edificios genera una serie de espacios a nivel de planta baja cuyos usos pueden ser asignados por los residentes.

Premi Prize Premio
Royal Australian Institute of Architects

SANTIAGO VINUESA.
NÚRIA SOLÉ. M. JOSÉ PACHECO.
RICARD TORRES

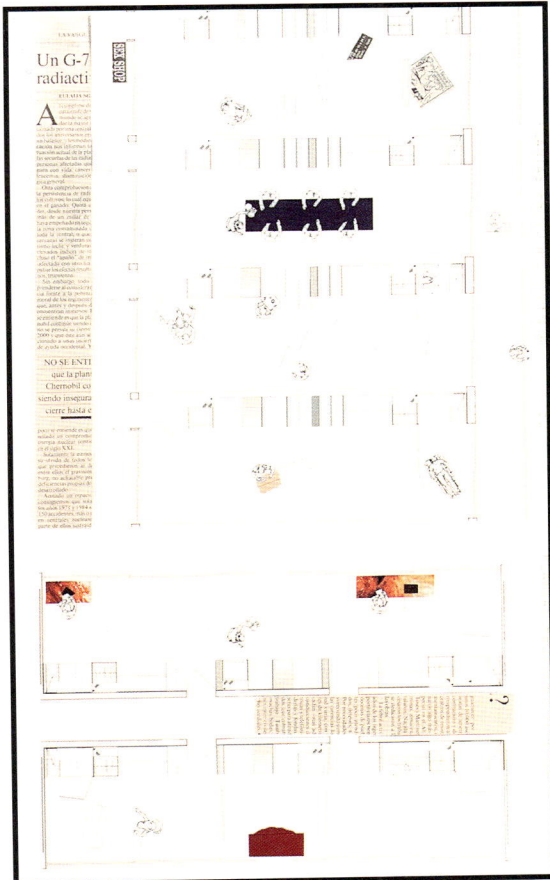

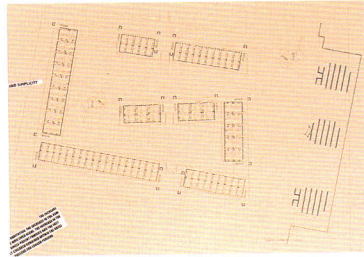

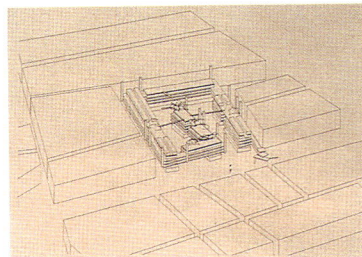

Mutació social. Estil de vida canviant. Nous conceptes de vida. Incorporació de la tecnologia a l'habitatge. Treball temporal — habitatge temporal. HABITATGE INDUSTRIALITZAT. Una banda activa formada per mòduls industriables de 150 x 90 cm, específics en funció, que alliberen i es fan seus l'espai. Tot és la cuina. Tot és la cambra de bany. Tot és la sala d'estar.

Social mutation. Evolving way of life. New concepts of life. Incorporation of technology into the dwelling. Temporary work — temporary dwelling. INDUSTRIALISED HOUSING. An active band formed by industrialized modules of 150 x 90cm, specific in function, which liberate and take over space. Everything is kitchen. Everything is bathroom. Everything is living room.

Mutación social. Modo de vida evolucionante. Nuevos conceptos de vida. Incorporación de la tecnología a la vivienda. Trabajo temporal — vivienda temporal. VIVIENDAS INDUSTRIALIZABLES. Banda activa formada por módulos industrializables de 150x90 cm., específicos en función, que liberan el espacio y se lo apropian. Todo es cocina. Todo es baño. Todo es estar.

CHB

PASSI KINNUNEN
MINNA SOUKKA

L'objectiu de perforar l'estructura de la ciutat és donar als habitants més espai per respirar lliurement, no crear utopies definitives. L'estructura d'illa és un híbrid entre els teixits urbans del Raval i de l'Eixample. Una casa és al mateix temps una petita illa.

The aim in perforating city structure is to give the inhabitants more space to breathe freely, to create ultimate utopias. Block structure is a hybrid between Raval and Eixample city fabrics. A house is at the same time a small block.

El objetivo de perforar la estructura de la ciudad es dar a los habitantes más espacio para respirar libremente, no crear utopías definitivas. La estructura de la manzana es un híbrido entre los tejidos urbanos de el Raval y el Ensanche. Una casa simultáneamente una pequeña manzana.

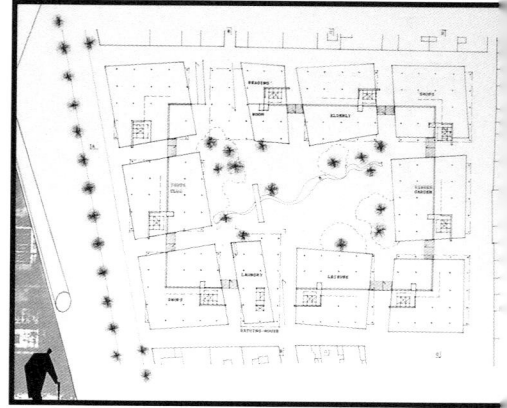

JULIO RIVERA GARAT
DIEGO CLARO
CONSTANTINO HECHT
ALEJANDRO JURADO
DIEGO PEÑA

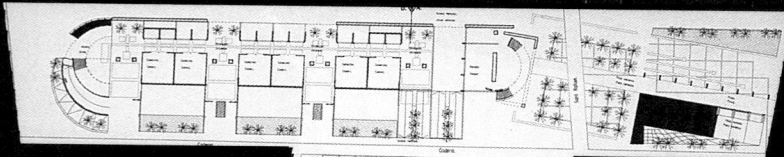

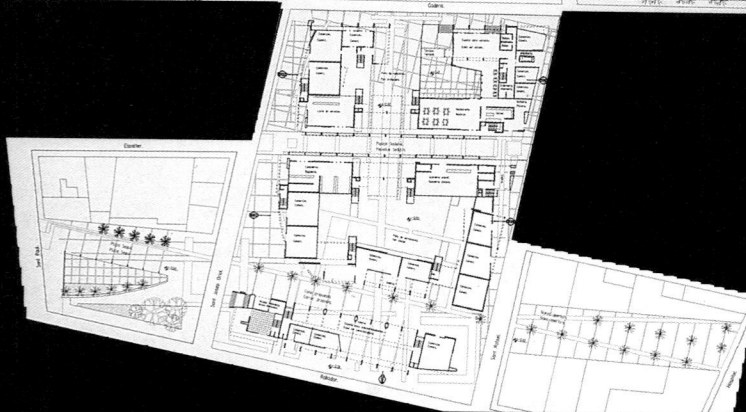

MIGUEL ÁNGEL APESTEGUÍA
ALBERT CIBIACH

El volum col·locat tendeix cap a formes pures que donin serenitat als buidats del barri. Una peça massissa pètria foradada per punts diversos i tres peces lleugeres penjant de l'anterior i elevades del terra produint la filtració entre espais. Es tracta d'esponjar al màxim l'espai donat.

The proposed volume inclines towards pure forms which give a serenity to the voids in the neighbourhood. A solid stone volume perforated at various points and three lighter forms hung from the first, and raised above the ground, allowing communication between the different spaces. The aim is to liberate the given area to the greatest possible extent.

El volumen colocado tiende hacia formas puras que den serenidad a los vaciados del barrio. Una pieza pétrea maciza agujereada en varios puntos y tres piezas ligeras colgando de la anterior y elevadas del suelo produciendo la filtración entre espacios. Se trata de esponjar al máximo el espacio dado.

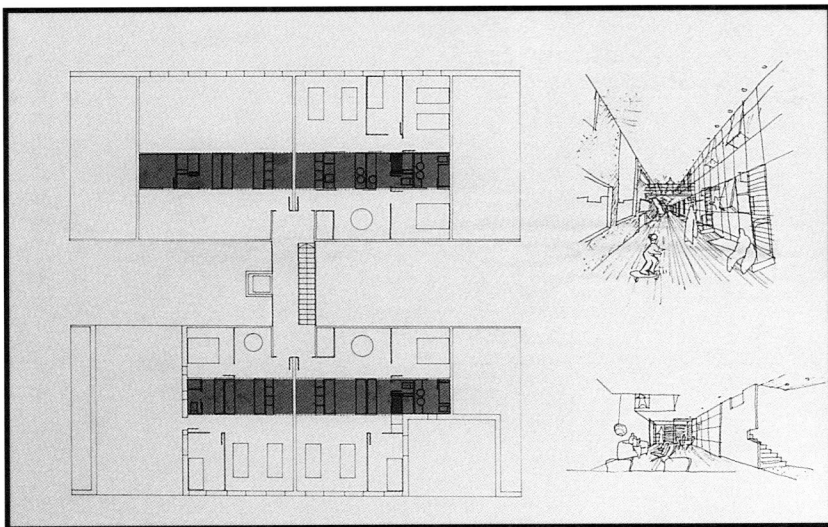

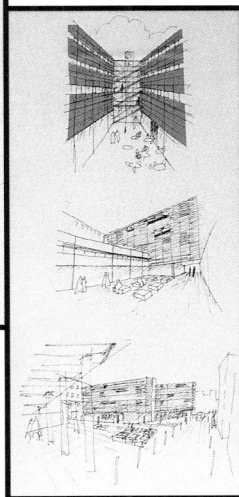

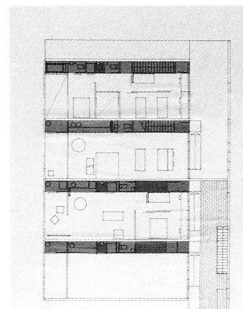

ESTEBAN DÍAZ AMUNÁRRIZ
RAFAEL ROJO

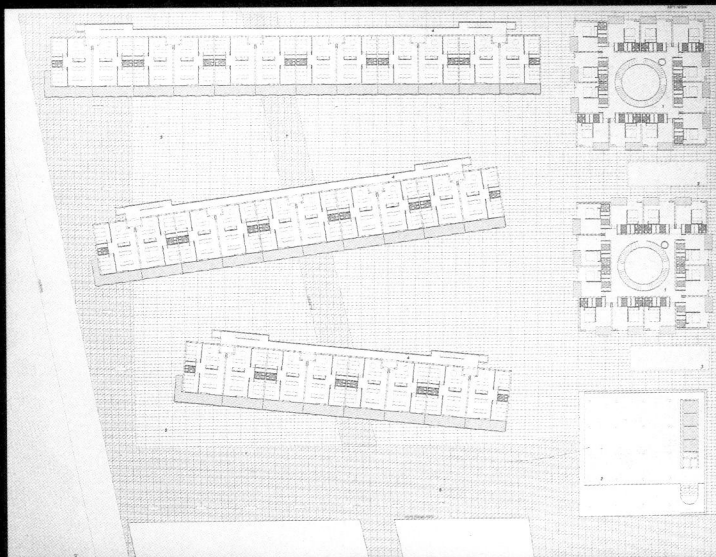

CHB

BLAZ KRIZNIK
GREGOR GOJEVIC
BOJAN PURG
VASJA ZUPAN

Premi Prize Premio
Ordre des Ingénieurs et Architectes, Beyrouth,
Architektur Zentrum Wien

El centre en el sentit tradicional de la paraula desapareix i en el seu lloc s'estableix una nova xarxa d'espais urbans.
Aquí els espais inferiors estan ocupats amb programes públics que canvien constantment, dels quals el veïnat sencer podria gaudir. Les unitats residencials etan agrupades a les plantes superiors.

The centre in the traditional sense of meaning is disappearing. Instead of that, the new network of urban spaces is being set up.
Here, the lower levels are occupied with open public and constantly changing program from which the entire neighbourhood could have a benefit. The housing units are grouped in upper floors.

El centro en el sentido tadicional de la palabra está desapareciendo. En su lugar, se establec la nueva red de espacios urbanos.
Aquí, las plantas bajas están ocupadas por un programa público y constantemente cambiante del cual el barrio al completa puede beneficiarse. Las unidade residenciales se agrupan en las plantas superiores.

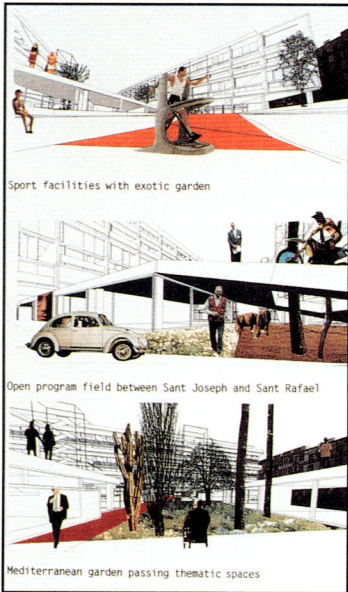

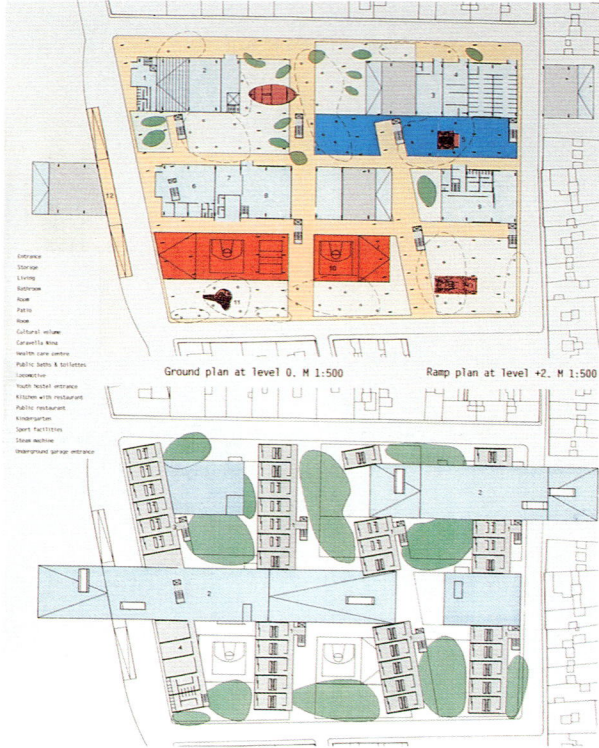

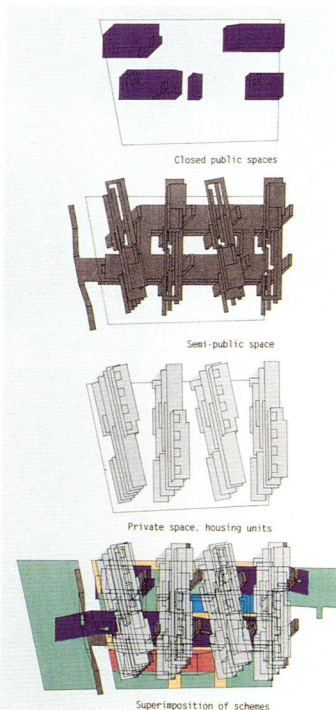

Sport facilities with exotic garden

Open program field between Sant Joseph and Sant Rafael

Mediterranean garden passing thematic spaces

Ground plan at level 0. M 1:500

Ramp plan at level +2. M 1:500

Roof plan at level +6. M 1:500

Closed public spaces

Semi-public space

Private space, housing units

Superimposition of schemes

116

Premi Prize Premio
r Odasi – Turkish Chamber of Architects

TINA GREGORIC
ALEXANDRA DOLENC

El codi de barres com a principi urbà fa una analogia a la interpretació contemporània de la indeterminació, la dinàmica i la complexitat. El caràcter real s'obté només de l'absorció de tots els fragments del conjunt i considera el moviment com l'eina principal de lectura.
El codi de barres pemet una dinàmica infinita. Qualsevol canvi fragmentari influencia la redefinició del conjunt.

**Bar code as an urban principle makes an analogy to the modern city interpretation of undetermination, dynamic and complexity. The real character derives only from absorbing all fragments of the whole, considering movement the main reading tool.
Bar code allows never-ending dynamic. Any change of fragment influences the total redefinition of the whole.**

Código de barras como principio urbano establece una analogía con la interpretación contemporánea de la indeterminación, la dinámica y la complejidad. El verdadero carácter se consigue sólo con la absorción de todos los fragmentos del conjunto, considerando el movimiento como la herramienta principal de lectura.
El código de barras permite una dinámica infinita. Cualquier cambio fragmentario influencia la redefinición del conjunto.

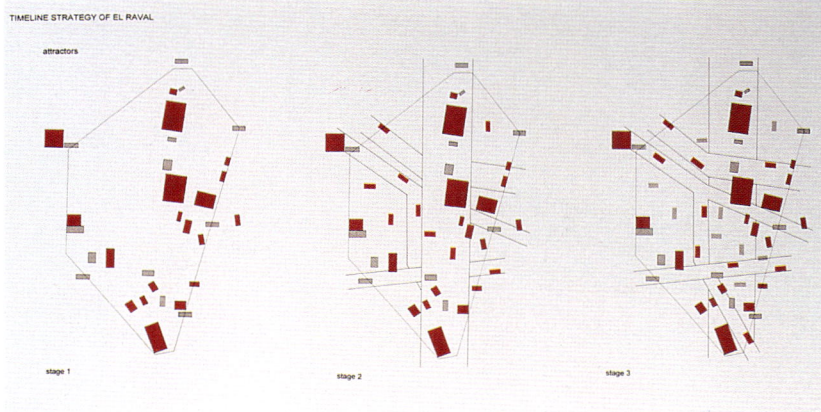

TIMELINE STRATEGY OF EL RAVAL

attractors

stage 1   stage 2   stage 3

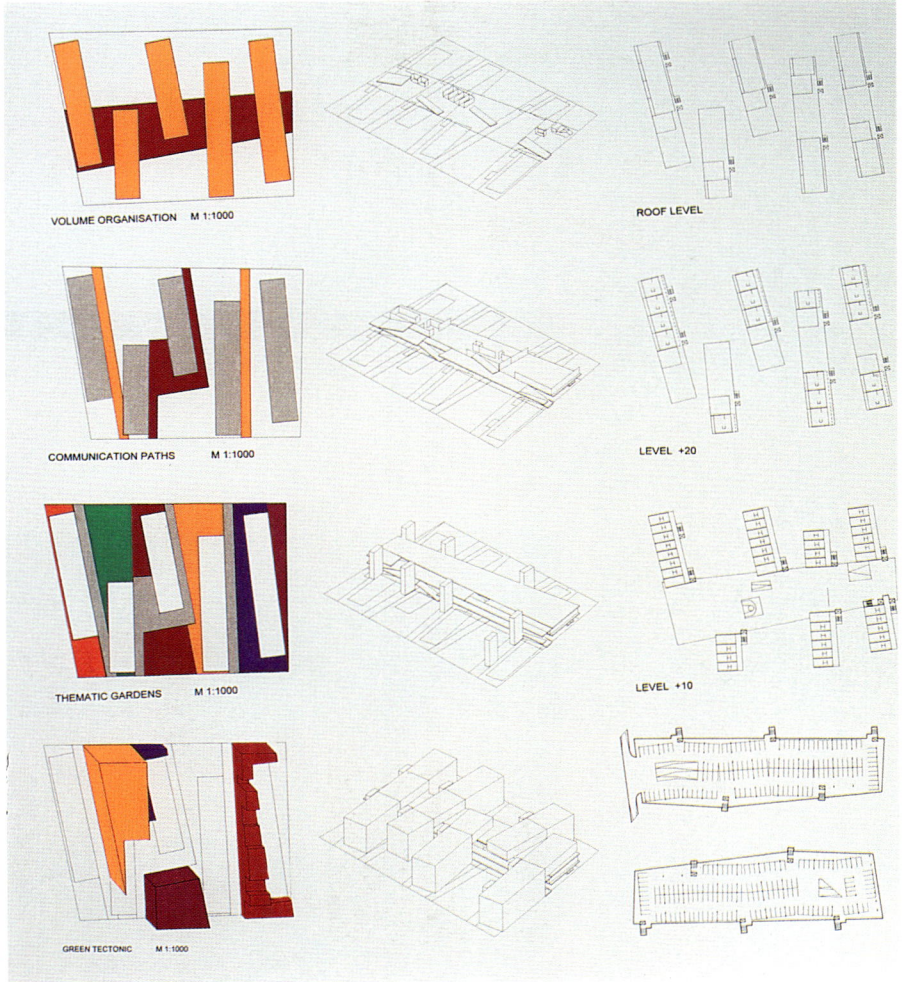

VOLUME ORGANISATION   M 1:1000

COMMUNICATION PATHS   M 1:1000

THEMATIC GARDENS   M 1:1000

GREEN TECTONIC   M 1:1000

ROOF LEVEL

LEVEL +20

LEVEL +10

CHARLOTTE BIRN
EVA GJESSING
JOHANNA PETERSSON

La proposta es composa de llargs volums edificats i d'un espai exterior a l'ombra sota els arbres que estenen l'estructura construïda i creen una façana verda i activa cap a la plaça. La distribució dels edificis està basada en un desig de separar la massivitat, i crear passatges a l'ombra per gaudir de l'aire lliure i de les vistes exteriors.

The proposal consists of length building volumes and a shady outdoor room beneath trees which extend the built structure creating a green and vigorous front towards the plaza. The layout for the buildings is based a wish to split up the massivity forming shady passages for fresh air and outlook.

La propuesta se compone de largos volúmenes edificados y un espacio exterior a la sombra bajo los árboles que extienden la estructura construida creando una fachada verde y activa haci la plaza. La distribución de los edificios está basada en el deseo de separar la masividad, formando pasajes a la sombra para disfrutar del aire fresco y vistas exteriores.

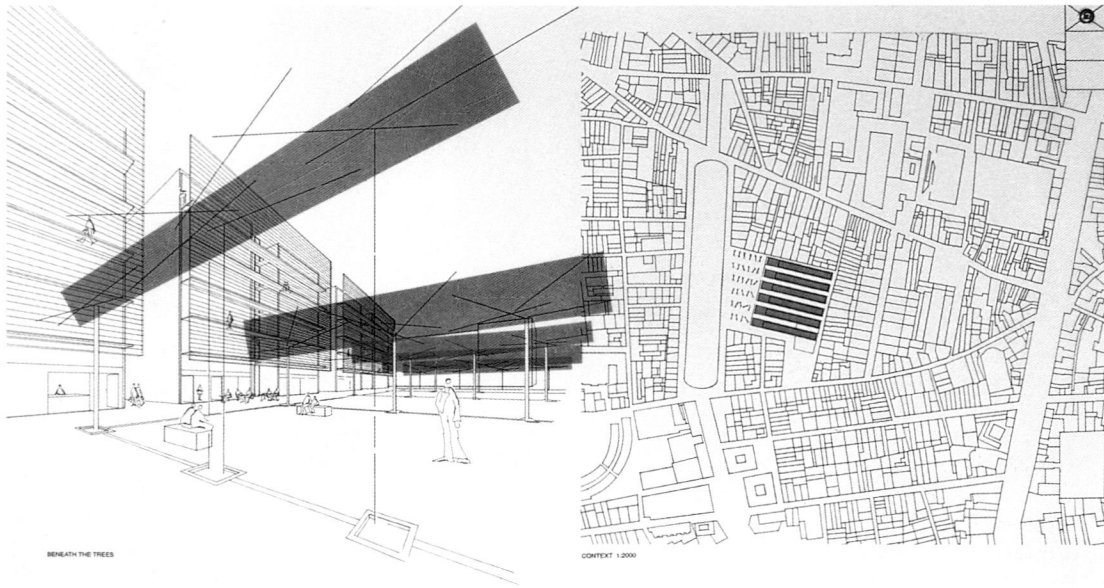

BENEATH THE TREES

CONTEXT 1:2000

PARIS

YVES PASCAL ROMER

L'edifici proposat és lineal i es disposa paral·lel a la nova avinguda. Cal que sigui reforçada, estructurada. Les galeries d'accés als habitatges permeten als habitants d'apropiar-se de tot l'espai. Les àrees de transició entre la ciutat i l'habitatge són llocs on els veïns es troben.

The proposed building is linear and is laid out parallel to the newly created avenue. It must be reinforced, structured. The access galleries serving the apartments allow the inhabitants to appropriate the whole space. The areas of transition between the city and the dwelling are the places where people can meet.

El edificio del proyecto es lineal y se sitúa paralelamente al paseo de nueva creación. Lo refuerza y estructura. Las pasarelas de acceso a las viviendas permiten a los habitantes apropiarse de todo el espacio. Las zonas de transición entre la ciudad y la vivienda constituyen los lugares de encuentro entre vecinos.

CY150291

PLAN MASSE Ech 1/500

Premi Prize Premio
Section Française UIA

JAIME SICILIA FERNÁNDEZ-SHAW

L'objectiu del projecte és oxigenar el Raval, tot i mantenint certes proporcions d'escala amb l'entorn. L'habitatge i l'espai públic, tractats d'una manera global, i no com una suma de parts, acullen els nous fluxos i trànsits a través de l'espai públic. El sistema està concebut en el seu conjunt per proporcionar una lectura sempre canviant de l'espai, al mateix temps que la llum canvia i el temps passa, sempre vivint una experiència multisensorial.

The project has the intention of oxygenating El Raval, keeping certain proportions of scale with its surroundings. Housing and public space are treated in a global way, and not as an addition of parts, accommodating the new flows and transits through the public space.
The whole system is designed to give an ever changing reading of space, as the light changes and as time goes by, always living a multisensorial experience.

El proyecto tiene la intención de oxigenar El Raval manteniendo ciertas proporciones de escala con los alrededores. La vivienda y el espacio público se tratan de un modo global y no como una suma de partes, acomodando los nuevos flujos y tránsitos a través del espacio público.
El sistema está diseñado para proporcionar una lectura del espacio siempre cambiante, al igual que la luz cambia y el tiempo fluye, siempre viviendo una experiencia multisensorial.

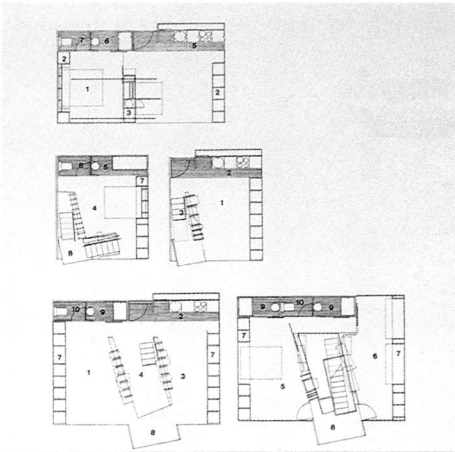

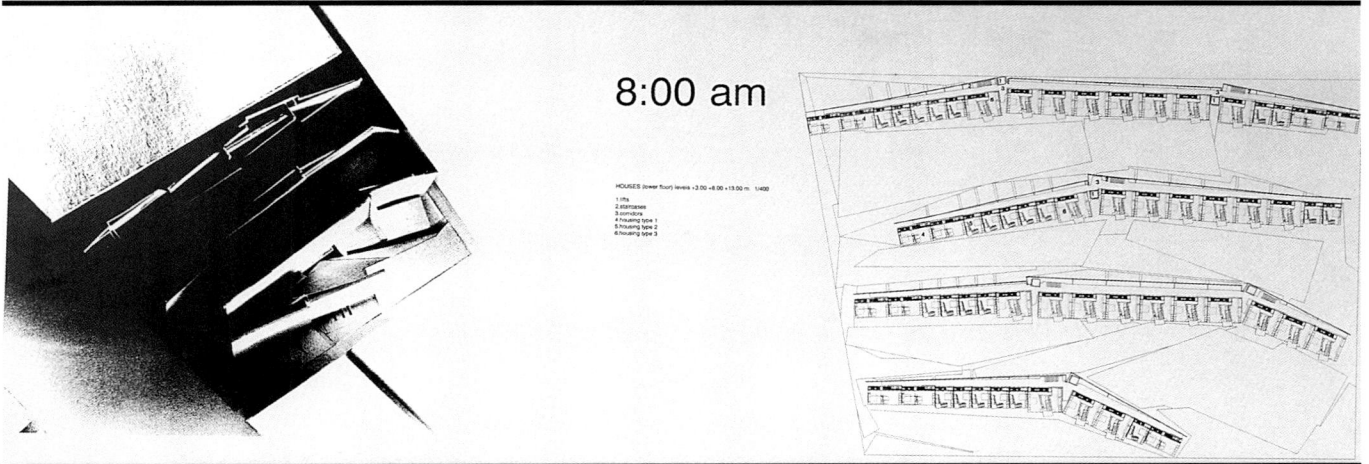

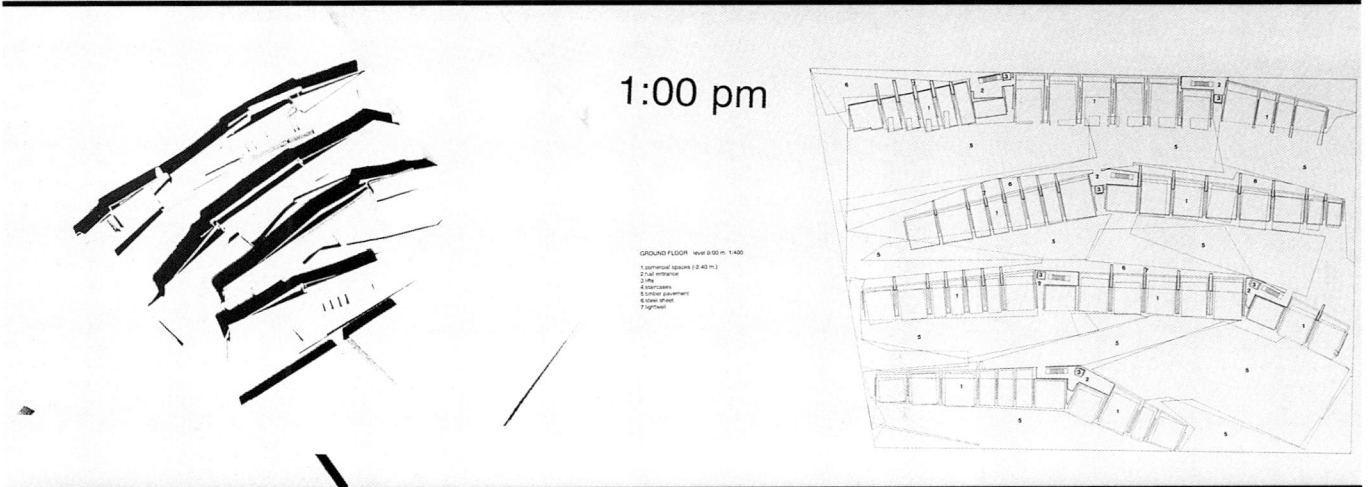

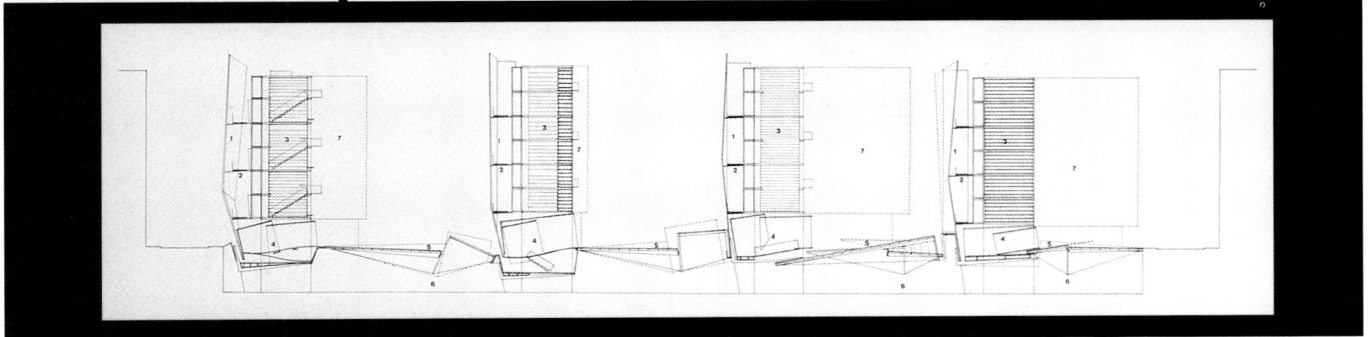

8:00 am

1:00 pm

CHB

**Premi Prize Premio
Architektur Zentrum Wien**

MARÍA ASUN OSES
MAIDER ALUSTIZA
IRMA OTEGUI
MARTA PALACIOS
AITZIBER RUBIO

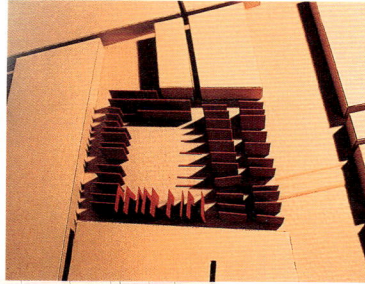

Memòria. Conservar la memòria de la ciutat seguint les traces que ha deixat.

Entre els murs. El mur, no com a contenidor de les instal·lacions, però com un suport per acollir els espais de l'habitatge.

Moviment. Ciutat, carrers, façanes, habitatges, mobles, terrasses, jardí.

Memory. To conserve the memory of the city through its traces.

Between walls. The wall, not a container of services, but rather as a support to shelter the spaces of the dwelling.

Movement. City, streets, facade housing, furniture, terraces, garden.

Memoria. Conservar la memoria de la ciudad a través de sus huellas.

Entremuros. Muro no como contenedor de las instalaciones si como apoyo para cobijar los espacios de las viviendas.

Movimiento. Ciudad, calles, fachadas, viviendas, muebles, terrazas, jardín.

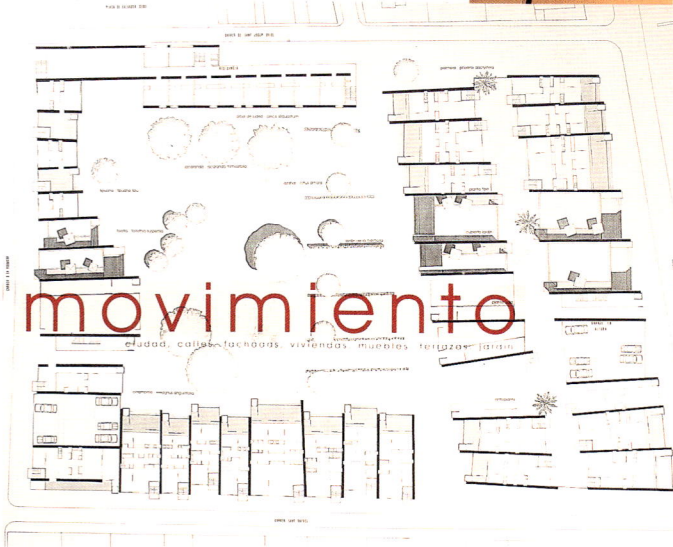

movimiento
ciudad, calles, fachadas, viviendas, muebles, terrazas, jardín

---

BARCELONA

ANNA CODINA
ANNA LLIMONA

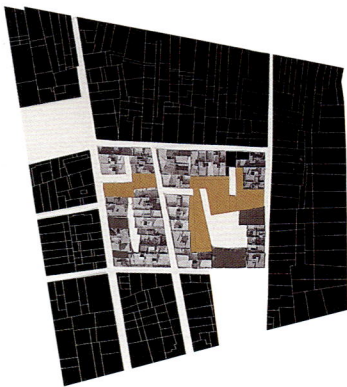

Davant d'una realitat complexa, es proposa una solució que es pot adaptar al conjunt del centre històric. La intervenció es localitza en les àrees abandonades, netejant-les i creant espais públics i de serveis. Els habitatges són un mòdul adaptable als buits que han deixat els habitatges enderrocats.

Confronted with a complex reality, a solution which can be adapted to the whole of the historic centre is proposed. The intervention is located in the abandoned areas, cleaning them up and creating public space and services. The dwelling is a module adaptable to the voids which have been left by demolished housing.

En frente a una realidad compleja, se propone una solución extrapolable a todo el casco antiguo. Intervenimos en las zonas desocupadas limpiándolas y creando espacio público y de equipamientos. La vivienda es un módulo adaptable a los vacíos que han ido dejando las viviendas derribadas.

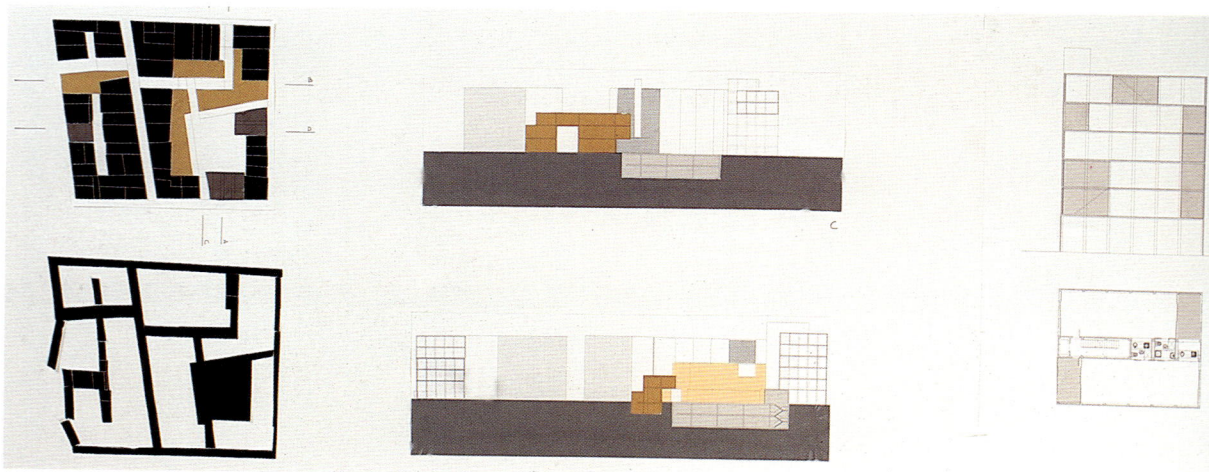

Premi Prize Premio
Iberia, las líneas aéreas de España

XOAN M. MOSQUERA
RICARDO PARIENTE

Les primeres intervencions (públiques) d'higienització (MACBA, CCCB) van servir com a base per projectes posteriors; van reconstruir (inventar) el significat de la ciutat (el Raval), eren com avisos d'expulsió per a l'habitant de l'indret, avisos del que s'acostava... façanes que mai no havien vist la llum del sol, arrugades com el cartró davant per davant a la nova plaça.

A partir d'una sèrie de murs habitables en forma d'habitatge, la penetració continua cap al nord, gestionada per l'administració. Aïllats, els habitants originals de cada sector veuran les seves condicions enrarides pel mur de nous habitatges.

The first (publicly funded) clearing interventions (MACBA, CCCB) served as a basis for subsequent projects; they reconstructed (invented) the meaning of the city (El Raval), they served as eviction notices to the inhabitants, warnings of what was coming... facades which had never been touched by the sun, crumpled up like cardboard looking onto the new square.

By way of a series of habitable walls in the form of housing the penetration continues northwards, managed by the public authorities. Isolated, the original inhabitants of each sector will see their living conditions rarified on being surrounded by the wall of new housing.

Las primeras intervenciones (públicas) de higiene (MACBA, CCCB) servían de base para actuaciones posteriores, reconstruían (inventaban) el significado de la ciudad (del Raval), eran para el habitante del lugar avisos de expulsión, avisos sobre lo que se avecinaba...fachadas que nunca habían recibido la luz del sol, se arrugaban como el cartón, enfrentadas a la nueva plaza.

Era necesario desarrollar fórmulas de colonización...se va penetrando hacia el norte a partir de un sistema de muros habitables en forma de vivienda, gestionados por la administración. Aislados, los viejos habitantes de cada demarcación, verán enrarecidas sus condiciones de vida rodeados por el muro de nuevas viviendas.

Premi Prize Premio
Stowarzyszenie Architektów Polskich – Association of Polish Architects

SILVIA AHRER
VERENA PUCHMAYR

NO: Destrucció de barris històrics i estructures consolidades de la ciutat.
SINÓ: Intervencions només en certs indrets. Renovació pas a pas. Millora de la qualitat de vida. Establiment d'un punt de trobada per a la població del Raval.
MITJANÇANT LA CREACIÓ DE: un parc públic. Un centre de comunicació. Condicions d'habitatge modernes.

NO: Destruction of whole historical quarters and grown structures of the city.
BUT: Interventions only in certain points. Renovation step by step. Improvement of the quality of living. Establishment of a meeting place for the population of El Raval.
BY CREATION OF: A common park area. A communication centre. Modern housing conditions.

NO: Destrucción de barrios históricos enteros y estructuras consolidadas de la ciudad.
SINO: Intervenciones sólo en ciertos puntos. Renovación paso a paso. Mejora de la calidad de vida. Creación de un lugar de encuentro para la población de EL Raval.
MEDIANTE LA CREACION DE: Un parque público. Un centro de comunicación. Condiciones de vivienda modernas.

CHB

DOMINIQUE DESMET
JEAN PIERRE VINCESLAS
GUILLEMETTE KARPELÈS

Premi Prize Premio
Royal Australian Institute of Architects

El procés de renovació ja ha comportat enderrocar bastants edificis; es proposa respectar la història i la naturalesa de l'indret. Cal evitar l'expropiació de la població actual. Cal introduir una barreja social.
La decisió de retenir els edificis existents implica una anàlisi de cada edifici. Alhora, s'ha de considerar la construcció de nous edificis per tal de reemplaçar aquells que ja han estat enderrocats o que s'han d'enderrocar.

The process of renovation had already involved considerable demolition; we propose to respect the history and the nature of the site. It is essential to avoid expropriation of the existing population. A social mix must be introduced.
The decision to retain the existing building implies an individual analysis of each building.
At the same time, the construction of new buildings to replace those already demolished or due for demolition must be considered.

Dado que el proceso de renovación del barrio de El Raval ha comportado ya mucha demolición, se propone no continuar sistemáticamente con este modo de intervenir sobre el tejido actual, con el propósito de respetar la historia y el carácter del lugar. Evitar expropiar la población actual. Es preciso introducir una mezcla social.
La elección de conservar el tejido existente implica una autopsia individual de cada edificio. Se debe considerar también la construcción de nuevos edificios reemplazando aquellos ya demolidos o que lo serán.

Premi Prize Premio
Latvijas Arhitektu Savieniba-
Association of Architects of Latvia

ASTRID WUTTKE
DANIEL MACHOLZE

Creiem que és un error obrir avingudes i treure illes senceres. Per contra, creiem que és important per al funcionament del Raval mantenir una certa densitat i acceptar la lògica del veïnat que s'ha desenvolupat al llarg dels segles i modificar-la. Creiem que molts dels edificis vells, encara que es trobin en mal estat, encara tenen el seu valor i es pot treure molt de partit de la convivència entre parts velles i noves.

We consider it an error to open up wide avenues and remove whole city blocks. Instead, we believe that it is important for the functioning of the Raval to maintain a certain density and accept the logic of the neighbourhood that has developed over centuries and modify this. We believe that many of the old buildings, although in a poor state of repair, still have their value and that a great deal can be gained from the coexistence of old and new areas.

Nos preocupamos por la manera actual de reconstruccion en la ciudad vieja. Abrir grandes paseos y quitar manzanas enteras nos parece un error. En cambio, mantener una cierta densidad, aceptar la lógica del barrio que ha crecido durante siglos y transformarla, lo consideramos importante para que funcione el Raval. Creemos que muchos edificios viejos, aunque estén en mal estado, tienen un valor y que se puede sacar mucho de la convivencia entre partes viejas y partes nuevas.

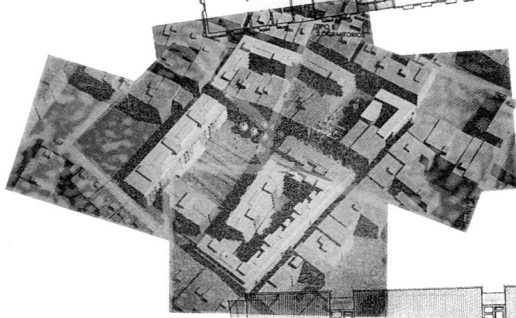

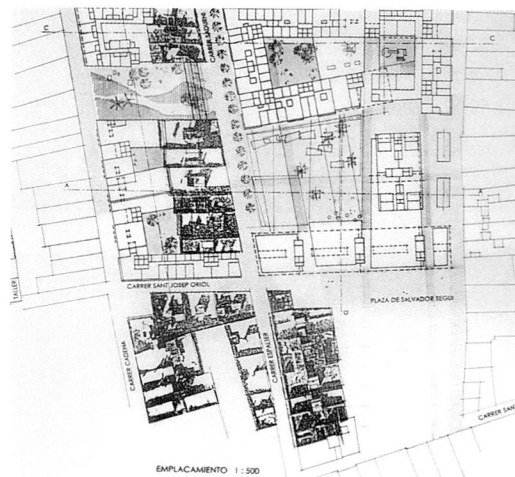

EMPLACAMIENTO 1:500

**Premi Prize Premio
Technical Chamber of Greece**

YAZMÍN CRESPO

El Raval és una àrea insalubre, densa i amb problemes d'accés. A causa d'això, la construcció d'habitatges està lligada amb l'obertura als espais públics que permetran que entri la llum i l'aire i l'actualització del teixit. La creació d'un espai obert amb les característiques anàlogues als "arbres", que fan ombra tot el dia, i que delimiten d'aquesta manera el grup d'apartaments que, juntament amb el tronc (dos nivells), proporcionen les condicions necessàries per fer agradable aquest espai.

The Raval as an insalubrious, densely occupied area, difficult of access. Because of this, the construction of housing is linked to the opening up of public spaces that will allow light and air to enter, and the upgrading of the fabric. The creation of an open space with characteristics analogous to the "trees" which cast a permanent shadow, in this way delimiting the group of apartments which, together with the trunk (two levels), provide the necessary conditions to make this a pleasant space.

El Raval es un espacio insalubre, denso y con problemas de acceso. Por esto se ve la construcción de viviendas ligada a una apertura de espacios públicos que permiten luz, aire y recalifican el tejido. Crear un espacio abierto con características análogas a los "árboles" que proyectan una sombra permanente describiendo así el conjunto de apartamentos que, junto a un tronco (dos planos), proveen las condiciones necesarias para hacer de éste un espacio agradable.

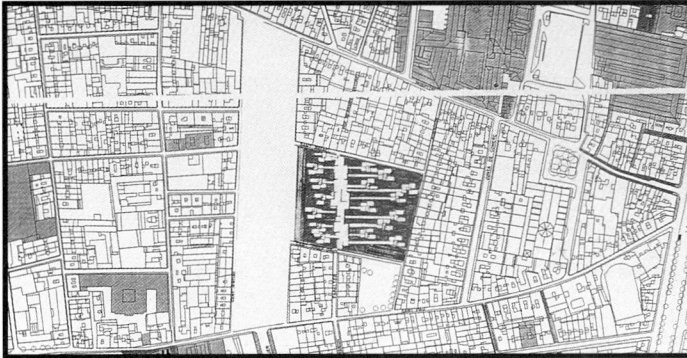

PLANTA 05

PLANTA 04

AREA SIGNIFICATIVA

AREA SIGNIFICATIVA

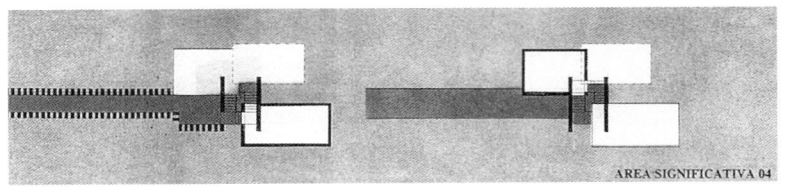

AREA SIGNIFICATIVA 04

MICHAEL B. MCKAY

CHB

Premi Prize Premio
Chamber and Association
of Hungarian Architects

Aquesta proposta és diferent de la destrucció violenta de les seccions completes de la ciutat: una tendència destructiva tant entre els "urbanistes" com els "arquitectes". En canvi, optem per un tipus d'inserció dins el context d'unes condicions donades, oberta a adaptar-se i respirar.Com les línies de la mà i de la cara, aquests edificis constaten el creixement de la ciutat que canvia. Com els estrats de l'escorça de la Terra, aquests edificis s'han de tallar, esculpir, i extreure com un vehicle d'intervenció que torna a obrir l'indret al cos.

This proposal is drastically different from the violent removal of complete sections of the city- a popular destructive trend among "planners" as well as "architects". Instead, a type of insertion into the context of given conditions, left open to breathe and adapt is proposed. Like lines on the hand and face, these buildings record the growth of the ever changing city. Like strata in the Earth's crust, these buildings are to be cut, sculpted, and extracted as a vehicle of an intervention that re-opens the site to the body.

Esta propuesta es radicalmente diferente a la violenta destrucción de partes enteras de la ciudad: una usual y destructiva tendencia, tanto entre "urbanistas" como "arquitectos". En lugar de esto, se propone una inserción en las preexistencias del contexto abierta a adaptarse y respirar. Igual que las líneas de la mano y la cara, estos edificios constatan el crecimiento de la ciudad siempre cambiante. Igual que los estratos de la corteza terrestre, estos edificios deben ser cortados, esculpidos y extraídos como vehículos de una intervención que vuelve a abrir el lugar para el cuerpo.

Víctor Pérez Escolano, Manuel Gallego, Wolf Tochtermann, Rifat Chadirji, Adèle Naudé Santos, Sabine Kraft, Dietmar Steiner

Llista de participants **List of participants** Lista de participantes

ZAL

ARGENTINA
7993512JY
Adrián CABALLERO, Marcelo BARRALE, Claudia CAPRINO, Silvana PIACENZA, Augusto LIBERATORE, Pablo RIMOLDI, Tania PIDUSTWA, Mariana VALLEJOS
ROSARIO

111AX111
Pablo GOLDENBERG, Leopoldo LAGUINGE, Amalia MENDOZA, Guillermo OLIVERA, Federico PETTIGIANI, Marcela ROMAGNOLI
CÓRDOBA

B827521A
Raquel KOROLUK, Fabiana MAYRA ZAPPETTINI, Christian Steven GARRIDO, Carlos Martín PADRON, David Adrian ROTH
MAR DEL PLATA

RH484706
Roberto Oscar MARRA, Hugo Orlando PINACCA, Francisco VALENZUELA
ROSARIO

134144RM
Jorge Eduardo MASTROPIETRO, Gabriel DE LUCA, Sergio DE LUCA, Karina MENDELSON, José Manuel RAMOS, Valeria ZARATE
BUENOS AIRES

000258BI
Marcela Inés RUCQ, Juan Ignacio MUNUCE, Daniel SORIA
ROSARIO

333333SB
Silvia Maria RUMIERI, Beatriz BISCAYART, Héctor BLAZIC
ROSARIO

111111AR
Gerardo SCULSKY, Claudio VALLEJOS, Veronica ORUE
ROSARIO

483720AP
Silvia ZINGALE, José Antonio VALDEZ NAVAL, Gerardo PANICO
SAN MIGUEL DE TUCUMÁN

AUSTRALIA
85A106Zo
Chris ELLIOTT
RUSHCUTTERS BAY - NSW

034187WI
Sasha IVANOVICH, Nigel WESTBROOK, Daniell SIMON, Eleni GOGOS, Ba TUOC VO, Mark WEBSTER, Thirunesha NAIDOO, Megan NORDEK
EAST FREMANTLE

B509647L
Boon LEY, Lothar BRASSE
FULHAM GARDENS

960001JD
Dionisis PAPAS, Jon CULLEN
SYDNEY

TS121224
Leon VAN SCHAIK, Peter KING
MELBOURNE

913114EF
Andrea VECCIA-SCAVALLI, Rebecca ANGUS, Christopher JOHNSON
SCARBOROUGH - PERTH

AUSTRIA
220691XL
Christian ENGEL, Ilse Maria ENGEL- TIZIAN
WIEN

30A47B16
Herwig KLEINHAPL, Thomas PUCHER, Claudia WEMERS, Siegfried PAVEL
GRAZ

030567GG
Norbert TISCHLER
WIEN

BELGIUM
161171GD
Giovanni DECLERQ
EVERGEM

230424SU
Martin HERMAN
KORTRYK

BRASIL
4VG58937
Denise BELLARDI, Denise Xavier MENDONÇA, Marta PAKU, Regina Fernandes PERES
SÃO PAULO

222396PA
Paulo Henrique CAMAROTI DA SILVA, Aline FONSECA DE OLIVEIRA
OLINDA - PE

040624IA
Adelaide D'ESPOSITO, Ilza FUJIMURA, Christiane IMAI, Cintia KAWAMURA
SÃO PAULO

200004NA
Marcelo Fabricio DA SILVA, Jose Roberto GERALDINE JR.
RIBEIRAO PRETTO, SÃO PAULO

100004NA
Jose Roberto GERALDINE JUNIOR, Marcelo FABRICIO DA SILVA, Eduardo Carlos de OLIVEIRA FRANKE, Luis Roberto SCHMIDT LOPES
RIBEIRAO PRETTO, SÃO PAULO

A8379Z21
Vinicius HERNANDEZ DE ANDRADE, Marcelo MORETTIN, Vinicius ANDRADE
SÃO PAULO

Z6768P55
Eduardo HORTA, Fabiana IZAGA, Luis Alberto CANCIO, Washington FAJARDO
RIO DE JANEIRO

54B22E90
Maria Isabel IMBRONITO, Edison HITOSHI HIROYAMA
SÃO CAETANO SUL

985212RA
Ricardo Jorge PESSOA DE MELO, Luciano LACERDA MEDINA, Ricardo Javier BONILLA, Flavia Myriam C. PESSOA DE MELO, Ana Elisabeth BONILLA, Alberico PAES BARRETO
RECIFE - PE

52147oNM
Nazareth Cristina PINHEIRO, Marcia TRONCOSO URBANO, Gustavo BENTO DE MELLO
BRASILIA DF

51RJ6404
Adolpho RUBIO MORALES, Edla Maria SOARES RUBIO
SÃO PAULO

CANADA
C2B18213
Brian BOAKE, Radek BRONNY, Trevor MCIVOR, Scott ROBERTSON
DON MILLS, ONTARIO

RC001996
Richard CARBONNIER
MONTRÉAL, QUEBEC

235813RL
Raymond LEVESQUE
ST. NICOLAS, QUEBEC

AB333444
Jorge MARTINEZ-CAMPS, Javier MARTINEZ OXMAN, Hector ARROYO, Anne Marie PETTER, Elsa LEBLANC, Henry TICHOUX, Thierry BEAUDOIN, Alexander TAYLOR, Juan CHICA, Alex GAELLE, Pierre GENDRON, Stéphan P. KOVALK, Mathieu LAROSE
ÎLE DES SOEURS, QUEBEC

024U2B42
Rein RAIMET, Larry DANG, Robert RODRECIKS
TORONTO, ONTARIO

564PS661
Patrick SAAVEDRA
Toronto, Ontario

COLOMBIA
6P17U910
Francisco ANGULO GUERRA, Gonzalo GUTIÉRREZ DE PIÑEREZ, Jaime ECOBAR YEMAIL, Ivan TARRA RODRÍGUEZ, Jorge SALCEDO TABORDA, Jacques DE BEDOUT MORENO, Fabian VIDAL ANAYA
CARTAGENA DE INDIAS

105503LC
Juan Guillermo PEREIRA MENDEZ, Jose Fernando RUBIO VACA, Maria Camila PABON PARRA, Ricardo CRUZ MANTILLA
SANTAFE DE BOGOTÁ

CROATIA
666666ZG
Zdravko KRASIC, Ivana CRNOSIJA
ZAGREB

CHILE
957346AC
Arturo COX BAEZA, Carlos UGARTE SALCEDO
LAS CONDES - SANTIAGO

310771RC
Rodrigo CHAURIYE CHAURIYE, Alvaro CUELLAR, Jorge PAVIC, Cristian ESPINOZA, Beatriz STÄGER
LA REINA - SANTIAGO

LCo03136
Mathias KLOTZ, Felipe ASSADI, Liliana SILVA, Horacio TORRENT, Elodie FULTON, Jacques BLANCHARD
PROVIDENCIA - SANTIAGO

FINLAND
235386WP
Marjatta ANTTILA, Outi VEPSÄLÄINEN
HELSINKI

FRANCE
BU591207
Jean Claude BURDESE
TOURCOING

38B38A77
Louis CANIZARES, Jacques PE
TOULOUSE

123456AB
Alessandro CARBONE, Pierre André BOHNET, Steeve RAY, Diana STILES, Reto EHRAT
PARIS

590102MM
Gilles CUSY, Michel MARAVAL, Jacques FERRIER
MONTPELLIER

131313JE
Jean-Marc ELBAZ
MARSEILLE

GB199604
Gonzalo GALINDO, Catherine BLAIN
PARIS

317533KK
Jean-Philippe LANOIRE
BORDEAUX

7A613G84
Bruno MEUR, Remo GANTNER
PARIS

FX200796
Bertil NICOLET, Xavier DE BROISSIA
PARIS

SC152696
Pablo ORTUZAR SILVA, M. NICOLAS, M. BOJOVIC, D. BOUILLY, M. CHIANG, G. DE TOMA, N. DUPARD, K. JEDDI, K. KRENNRICH, A. LE FLOC'H, D. PFITZEUREUTER, JF. RIGUIDEL, AS. ROCHEPEAU, K. SAKDA, MH. UZUREAU, S. VALBUSA
RENNES

GEORGIA
TZo12358
Teimouraz CHELIDZE, Irakli ZHOVREBADZE, Onik ALOYAN
TBILISI

GERMANY
HH856948
Torsten SKOETZ, Christian ROGGENBUCK, Ulas MUZAFFER
HAMBURG

172304LW
Ursula WROBEL, Anna LORDA
DÜSSELDORF

HONG KONG
888888IM
Ronson LUI, Jason SPEECHLY-DICK, Sze KING KAN
TAI KOO SHING

IRELAND
N441704N
Noel Jonathan BRADY, G.MITCHEL, R.FIBIKAR
DUBLIN

ITALIA
512424AS
Francesco AUDRITO, Diego ANGELOTTI, Alessandro CATTANEO, Marella GALFRE, Eva GROSSO, David HIRSCH, Milena MACCAFERRI, Sergio SERAFICA
TORINO

768253BC
Sergio BALDINI
PISA

349538DW
Alberto BARATELLI, Antonio SALVAGGIO, Leonardo LATINI,

Alessandro ROSSELLI, Marco BARONTI, Donata BIGAZZI
FIRENZE

TR646333
Giovanni BERTOLOTTO, Michelangelo GRAZIADEI, Giovanni GROSSI
SORI - GENOVA

007984AC
Eduardo BORRELLI, Marina BORRELLI, Aldo Maria DI CHIO
NAPOLI

31523GA1
Giovanna BRAMBILLA, Anna CORRADO, Isidoro PENNISI, Livio DE LUCA
CATANIA

929000IF
Emanuela CASATI, Carlo NOCETO, Manrico MAZZOLI, Fabio OPPICI, Laura PETRUSO, Cristina TURCO
ALBISOLA SUPERIORE - SV

358P29Z1
Gianfranco DAZZI, Paolo TAMAI, Giuseppe LA FRANCA, Patricio Eduardo ENRIQUEZ LOOR, Emanuele PANZERI, Gianfranco DAZZI, Luca OPPIO, Pier luca ALLEGRI
MILANO

000004ZB
Filippo EGIDI, Fabrizio TOPPETTI, Paolo VERDUCCI
ROMA

I15A24L18
Akram EL MAGDOUB
ROMA

IR115158
Claudio Renato FANTONE, Gianfilippo LO MASTO
ROMA

FGo50653
Giovanni FARA
S. TERESA GALL - SS

V24D4966
Silvano FARESIN, Ilario FARESIN, Michael RILEY, Alessandro PIZZOLATO
VICENZA

260GF569
Claudio FINALDI RUSSO, Maria Chiara BALDASSARRE, Fernanda INCORONATO, Angela FUSCO, Fabiana LONGO
NAPOLI

Antonino GIARDINA, Felice PELLEGRINO
MILAZZO - ME

MF715893
Giovanni MACIOCCO, Alberto LUCIANO, Francesco SPANEDDA, Massimo FAIFERRI
SASSARI

C70D6995
Cherubina MODAFFARI, Davila QUATTRONE
REGGIO CALABRIA

575451CM
Antonio MORGIONE, Luciano MIGLIORE, Raffaele CARDONE
NAPOLI

421796MI
Loris MOSCHENI
SOTTOMARINA DI CHIOGGIA VE

X369565C
Salvatore PADRENOSTRO, Luigi MONTEMAGICO, Salvatore CONTREFELTO
CATANIA

61A59B27
Antonio PARIS
ROMA

514443RM
Francesco PECORARO, Luca BERRETTA, Roberto LIORNI
ROMA

E1D41360
Elisabetta PERI, Antonio EPIFANI, Massimo GENNARI
MONTEVARCHI

232SR424
Giovanni POGGI, Amedeo SCHIATTARELLA, Paola D'ARCANGELO, Luigi PARDO, Andrea D'ARCANGELO, Andrea LOMBARDI, M.Cristina ORSI, Paolo PARADISI MICONI, Andrea SCHIATTARELLA
ROMA

AR235425
Patrizia ROBOTTI, Gabriele QUAGLIA, Albino NERI
ALESSANDRIA

SP626251
Giuseppe SPINA, Michele DE SANTIS, Sergio GUACCI
CAMPOBASSO

MD913186
Donatella SUCCI CIMENTINI, Nicolletta BONETTI, Maria FURCI, Nicoletta PARADISO
FERRARA

364712BT
Dario TOFFANELLO, Bruno BAGETTO, Fiorenzo BERTAN, Paolo BOTTOS, Stefano FRANZ, Luca BARRA, Alessandra ZANESSI, Nicoletta MESCALCHIN
MESTRE - VE

462577DS
Riccardo VANNUCI, Danilo CAPELLINI, Frederic ARNOLILT, Russel Marc BRYANT, François CARLES-GIBERGLIES, Marco DISCACCIATI, Paola NIOLU
ROMA

JAPAN
286500TH
Toshio HOMMA
TOKYO

E564Y236
Yoko KAWAI, Hiroki SUGIYAMA
OSAKA

KA245390
Shuichi KITAMURA
KANAGAWA

T331218A
Tatsuya KOMATSUBARA, Aya KOMATSUBARA
SAPPORO

RC123456
Hideo SATSUTA, Scott GOLD, Sanae YAMASHITA
TOKYO

MS114538
Naoto YAEGASHI, Norm NULL, Gen MURAGUCHI, Hidetoshi OHTA, Kazuya SAKURAI, Naotami YASUDA
SENDAI

H331994M
Jing ZHAO, Keiichi NAKAI, Ryoji NISHIMURA
MORIOCA

KIRGUIZISTAN
AS225788
Ulan JAPAROV, Sergei BUROV, Natasha STERVICHOVA, Janyl TABYSHALIEVA, Valery OROZUMBEKOV, Ernst ABDRAZAKOV
BISHKEK

MEXICO
65A66Z73
Sergio Humberto BAEZA CAMACHO, S.L. AGUILAR VILLAVICENCIO, J.Á. DEMERUTIS ARENAS, M.R. FRANCO ESQUEDA, W. MALDONADO GARCÍA, G. ROCHA HERRERA, F. GÓMEZ GARCÍA, M.A. AGUILAR IBARRA, J. OCHOA COVARRUBIAS, R. REYNAGA
GUADALAJARA - JALISCO

271373ZZ
María Eugenia BUSTILLO GARFIAS, Verónica ZAMBRANO, Cleofas ARANGO
SALTILLO - COAHUILA

MX2435
Benjamín LARA RON, Marina Esther CARLEVARIS BOVEDA, l. Mayela MERE CASTRO, Aurora COLIN VALDEZ, Mariana ARREGUI TRUJILLO, Juan Antonio NAPOLES CALDERON
GUADALAJARA - JALISCO

J61C7381
Josue LEDEZMA GUZMAN
GUADALAJARA - JALISCO

MT271505
Sergio ZEPEDA TRIGO, Monique VERAART, Mª Eugenia PLATA, Teresa OLMOS, Manuel HERNANDEZ
PUEBLA

NORWAY
AE564468
Arild WALTHER JACOBSEN
OSLO

POLAND
M517V513
Ada KWIATKOWSKA
WROCLAW

PORTUGAL
162435HI
Jorge GUIMARÁES, Mario GUEDES SAMPAIO, Paulo ALMEIDA
LISBOA

RUSSIA
444777LL
Vladimir ANDREEV, Vladimir ASANOV, Anna FOLICHEEVA
SANKT PETERBURG

BD556653
Dmitri BORUNOV, Alexandr BREZHNEV, Andrei EVDOS-HENKO, Michael SAVELIEV
PENZA

388o7oNN
Pavel LOCHAKOV
SANKT PETERBURG

C125645F
Alexandra MELENTEVA, Liana K.KUSOVA, Marina SHIRSKAY, Dmitry A.MELENTEV
SANKT PETERBURG

B145235B
Nadezhda PUZINA, Ludmila KOSTOVA, Tatyana PEREVOZ-CHIKOVA, Olga SOROKINA
VORONEZH

G180265S
George SULABERIDZE
MOSCOW

218283YZ
Narina TYUCHEVA, M. TURKATENKO, O. ZARECHENSKIY, I. YAZEVA, E. PROTOPOPOVA, P. POPOV, E. SAPRYKINA
MOSCOW

SAUDI ARABIA
KH212928
Abdel-Hamid M. KHAIR-EL-DI
RIYADH

SINGAPORE
191040SK
Chan SENG KEE, Chan KOK LEONG, Florante S CANADIDO
SINGAPORE

SPAIN
XA0296
Silvia ALVAREZ, Albert VITALLER, Javier RUBIO, Miguel Angel CABALLERO
BARCELONA

ZA120001
Roser AMADÓ, Lluís DOMÈNECH
BARCELONA

444327VZ
Juan de Dios ASTASIO, Ignacio RUIZ-RIVAS, Ginny CALVO
MADRID

96R97J98
Rafael AYUSO, Juan Diego CORRA, Celia CAPELLI, Julián MARINI
ESPLUGUES DE LLOBREGAT BARCELONA

IB691926
Ivan BAQUERIZO
BARCELONA

000421BB
Jaume BARNADA, José Félix BASTERRECHEA
BARCELONA

051317XB
Eduard BRU
BARCELONA

123123CD
Pedro CALVO
LEON

729365MT
Juan José CARO
BARCELONA

AI724369
Mamen DOMINGO, Ernesto FERRE, Gloria PAIRO
BARCELONA

447474EE
Jaime ESPARZA, Román DOMENECH, Marc FIORÉS, David BOCHACA, Antoni CATALA, Agustín BENOSA, Maria BENOSA
BARCELONA

BT010101
Fidela FRUTOS, Josep Maria SANMARTIN
LLINARS DEL VALLÈS BARCELONA

42C81L04
Josep Maria GIRÓS
BARCELONA

5Zo777H1
Juan GONZALEZ, J. MORALES SANCHEZ, A. ALONSO, M. BALLETO, T. CABRILLO, S. DE GILES DUBOIS, J. L. JEREZ, H. MONTES, A. PEÑAFIEL
SEVILLA

S261266S
Stefano SCIACCA,
Giuseppe ABBENDA
LATINA

251RM973
Amedeo SCHIATTARELLA,
Giovanni POGGI, Paola
D'ARCANGELO, Luigi PARDO
ROMA

153940FC
Luciano SEMERANI,
Gigetta TAMARO, Luigi
SEMERANI, Raffaella LAEZZA
TRIESTE

G281279V
Giuseppe TEMPESTA
L'AQUILA

M66B6729
Barbara VANORIO,
Massimo VINCENZI
ROMA

14F04Z67
Fabio ZLATICH, Pietro CELLI
TRIESTE

JAPAN
B734416G
Brian BAKER, Kazuyoshi
WATARI, Anna Maria GASSOL
CASTELLS, Chris MATHEWS
SHIBUYA - TOKYO

865411AQ
Masaji HIRAYAMA,
Hisayuki SASAGURI, Nobukatu
YAMAZAWA, Shinya TASHIRO,
Kohji TOYODA,
Atsuko KANESHINA,
Hiroko MATSUOKA
FUKUOKA

4282524IM
Masayuki IRIE, M. ASAI,
J. IKEMURA, D. KATSUHAMA,
O. KITAOKA, Y. FUKUHARA,
T. MIYAZAWA, J. YATSUI,
H. HOSHINO, H. MANABE,
M. ISHIDA, M. TAKESHITA,
T. OHYA, T. OHSHIMA,
Y. EBIHARA, Y. KUWABARA
TOKYO

044934GO
Takashi KATO
NAWASAKI-CITY

051614-0p
Toshiaki KAWAI, Takeya
OBATA, Tomoyuki HAMAYA
KAMIGYO - KYOTO

229193KL
Kazuhiro KOJIMA, Naoki
SOEDA, Hideki HIRAHARA,
Mika MATSUO, Naoto
MITSUMOTO, Masanori AOKI,
Keiko IWAKI, Sergio
SOCOLOVSKY, Yoshiyuky
TADOKORO, Kei TSUYUKI,
Naoko HAMANA,
Toshio YAMAKOSHI
NODA CITY. CHIBA-KEN

469646NK
Naruhiro KUROSHIMA, Atsuko
KUROSHIMA, Koyu OGAWA,
Toshiyuki NAKAI,
Satoshi NASU
TOKYO

813588TK
Iwata SHOGO, Yasuo MORI,
Kawai RIKIYA, Baba SINSUKE,
Matuoka HIROTADA
Nishi-Ku, Osaka

ST777567
Shinshuke TSURUTA, Norie
FUKUDA, Toshimaro IIDA,
Hiroyuki MATSUSHIMA,
Satoshi IHA, Yasuko
KUMAZAWA, Fumie KITOU
MEGURO-KU, TOKYO

YY650513
Naoto YAEGASHI,
Hironobu KITANO, Masaharu
YAMAZAKI, Takumi NAKA-
MURA, Mitsuhiro TAMAGAWA
SENDAI

99K13Y49
Kenji YAMASHITA, Yoshihiro
KOKUNOU, Mari YMAZAKI
YOKOHAMA

KIRGUIZISTAN
888888BM
Jakov MAZMANOV
BISHKEK

KOREA
AA220011
Yoon Gyoo JANG, Jeong Hyun
YOON, Sei Yon PAIK
SEOUL

MEXICO
727925AG
María Eugenia BUSTILLO
GARFIAS, Cleofas ARANGO,
Verónica ZAMBRANO
SALTILLO, COAHUILA

139726AZ
Mario CAMACHO CARDONA
MÉXICO D.F.

GL930903
Jaime Alberto GARCÍA LUCIA,
Oscar Miguel GARCIA LUCIA,
Mariger GARCIA LUCIA,
Jaime A. GARCIA LUCIA,
Flor TRONCO RUÍZ
VERACRUZ

POLAND
AT597349
Piotr SREDNIAWA, Andrej
GALKOWSKI, Dieter PALETA,
Beata GOCZOL, Adam GRELA,
Sylwia PLOMECKA,
Arakadiusz PLOMECKI
KATOWICE

PORTUGAL
AR120852
Jorge Patricio MARTINS,
Fernando GONÇALVES, Pedro
CUNHA, Lídia CESAR, Paulo
PEREIRA, Amílcar ALVES V.N.
GAIA

RUSSIA
348674FC
Vladimir ANDREEV, Vladimir
ASANOV, Anna FOLICHEEVA
SANKT PETERBURG

180255AS
Arsen ARUSTAMYAN,
Oleg SHMURYGIN
KISLOVODSK

AL282754
Andre NEKRASOV
MOSCOW

SAUDI ARABIA
KH212928
Abdel-Hamid M. KHAIR-EL-DIN
RIYADH

SPAIN
1957BÇ96
José Alberto ARENAS GUIX,
Oscar ARRIBAS MELGOSA,
Damian ORTIZ BLANCO,
Adela GABARRO ESCUDER
BARCELONA

96AV2456
Camilo AVELLANEDA,
Víctor VARGAS, Andrés RUBIO,
Sandra ARISMENDI
BARCELONA

32P116C9
Jordi BADIA, Anna PLA, Javier
ZUMARRAGA, Laurence LIAW,
Mariam ANSARI, Tony LEUNG
BARCELONA

457988BR
Enric BATLLE, Joan ROIG
BARCELONA

P925596C
Pere CABRERA, Sara
HERRERO, Albert RIBÓ
PRATSOBRERROCA,
Ángel UZQUEDA MARTINEZ
BARCELONA

613237MX
Mari Carmen CALATAYUD,
Xose Manuel VÁZQUEZ
A BARRELA - LUGO

141035CR
Josep CASALS, Anna CASALS,
Carles LA PUENTE, Jaume
PIERA, Montserrat BALLESTA
L'HOSPITALET
DE LLOBREGAT

C58N6696
Carlos CASANELLAS,
Nicolás ÁLVAREZ MORANTE
BARCELONA

123RP321
Carlos CASTELLI FLORES,
F. Javier GIRONES ROSELLO,
I. Isabel MATA CORINO
LAS MATAS - MADRID

MA123456
Manuel CLARIMON LARREY,
Aitor MUNDUATE AUZMENDI,
Miguel Angel CALVO GALLEGO
BARCELONA

000003DD
Joan CUSIDÓ, Oriol CUSIDÓ
BARCELONA

1X21221X
Eva PRATS GÜERRE,
Anne HANSEN
BARCELONA

145546NA
Jaime ESPARZA BARBERÀ,
Román DOMENECH BARRE-
NETXE, Marc FORÉS MALLEU,
David BOCHACA SANDIU-
MENGE, Antoni CATALA ROIG,
Agustín BENOSA LALAGUNA,
Maria BENOSA LALAGUNA,
Monica BOSSIO, Lluc SUMOY
VAN DICK
BARCELONA

196970JJ
Jordi ESPRIU, Jordi CAPARRÓS
BARCELONA

1021DF86
David FLO, Francesc LÓPEZ
BARCELONA

000001BB
Samuel FOLGUERAL ARIAS,
Alfredo Antonio GONZALEZ
CASCALLANA
LEON

UN945918
Patrick GENARD,
Shuichi KOBARI, Rob DUBOIS,
Sigfrid PASCUAL
BARCELONA

AN100793
José Manuel GONZALEZ CUBO,
Rosario MANSON DONCEL
BARCELONA

100110AA
Aquiles GONZÁLEZ,
Enric PERICAS, Jordi HENRICH,
Yolanda NADAL,
Juan Roberto VÁZQUEZ
BARCELONA

50MA1996
Tiago HOLZMANN DA SILVA,
Alessandro MORO, Alexandra
ENGLERT, César VELANDIA,
José HERAS, Juan Pablo
QUINTERO, Rodrigo LAZCANO
BARCELONA

U113399N
Jordi MARCÉ, Mª Dolors
NADAL, Gian Paolo GRITTI,
Abel TAVARES,
Sergi CASTELLÓ
BARCELONA

M961C662
Antonio MARTÍNEZ DESCALZO,
Juan Manuel CORRAL
ESTEBANEZ
BARCELONA

LA654321
Pere ORTEGA,
Bet CANTALLOPS, Ivo
ARNILLAS, Manel PALLARES,
Mónica ARNILLAS, Gemma
AZNAR, Albert CIVIT,
Carmine CONCAS
BARCELONA

131965RS
Carmen PASCUAL SAURÍ,
Silvia REQUENI TOMÁS
VINALEJA - VALENCIA

A000000M
Josep PUIG TORNE, Daniel
GELABERT FONTOVA, Xavier
GELABERT VALENTINES, Joan
BISQUERT GARCIA, Elisa PUIG
ROJAS, Robert HANSBERGER,
Jacques CABRERA
BARCELONA

54472RR2
Pere PUJOL, Josep OLLER
SANT SADURNÍ D'ANOIA

223239LM
Carme RIBAS, Pere Joan
RAVETLLAT, Nicolás MARCUER-
QUIAGA, Maria MARLANTI,
Antoni SOLÉ, Joan TOUS,
Jaume TRUÑÓ,
Joaquim VILLARONGA
BARCELONA

VR117117
José Francisco ROS CORBI
ELX - ALACANT

101013PG
Enric RUBIO CANTON,
Josep Maria COMPTE, José
Luis VELASCO, Xavier PUJOL
BARCELONA

Goooo0oL
Gabriel RUIZ CABRERO,
Francisco Javier RODRIGUEZ
SUÁREZ, Mª Jesús ORTÍZ
MARTÍN, Marta REDONDO
CARMENA,
Alfonso DIAZ-AGERO
y DE PINEDA
MADRID

S2419P23
Pep SALA, Rosa Mari
PORTELLA, Joan SERRAT
BARCELONA

031416PS
Jaume SANMARTI, Xavier
PALLAS, Antoni LAPLANA,
Antoni BARCELÓ,
Vicente MARTÍNEZ
BARCELONA

T123456U
Gerardo SANTOS DIEZ, Hiroya
TANAKA, Mireia FERNANDEZ
TERRICABRAS,
Ana I. SANTO DIEZ
BARCELONA

P21K0001
Bruno SAUER
BARCELONA

7374MOB5
Enric SERRA, Lluís VIVES,
Jordi CARTAGENA
BARCELONA

A136784C
Alexandre TODOROV, Joan
MONCAU, Anton HANSEN,
Montserrat MONCAU, Ernesto
MARIN, Xavier LASTRA
BARCELONA

A975310Z
Josep Antoni TOVAR
L'HOSPITALET
DE LLOBREGAT

38P95T57
Oscar TUSQUETS
BARCELONA

86621AA
Ventura VALCARCE, Carlos
VALLS ROIG, Amaya
CASTOLDI, David GARCÍA
BARCELONA

470108PV
Miquel VIDAL PLA
BARCELONA

194651RV
Xavier VILASECA GIRALT,
Joan ROMAGOSA LOPEZ
BARCELONA

V824896W
Cristina WOODS, Craig
VERZONE
BARCELONA

SWITZERLAND
MA210201
Max BOSSHARD,
Christoph LUCHSINGER
LUZERN

B006496Z
Manuel SCHOLL, Reto
PFENNINGER, Marc ANGÉLIL,
Sarah GRAHAM, Sabine V.
FISCHER, Claudia THORNET
ZÜRICH

003777SA
Andreas WYDER, Stefano
BIZZOTTO, Conni KUHN,
Phillipp KAUFMANN
MURI - AG

THE NETHERLANDS
465771KR
Frank VAN DER LINDEN, Tony
GOOSSENS, Patrick MEIJERS
EINDHOVEN

XX200050
Leendert VERBOOM, Myra
VAN MUNSTER, Patrick BIL,
Leendert VERBOOM
DELFT

TURKEY
308412GE
Galip ERGENECI
ISTANBUL

USA
228457CM
Kevin BONE, Barbara
WRONSKA-KUCY, Sarah
CREMIN, Cornelia WERMELS-
KIRCHEN, Yasmin NICOUCAR
NEW YORK

888888FS
Tina FONG, Kee SONG
NEW YORK

GG575896
Samuel GYULNAZARIAN,
Armen GYULNAZARIAN
ALEXANDRIA

423996XP
Alex HO
SAN FRANCISCO

123456XY
Carey JACKSON-YONCE,
Shawn EVANS
PHILADELPHIA

GM314164
Robert JAMES
NEW YORK

786US786
Sabir KHAN, Mark Cottle
ATLANTA

523215GM
Miguel Angel ROSALES,
Gina CALVENTI
BOSTON

001836MB
Manuel ROSEN MORRISON,
Stanley KENISTON,
Josep BOTEY
SAN DIEGO

611444JV
Catherine SPELLMAN,
Valentin HOFMANN,
David R.RUSSO, Jocelyn ROSS,
Pamela RILEY,
Lori FRIEDLANDER
TEMPE

123HZ321
Hasram ZAINOEDDIN,
Aparc HARISANTO
NEW YORK

UNITED KINGDOM
SE407928
Barbara KUIT, Mark HEMEL
LONDON

54R11T40
Trevor SKEMPTON
ANGUS, SCOTLAND

URUGUAY
A020716P
Pedro Luis FASCIOLI FOGLIA
MONTEVIDEO

VENEZUELA
1J1996L1
José Luis CHACON RAMIREZ,
Oscar PEREZ
MERIDA

651792AZ
Alessandro FAMIGLIETTI,
Carlos GAGO, Angela
RODRIGUEZ, Javier CIBEIRA,
Raúl SANCHEZ, Frank GARCÍA
SAN BERNARDINO-CARACAS

YUGOSLAVIA
P459291D
Petar ARSIC, Slobodan
STANOJEVIC, Jelena BULATO-
VIC, Tatjana NEGIC
BEOGRAD

MP101010
Branislav MITROVIC, Vasilije
MILUNOVIC, Dejan MILJKOVIC,
Zoran RADOJICIC,
Gordana RADOVIC, Maja
KUSMUK, Milan MAKSIMOVIC,
Biljana GLIGORIJEVIC,
Igor MARJANOVIC
BEOGRAD

CHB
Projectes no identificats
Unidentified entries Proyectos
no identificados
123456OP
069192CK
021088JM
M10W3676
102017IG
618618GH
47644FX
AC120672
FG141993
740347
ZG123657
069192CK

ARGENTINA
LP474333
Gustavo Andres ALBARIÑO,
Carlos MARGAGLIOTTI, Victor
IMPINNISI, Javier CABRERA,
Francisco DELLA VEDOBA
LA PLATA

KH115725
Maria Sol ALVAREZ,
Laura Mariana VESCINA,
Fabio ESTREMERA,
Maria Corina GARCIA SUAREZ,
Ianina PEDRONI
LA PLATA

RA194785
Martín APARICIO, Manuel
GONZALEZ, Andrea MATTEI,
Diego FITZSIMONS,
Mariano CRUGLAK
MAR DEL PLATA

823789BR
Pablo Emilio BRANCHI,
Lorena Marcela BORQUEZ,
Héctor Roberto RUSSO
MORENO, BUENOS AIRES

SL304678
Sonia BUFFONI DRAGICEVICH
ROSARIO

DC253302
Daniel Antonio CARÉ,
Pedro BALTAR, Daniel CARE,
Ana JULIETA PERETZ,
Fernando MAIFREDINI
MAR DEL PLATA

239887FJ
Juan Pedro DALURZO DARCHE,
Silvia Maria BARRERO,
Francisco BENITEZ
CORRIENTES

RH549733
Germán Alberto Walter
DALLACASA, Germán Ángel
CASTELLAN, Maria Helena
BURATTI, Horacio Angel
ALEM, Alejandro César
ALONSO, Sergio GOMEZ,
Miguel RAMOS GIAMBATTISTA
ROSARIO

MD162327
Laura DI PIETRO,
Daniela PROPATO,
M. Fernanda VÁZQUEZ
OLIVOS, BUENOS AIRES

A3326B26
Rodolfo L. DOMINGUEZ,
Leticia E. XHARDEZ, Cary PAZ
MONTENEGRO
MAR DEL PLATA

252829MM
Mariana ELISSALT,
Miriam WOERTHER, Maria
Florencia RODRIGUEZ
BUENOS AIRES

C777777J
Marisa Andrea LOSTUMBO,
Jessica Verónica AGUILERA
STORANI, Carina Marcela
TRIVISONNO
ROSARIO

HP825981
Vanesa Carina NIRO, Cintia
Andrea VAGNI, Carolina
Raquel FACCHETTI, Higinio
Ceferino DEL POZO
ROSARIO

JB461123
Lucas WALDEMAR BARTORE-
LLI, Natalia Mariana JACINTO
Rosario

8AY17474
Nestor Javier ELIAS,
Horacio Alberto CUTIFANI,
Rolando Oscar SUPERSAXO
ROSARIO

AP051010
Silvina ANGIOLINNI, Hugo
PERIALE, Mariana BLAS
CÓRDOBA

418695AS
Sergio SANZ, Sergio SONA,
Diego ALMADA
CÓRDOBA

AP130818
Manuel ALARRAQUI,
Laura AGUILAR, Carlos PRIMO
CÓRDOBA

MR009600
Maria de las Mercedes SOSA,
Roman CARACCIOLO VERA
CÓRDOBA

30A33B56
Astrid ARIAUDO,
Alejandro BURDISIO,
Gloria GARCIA LOPEZ
CÓRDOBA

EE050496
Diego ROLANDO, Hernan
TANTUCHI, Diego GRAMOY,
Rodrigo RAMALLO,
Rodrigo SCHIAVONI
CÓRDOBA

232419DT
Marcos MENTA,
Marcelo CARRIZO
Córdoba

R749618S
Viviana BRUNI, Josefina
MARTINEZ CARRANZA,
Karina N. PLENSA
CÓRDOBA

C225R775
Pablo ORTIZ, Matias CHIALVO,
Pablo BARKI
CÓRDOBA

182412HF
Maria Eugenia HILAS,
Estela FRANCO
CÓRDOBA

GP246517
Sergio CABRERA,
Maria Marta GONZALEZ
JUAREZ, German ROMANO,
Jorge Augusto SAPPIA
CÓRDOBA

317GG274
Gustavo GUAHNON, Guillermo
POZZOBON
CÓRDOBA

997421BT
Ana MENDOZA JULIA,
Claudia TORASSO, Constanza
CICCARELLI
CÓRDOBA

J30S1396
Jorge MEZA, Maria Sabina
URIBARREN
CÓRDOBA

E50R23
..ana V. MORE, Rodolfo C.
..RTINI, Marcos MENTA,
..rcelo CARRIZO
RDOBA

..15G29
..rlos Roberto GONZALEZ,
..ría Gabriela GONZALEZ
..LIÑO, Gustavo MENENDEZ
..aymanén
NDOZA

..0001CF
..rnando GUERRERO, Maria
..cilia SANTANERA
SARIO

..S54321
..ronica MORIENA, Mariana
..IRANO, Yanina CICCERO,
..rio DI MAURO, Mariana DON
SARIO

27M6K8
..rina Marisa IULA,
..onica Viviana AAB
R DEL PLATA

127305
..ego Javie JOBELL, Marcela
..ACOMETTI, Mariano BAIMA,
..ciana VAN DEN BERGH
SARIO

..5625RG
..ejandro JURADO,
..ego CLARO, Diego PEÑA,
..nstantino HECHT
RDOBA

96KCo3
..ustavo Hernán KLISCHE,
..derico KURTZEMANN,
..anco L. CAMPODONICO
..SARIO

..214937
..arina LIELLO, Graciela POSSE,
..derico BIONDINI,
..nabella MENGARELLI
R DEL PLATA

..K56W87
..ablo Ezequiel LOPEZ,
..vier Fernando DORZI,
..an Bautista AMADO,
..ablo LLANTADA
R DEL PLATA

Z180299
..erónica MALÉ CAMPS,
..odrigo Martín BRICHE
..OMPANY, Verónica Elisabeth
..RIGLIANO
..RON, BUENOS AIRES

..83783DS
..iego NAKAMATSU,
..iego Carlos ARRAIGADA,
..aria Sabina CACHERO,
..aria Jose SEMINO
..OSARIO

R395745
..antiago PAGÉS DE ARTEAGA,
..ablo Lorenzo EIROA,
..lexis ROCHAS, Bruno EMMER
..UENOS AIRES

..81264PF
..laudio PIRILLO, Patricia
..IRABELLI, Paula AGUIRRE,
..lorencia FAURE
A PLATA

..Z283392
..aria Emilia PUGNI,
..uliana BERRIOS,
..laudia Karina ROTELA,
..aria Victoria GOENAGA,
..avier Eduardo CLAVIERE,
..ernando Julio SPATA
A PLATA

..70L275A
..oman RENZI, Vanesa PATTI,
..eronica PERALTA,
..uan German GUARDATTI,
..sabel FALABELLA, Claudio
..RODRIGUEZ
..OSARIO

..J131721
..aura ROMERO, Karina TETI,
..erónica PRADA
..MAR DEL PLATA

..2E22A22
..Sebastian RUANI, Gabriela
..GARBUGLIA, Alejandro
..BERTORINI, Roman ANELO,
..Mauro BIANCHI, Gabriela
..CABADA, German FORTUNATO,
..Virginia NAVARRO,
..Roxana RIGOTTI, Maria XAUS,
..Walter SALCEDO
..ROSARIO

..8F621Z5
..Gonzalo Gastón SAKURAI, Juan
..Carlos PEREZ, Diego FRITTOLI
..BUENOS AIRES

..5L34F823
..María Fernanda SPERONI
..BERMÚDEZ, Leonor VON
..HAEFTEN, Esteban BIANCA
..MAR DEL PLATA

MJ722523
Mario TEMPORELLI, José
MONTOYA, Martín GOLDBERG,
Juan Manuel MONTOYA
ROSARIO

UA485468
Andrés UEHARA, Alejandro
NAKASHIMA, Walter MAURIG,
Jorge SEPERIZZA
ROSARIO

PA457909
Pedro VIARENGO, Sebastián
BECHIS, Andrés HAUGH,
Mariano LASCIARREA,
Guillermo LAURINO, Juan
Manuel ROIS, Alejandra
VAZQUEZ
ROSARIO

A616396Z
Pablo Agustin ZANEK
LA PLATA

AUSTRALIA
291037NC
Judith ABELL, Md. Azhan
SHAMSIR, Dean BAIRD,
Michael BAKER,
Ben DUCKWORTH, Brent
DUNN, Kok Oon GOH
LAUNCESTON, TASMANIA

632134JC
Johnny CHAMAKI
CABRAMATTA, NSW

SB008918
Benjamin GILLES,
Adam RUSSELL
CAMMERAY, NSW

AUSTRIA
S101V137
Silvia AHRER, Verena
PUCHMAYR
WIEN

LM160794
Harald ALMHOFER, Wolfgang
BADSTUBER, Ursula KONZETT
WIEN

609445ed
Dirk BOPST,
Roland PAWLITSCHKO
WIEN

402516DA
Markus BÖSCH,
Walter KRÄUTLER
WIEN

CoK08150
Christoph CHLASTAK,
Leonhard CORETH,
Bernhard KRATSCHMAR
WIEN

66E68B64
Johannes EDEGGER,
Stefan BRANDTNER
FRAUENAU

T201102T
Karsten FRITSCHE,
Isabelle MONNERJAHN
WIEN

C24A2904
Andreas GABRIEL
WIEN

LL334279
Ludwig HEIMBACH,
Leonore DAUM
WIEN

223317NB
Noboru KIMURA
WIEN

123456KK
Edith KOREN, Martin KÄFER
GRAZ

57864US2
Stefanie MURERO,
Astrid PIBER
WIEN

150729AZ
Martina SCHABERL, Lydia
WISSA, Gudrun HOLZER
GRAZ

12S8K749
Karl M. SCHOOF
WIEN

141414PS
Peter SCHUBERT
WIEN

PT000000
Robert WACHA, Almut SCHINDLER
LINZ/PUCHENAU

161512WX
Gerd ZEHETNER,
Andreas HEIZENEDER,
Rhett SCHWEIGER
WIEN

BELGIUM
200473NB
Nicolas BALLERIAUX
LILLOIS

601021LG
Lucas GILLARD
HOEILAART

110868MN
Jean Mario KEPAOU
BRUXELLES

160472LG
Guillaume LECOMTE,
André BERNARD
BRUXELLES

683272AZ
Olivier PIROT
BRUXELLES

131295LP
Uma POSKOVIC
BRUXELLES

319738QI
Filip CALLAERT, Johan REYNIS,
Bart VANDEN DRIESSCHE,
Francis DEMEY
HAMME

S600009M
Gunnar DEGERLID, Jo
DAELMAN, Wim DHAENENS,
Sicco LADEWIG
HEUSDEN

BRAZIL
PT005521
Marina de ALENCAR,
Pedro RIVERA MONTEIRO,
Rodrigo Otavio LIMA
AZEVEDO, Patrícia FENDT
LEBLAN, RJ

100774NR
Valentina BARROS LIMA
MORAES, Bruno LIMA, Eduardo
LIRA, Luiz MARCONDES, Nohab
ROCHA, Fabiana CELENTANO,
Erico CORREA, Paulo ABILIO
RECIFE

11R08C74
Ricardo BASTOS CALABRESE,
Alexandre WISSENBACH
SÃO PAULO

A245C949
Carlos Alberto BATISTA
MACIEL, Alexandre
BRASIL GARCIA
BELO HORIZONTE

BR401104
Marcos BOLDARINI,
Elvis VIEIRA, Ronaldo PEZZO,
André HERZOG
SÃO PAULO

BR190896
Mariana G. BRUNELLI,
Ana Lúcia LONGATO
M. DAS CRUZES, SP

ER231060
Eliane CAMILO
SÃO PAULO

Nelson Luis CARVALHO
DE OLIVEIRA
BELEM

Martín, CORULLON, Guilherme
TEIXEIRA WISNIK, Rodrigo
CERVIÑO LOPEZ
SÃO PAULO

559021BR
Ricardo CHINITE KAWAMOTO,
Gustavo D'AVILA SIQUERA
NETO, José Ricardo FLORES
FARIA, Marcio LEITE E SANTOS,
Maurício LEGO LOPES, Luiz
FERNANDO SOUSA SANTOS
RIO DE JANEIRO

DE325946
Ariadne DAHER
CURITIBA

750628MN
Marianna DE OLIVEIRA LOBO,
Flávio VICENTE DE ANDRADE,
Nara IWATA PINTO,
Natalia CARVALHO MILLER,
Mauricio VALE SOARES
876AB421
Eduardo DE VASCONCELOS,
Luciano BUTIGNON
CAMPINAS

CF100722
Carlos Augusto FERRATA,
Carmen MORAIS,
Federico ZANELATO
M. DAS CRUZES, SP

CP1974
Caio de Souza FERREIRA,
Fábio Rogge CARONE,
Aylton Viana MIRANDA FILHO
CAMPINAS

777777LL
Brutus Abel FRATUCE
PIMENTEL, Luciano TORRES
TRICARICO, André Luis
BALSANTE CARAM,
Décio Otoni DE ALMELDA,
Márcio OLIVEIRA LEME
SÃO PAULO

S200394P
Amalia GIACOMINI,
Jorge PAULI NIUBÓ
SÃO CAETANO SUL, SP

BN150872
Baldomero GOMES NAVARRO
SANTO ANDRÉ, SP

170472RG
Rodolfo GUAZZI
BELO HORIZONTE

F719M567
Fábio De Castro JUVENCIO,
Mariana TAVARES
SÃO PAULO

LB101946
Carolina LEFEVRE, Daniela
SANDLER, Celso K. NINOMIYA,
Fábio GOLDFARB
SÃO PAULO

986457CP
Carlos Eduardo LIMA DE
SOUZA, Juliana PETRATI,
Heloisa YONNE TOMONARI
VALINHOS, SP

12575SE6
Simone MENDOÇA, Ana Rosa
CRUZ, Lucyana OLIVERA,
Elaine CONDOR,
Alexandre FAVARIN
RIO DE JANEIRO

AM593118
Ascanio MERRIGHI DE
FIGUEIREDO SILVA, Ronaldo
MASOTTI, Tomaz Anastasia R.
HORTA, Ana Paola DE
OLIVEIRA ARAUJO, Gabriel M.
MONTEIRO, Danilo MATOSO,
Humberto Hermeto PEDERCINI
MARINHO
BELO HORIZONTE

220770PE
Paulo Sergio MINDELLO
BELO HORIZONTE

UR843150
Diego MINKS ROSSI FERMO,
Ana Luiza BESSA DOS
SANTOS, Eduardo NOGUEIRA
GIOVANNI, Juliana CUNHA
CARDOSO DE OLIVEIRA,
Evandro José DE OLIVEIRA DE
ANDRADE
FLORIANÓPOLIS

7000PLO1
Patricia MIRANDA DE LIMA,
Aurélia BORBA CARTAXO,
Clarissa DANGREMON, Mariana
SILVA VILLELA
VILA MARIANA, SP

BR216182
Michel de Andrado MITTMANN,
Rosana MONTAGNER CERVO,
Inara BECK RODRIGUES,
Emerson DA SILVA
TRINDADE-FLORIANÓPOLIS

657472SP
Vagner Luis Junqueira
MONTEIRO, Marcos REGAMELLI
DA CUNHA, Fabio Henrique
APARECIDO DE ANDRADE
CAMPINAS

BR171996
Andrea MOURA SALIES
LANDELL, Fernando KATO
HASUI, Maria Regina
GORENSTEIN, Ana Theresa
VIDIGAL SILVA
Alto de Pinheiros, SP

XY100100
Lua NITSCHE, Pedro NITSCHE,
Joana FERNANDES ELITO
SÃO PAULO

CP621022
Cassio Roberto PACE RIVA
SÃO PAULO

AB031073
Angela PAGLIUSO BASSO,
Gustabo JUNQUEIRA CALAZANS
SÃO PAULO

BR222326
Marcelo PALUMBO, Ricardo DE
OLIVEIRA CARDOSO,
Tiago PERES GOMES
SÃO PAULO

92A74C72
Arlis Buhl PERES, Cristiano
FONTES DE OLIVEIRA
TRINDADE-FLORIANÓPOLIS

369P246B
Regis PLANAS BUIL,
Gisele GAMBA DE AZEVEDO,
Débora FERNANDES
SÃO PAULO

270971AD
Antonio Carlos POMPEU DE
CAMARGO, Denise DAMAS DE
CLIVEIRA
BUTANTÁ, SÃO PAULO

AB123456
Paula QUINTAO ROCHLITZ, Caio
Santo AMORE DE CARVALHO,

Elisio T. RODRIGUES YAMADA,
Renata VIEIRA DA MOTTA
SÃO PAULO

Zoo4Yo96
Alexandre RIBEIRO, Barbara
VALUERTE FILGUEIRAS
RIO DE JANEIRO

177H39M5
Leandro ROTOLO SOARES,
Fabiana REBELO BEZ,
Marcos ALEXANDRE JOBIM,
Renato TIBIRIÇA DE SABOYA,
Silvana CARLEVARO
FLORIANÓPOLIS

110709TE
Paula Freire SANTORO, Ana
Claudia Scaglione Veiga de
CASTRO, Joana de Carvalho
SILVA
SANTO AMARO

419962FS
Felipe SCARAMUZZA
CURITIBA

05X15L21
Laura SILVEIRA CYRIACO, Paula
CODINA, Juliana BUSICHIA
SÃO PAULO

126236QN
Múcio Cesar Júca VASCONCE-
LOS, José Fernando ALVARADO
ACEITUNO, Luziana DE A .
MEDEIROS, Vera Cristina
CAVALCANTI FREIRE
RECIFE

CFGMNC
Martha Ignez VELLEDA,
R. Cristina ARANTES, Natalie
DELGADO, Gisele CARVALHO,
Fernando GABRIEL
RIO DE JANEIRO

QN999999
Max Lira VERAS XAVIER DE
ANDRADE, Alexandre George
DA ROCHA NEVES, Fabiano
José ARCADIO SOBREIRA,
Terence BORMANN DE FARIAS,
Adricia Christiany PEREIRA
ANGELO
RECIFE

ESo21996
Fabiano VIEIRA DIAS, Luciano
AGUIAR, Carlos R. HOLZ,
Elisangela FANTIN CARNEIRO
VITORIA

BULGARIA
701221SL
Radoslav ASENOV
SOFIA

D22A1996
Marina IGNATOVA, Ilina
TSVETANOVA, Larisa VANKOVA
SOFIA

K323174K
Gueorgui KATOV, Biliana
KONACTCHIEVA
SOFIA

624J138M
Julia MALEEVA
SOFIA

Dimitrina POPOVA
SOFIA

Ventsislav TSVETKOV
SOFIA

BB210672
Vladimir VALKOV
SOFIA

CANADA
777777CA
Chantal AQUIN
SAINTE JULIE, QUEBEC

UN234567
Jean BEAUDOIN,
Erici PEMBERTON SMITH
MONTRÉAL

555550BU
Natalie BOUCHARD,
Guillaume CHAN
MONTRÉAL

SCo10167
Said CHOUKEIR
QUÉBEC

CF100869
Christian HOGUE,
Francis LEMAY
MONTRÉAL

BB501221
Trevor McIVOR,
Peter MARSHALL
TORONTO

MS724159
Pascal TRAHAN, Alexandre
LAPOINTE, Jean Olivier
NADEAU, Jean François JULIEN
QUÉBEC

COLOMBIA
1893346PM
Esteban AMAYA CASAS,
Marcela MANRIQUE,
Pablo ROJAS
SANTAFE DE BOGOTÁ

74B3X521
Doris E. AREVALO NIÑO,
Daniel Noe GUZMAN ROMERO,
Roberto E. MEJIA PAZ
CHIA CUNDINAMARCA

333DA333
David Alberto ARIAS
MANTILLA, Sergio Hernán
CACERES CACERES, Carlos
Emiro LANDAZABAL FLOREZ,
Otto Federico CALA ARDILA
BUCAMARANGA

AA797894
Camilo Eduardo CABEZAS
CHAPARRO, Eliecer FRANCO
ROJAS, Oscar Fernando
VALCARCEL PARRA
BOGOTÁ

Do8Ro396
Dalio CERVERA CONTRERAS
SANTAFE DE BOGOTÁ

364A85G3
Mauricio CHAVEZ CALLE,
Carlos Enrique ARARAT,
Diego Fernando QUINTERO
CALI

A528R349
Elisabeth DIAZ TAMBO, Gladys
ARIZA CUBIDES, Cesar Augusto
RODRIGUEZ RODRIGUEZ
BOGOTÁ

112076GX
Milagros FLOREZ QUATTRINI,
Carlos Eduardo FONNEGRA
TORRES, Andrés OJEDA
UMAÑA
BOGOTÁ

G247N742
Luis Miguel GARCIA MORENO,
Rodrigo Alonso PUERTA
SKINNER
BOGOTÁ

J815313A
Juan Fernando GARCIA
ORDOÑEZ, Carlos Arturo
CARRASCO RIVERA, Andres
Eduardo ALVAREZ CEDEÑO,
Carlos Hernan BETANCOURT
CALI

222425GM
Juan Manuel GARCIA SILVA,
Maria Fernanda ESPINOSA
URREA, Gumercindo MURILLO
CAICEDO
CALI

706619FL
María Fernanda GARCIA
VARGAS, Luz Estrella ARAUJO
AGREDO
PALMIRA,DPTO. DEL VALLE

JM151812
Jorge GARZÓN BARRERO,
Marco PICON,
Javier RUEDA PINZÓN
BOGOTÁ

AM697173
Ana Carolina CALLE, Mauricio
NAVARRETE, Alejandro PERERS
BOGOTÁ

1930P2l2
Alejandro SAMPER, Rafael
GUTIÉRREZ, Jaime TELLEZ
BOGOTÁ

4M97A753
Felipe AYALA, Camilo
FERNANDEZ, Germán ROJAS,
Alejandro VARGAS
BOGOTÁ

913768AJ
Claudia Milena SEGURA
RUBIANO, Diana Patricia DIAZ
ESPINOSA, Ana Isabel
RODRIGUEZ VILLOTA
BOGOTÁ

3519A71P
Andrea Paola DAVILA
HERNANDEZ, Ana María
CHARRY GRANADOS, Ivan
Andrés GUERRERO RUIZ
BOGOTÁ

210424AM
Andrea ROMERO PEREA,
Mauricio RODRIGUEZ
VASQUEZ,
Ana Maria VELEZ VEGA
BOGOTÁ

67A67X13
Erika LEON, Mauricio
CASTIBLANCO (Carlos
HERNANDEZ CORREA)
BOGOTÁ

F5197T76
Félix Enrique RODRÍGUEZ
GUARÍN, Pablo Darío TIBANÁ

LEÓN, Jhon Jairo VASQUÉS
BOGOTÁ
XL785943
Beatriz CURI, Juanita MEJIA,
Mauricio AMAR
BOGOTÁ
80K6974M
Jaime Rodrigo FLOREZ
CASTAÑO,
Héctor RAMIREZ LASSO,
Ivan Andres TORRES NAVAS
BOGOTÁ
030511AY
Ana Lucía LOPEZ BENAVIDES,
John Alejandro MEDRANO
MARIÑO, Carmen Julia
PRIETO GÓMEZ
BOGOTÁ
EV362158
Miguel Angel CAMARGO
ESCOLAR, Claudia Verónica
VELANDIA LOPEZ
BOGOTÁ
760528AJ
Jenny Alexandra FORERO
FORERO, Edith Rocio
GONZALEZ LEYVA, Maria Clara
VILLAMIZAR BERMUDEZ
BOGOTÁ
MV871845
Milena ACEVEDO ORTIZ,
Maria Fernanda RUIZ, Vanessa
VELAZCO
BOGOTÁ
DM061011
Darío Enrique RODRIGEUZ
BENAVIDES, Mauricio ORJUELA
URICOECHEA, Diana Marcela
CORTÉS CHAVES
BOGOTÁ
09D0512A
Andrés AMAYA MEDINA,
Tatiana HELD OTERO, Liliana
MOUTHON BARRERO
BOGOTÁ
747472UJ
Liliana GOMEZ REYES,
Liliana GOMEZ JIMÉNEZ,
Ricardo DOMINGUEZ IRISARRI
BOGOTÁ
P73G721
Joan BARBOSA CASTILLA,
Pablo CHICHILLA RAMIREZ,
Luis Guillermo CORTES
BOGOTÁ
346297BJ
Fernando CHAPARRO, Catalina
BARJIM, Alexandra MORALES
BOGOTÁ
287273NC
Alexandra CAICEDO,
Silvia NAVAS
BOGOTÁ
A765567Z
Kenneth E. HUBBS, José Luis
BUCHELI, Juan Carlos MURILLO
BOGOTÁ
000022CJ
Carolina ORTIZ, Juan Manuel
TORRES
BOGOTÁ
AC110731
Juanita CAJIAO, Adriana
CARULLA, Victoria E.
CARVAJAL, María José
GUTIERREZ
BOGOTÁ
CP678435
Rodrigo ESCOBAR VARGAS,
Daniel MERCHAN CEPEDA,
Camilo VILLAMIL WEY
BOGOTÁ
Clo52615
Mariana POMBO,
Cristina PUNGILUPPI,
Denise SCHAECHTER,
Paola VIVES
BOGOTÁ
55C82A79
María Victoria PULIDO,
Julia Alejandara LOPEZ,
Dario Alberto ROMERO
BOGOTÁ
AC251925
Santiago Angel URIBE, Carlos
Alberto GALVIS SARMIENTO,
Andrés RAMÍREZ PEÑA
BOGOTÁ
846A2F98
David BURBANO GONZALEZ,
José CÁRDENAS LONDOÑO,
Maurix SUÁREZ RODRÍGUEZ
BOGOTÁ
D528217S
Diego MOLINA, Felipe LIMONGI
APARICIO, Ivan PEREZ
BOGOTÁ
LV737596
Lorena PERDOMO TOVAR,

Nicolas LEYVA,
Juan Carlos VALENCÍA
BOGOTÁ
74C15M39
Camilo DI DOMENICO, Claudia
HENAO, Margarita HERRERA
BOGOTÁ
CC123456
Sergio FELIPE CABALLERO
DIAZ, Pablo ANDRES
GUERRERO MENDIGAÑA
BOGOTÁ
TA162482
Andrea TORRES DROMGOLD,
Taizo YAMAMOTO BUNKOWSKY
BOGOTÁ
687149MM
Monica LYNN TOVAR
APPELBLATT, Myriam ADRIANA
LOPEZ CORTES
BOGOTÁ
912365IG
Tomás JARAMILLO VON
LOJEWSKI,
Marcelo SANCHEZ TORRES,
Ignacio GARCIA ARANGO
SANTA FE DE BOGOTÁ
G123J567
Gonzalo JIMENEZ PARADA,
Juan Carlos LOPEZ CASTRO,
Gabriel RODRÍGUEZ BECERRA
SANTAFE DE BOGOTÁ
944K944L
Fernando LOPEZ VASQUEZ,
Kristhian CASTRO VALENCIA
CALI
123456AZ
Uraldo Antonio OROZCO
ALARCON, José Antonio
ZAMORA BOHORQUEZ,
Holger SANTIAGO RODRIGUEZ
SANTAFE DE BOGOTÁ
P976V060
Victor Julio PACHON VEGA,
Hilvert Oswaldo VARGAS
RODRIGUEZ, Orlando
SEPÚLVEDA CELY
BOGOTÁ
04A30A96
Martha Janeth PEÑA CARRIOL,
Gladys Judith OLIVEROS
PARADA, Nestor Manuel
ROMERO CELEITA
SANTAFE DE BOGOTÁ
137483JD
Diego HENAO LONDOÑO, Juan
Carlos GRANADOS CORREA,
Isabel Cristina SANCHEZ
MEDELLÍN
626286PL
Daniel LONDOÑO, Francisco
LUNA, Verónica RESTREPO
MEDELLÍN
967483C4
Veronica HENRIQUES ARDILA,
Maria Adelaida MONTOYA
MUÑOZ, Isabel Cristina
SANCHEZ MEDELLÍN
720324PJ
Esteban BOTERO MEJIA
MEDELLÍN
586134ES
Liliana Maria GUTIERREZ
SANIN, Maria Clara
VALENCIA ESPINAL,
Luis Miguel RESTREPO OCHOA,
Jeanette RESTREPO
MEDELLÍN
877545CJ
Juan Felipe QUINTERO
VALLEJO, Carlos Mario
RESTREPO, Mónica María
CHAVARRIAGA, Catalina
HERNANDEZ, Jorge ANDRÉS
MEJÍA
MEDELLÍN
000001CR
Alexandra ARANGO TORO,
Pablo Andres URHAN VELEZ,
David Ernesto VANEGAS
HENAO, Camilo RESTREPO O.
MEDELLÍN
627358BA
Luz Teresita ARISTIZABAL
DUQUE, Carlos David
GONZALEZ CABRERA, Luis
Guillermo MEJIA MANZANO,
Oriana VARGAS,
Luis Guillermo MEJÍAS
MEDELLÍN
087473CT
Claudia Patricia MEJÍA,
Juan David FRANCO,
David Alejandro FUENTES,
Andrés Alejandro MURILLO,
César Augusto TORRES
MEDELLÍN
A415637C
Maria Isabel MARQUEZ
VELASQUEZ, Mauricio HENAO

MONTOYA, Jorge Humberto
ORTIZ TINOCO, Jorge H. ORTIZ,
Orlando GARCÍA MEJÍA,
Juan Alvaro DOMINGUEZ,
Diego A. TORRES
MEDELLÍN
748161RZ
Sara Maria GIRALDO VARGAS,
Sergio A. GOMEZ, Daniel
PUERTA, Nicolas BETANCUR,
Ricardo VASQUEZ
MEDELLÍN
M720G652
Juan Carlos PERGOLIS,
Adriana MENDEZ, Fredy GIL
BOGOTÁ
1A279R57
Jose Raul POMPEYO ORTIZ,
Sergio Hernan BEJARANO
QUINTANA,
Adan RIVERA GOMEZ
SANTAFE DE BOGOTÁ
R615944B
Carlos Andrés RODRIGUEZ,
Javier Mauricio BLANCO
CALI
NC542004
Nancy SERNA AGUDELO,
Constanza COBO FREY
CALI
1311HS34
Irma TORREGROZA, Carlos
Alberto BONILLA MEDINA
BOGOTÁ
296210DR
Rodrigo VARGAS PEÑA, Óscar
Daniel SOLARTE GUTIERREZ
CALI
920508ME
Olga Maria VICTORIA CHAVEZ,
Erik Abdel FIGUEROA PEREIRA
CALI
DP712311
Rodrigo ZAMUDIO LEMOS,
Camilo GARCIA BARONA,
Alejandro BORRERO MONTES
BOGOTÁ
23C78K32
Francisco León ZUÑIGA
BOLIVAR, Diego Javier LOTERO
YEPES
CALI

CROATIA
149414AC
Lidija JURINEC, Petra KOS,
Emil JELIC
ZAGREB
ST517262
Goran TOMAS
ZAGREB

CUBA
14A26H11
Ariel VALDES POSE,
Héctor ORAMAS POLO,
Abel SOLANA MORALES
LA HABANA   •
MC357826
Luis Vladimir VEGA CESPEDES,
Irina DACOSTA-CALHEIROS
HERNANDEZ, Michel HERRERA
CUELLO, Maria del Carmen
LLOVET LUACES
LA HABANA

CZECH REPUBLIC
FA328866
Michal FISCHER, Petr VANEK,
Michael KOCYCH,
Ondrej FUCHS
PRAHA

CHILE
AW197009
Rodrigo AGUILAR PEREZ,
Macarena MEYER MACKAY
SANTIAGO
020393AA
Andrea DE LA CERDA CASTRO,
Alejandro GUTIERREZ PAGNINO
SANTIAGO
29RS4193
Silvana DE LOS ANGELES
SANCHEZ BUDIN, Rosa RUBIO
SEPULVEDA
SANTIAGO
333GE777
Claudio Alberto GALENO
IBACETA, Andrea Paola
ELGUETA CASTILLO
ANTOFAGASTA
CH113509
Victor Manuel GARCIA PAVON,
Claudio Daniel MUÑOZ
WHITING, Hernan Andrés
UGARTE PRIETO
LAS CONDES, SANTIAGO

W261294Y
Gustavo HERRERA SOTO
VILLA FLORIDA,ANTOFAGASTA
PA203742
Pablo Wegner KAWLES
SANCHEZ, Pablo TALHOUK
MARTIN-POSSE, Luis Eduardo
CARMONA FRANZANI
LA FLORIDA, SANTIAGO
232422CH
Emilio Alejandro MARIN
MENANTEAU, Rodrigo Pablo
TORO SANCHEZ,
Raimundo Jesus VALENZUELA
URGELLES, Erasmo Antonio
ASTUDILLO ABARCA,
Manuel PERALTA LORCA
LAS CONDES, SANTIAGO
B232938A
Juan Pablo ROJAS DYVINETZ,
Beatriz Eugenia SANTIS
ECCLEFIELD, Alejandro Luis
DEL RIO MENA
LAS CONDES, SANTIAGO
AR128538
Matia Javier RUIZ TAGLE
AVENDAÑO, John Ewald
RATHCAMP SWIMBRUN,
Rodrigo BARRA TORRES
LAS CONDES, SANTIAGO
SR257196
Arturo TORRES CORTES,
Elke SCHLACK FURHMANN,
Martin HARFGAR
SANTIAGO
A777777Z
José Enrique VALENZUELA
ABURTO, Benjamín Claudio
PEREZ NANJARÍ, Cristián
MARDONES VÁSQUEZ
SANTIAGO

CHINA
YD7428
Ye DAN
BEIJING
LG256733
Leï GANG-RONG,
Lin ZHOU-SHENG
GUANGZHOU
757069HZ
Tian GUANG, Ning XIA, Bin MA,
Wenqing CHEN, Guoxin FAN,
Zhen CAO
BEIJING
092WW514
Li LING, Zhang Bin, Wang Jun,
Wang Ya
CHENGDU,   SICHUAN
DW168168
Dong LUDI, Wu QINGYU,
Li HAO, Zhang YONG, Xu NING,
Ni XUEYING, Xu DONGMING,
Su DI, Chen XI, Zhu JINGQING,
Qu DONGMING
XIAN, SHAANXI
HB730415
Wu QINGYU, Dong LUDI,
Li HAO, Zhang YONG, Xu NING,
Ni XUEYING, Xu DONGMING,
Su DI, Chen XI, Zhu JINGQING,
Qu DONGMING
XIAN, SHAANXI
517803JM
Ji QIU, Ning MA
BEIJING
092LW951
Ying Wei WENG, Liao Wei Tao,
Wang Jun
SICHUAN
112358JJ
Li XIANGNING, Xu TI, Zhou
WEI, Ju HENG
SHANGHAI
TA930336
Hao XU
TIANJIN
L369H428
Li YAN -NING, Hu JU
CHENGDU, SICHUAN
920AA432
Zhang YU, Cai ZHIJIAN
CHENGDU, SICHUAN
LF197386
Qingli ZHANG, Chen LI, Xin
XIN, Yongxian LI
BEIJING

DENMARK
706369WP
Kate HOUMOLLER VINTOV,
Malue BAJDA PEDERSEN,
Soren VINTHER
AARHUS
251296XD
Louise HALKJAER PEDERSEN
ÅRHUS
444648ES
Lene LYKKE JENSEN
ÅRHUS

US654321
Soren ASKEHAVE, Jan REINERT
RÖLAND, Jan KENNETH
MOLLER (Klaus HYTTEL)
ÅRHUS
3C7111J3
Charlotte BIRN, Eva GJESSING,
Johanna PETERSSON
ÅRHUS
415263CA
Gitte HOJRUP NIELSEN
ÅRHUS
2371N5A1
Atli BALLISAGER, Lars SCHODT
CHRISTIANSEN, Mike Jakob
KRISTIANSEN, Nuka Peter
KRISTIANSEN (Klaus HYTTEL)
ÅRHUS
169492PA
Dorte Jepsdatter GRAM,
Helle Katrine NIELSEN, Lotte
Camilla GREEN, Marianne Kjaer
DANIELSEN
ÅRHUS
166665XX
Henrik MIKAELSEN, Jens
KLINTING, Henrik Kamp DITLEV
ÅRHUS
279172NT
Matteo FANTAUZZO
ÅRHUS
BB616869
Helle LORENTSEN,
Anna Kathrine BISGAARD,
Rie OLLENDORFF, Johan Grud
BJERREGAARD, Tommy BRÜNN
ÅRHUS
617117AS
Anders BAK, Susanne
WINTHER
ÅRHUS
H271295S
Andrea NEMCOVÁ
ÅRHUS
Y7913A38
Anette POULSEN, Karen
GRAVESEN, Helle GRAVESEN
ÅRHUS
737169SL
Sara CARRIGAN, Lotte Sophie
Lederballe PEDERSEN,
Lotte HALD
ÅRHUS
X0011OOX
Karen NORUP, Naja VISCOR
ÅRHUS i C
111116YH
Anne Louise SCHONHERR,
Gitte JOHANNESEN,
Signe BIRKELUND
ARMUF
123X123V
Jesper STEPPAT,
Per CHRISTENSEN, Morten
OLSEN, Jesper FELDAGER
ÅRHUS

ECUADOR
D47P7125
Pablo Eduardo DAVILA PLAZA,
Raul Marcelo PAREDES
JARAMILLO
QUITO
A190715A
Pablo Antonio MOREIRA
VITERI, Pablo Adrian MORENO
NÚÑEZ, Juan Alfredo
RODRIGUEZ MALDONADO
QUITO
341241MP
Diego PADILLA PROAÑO,
Milagros PESANTEZ
QUITO
651718HP
Ernesto REINOSO ESTRELLA,
Wladimir CASTRO CASTILLO
QUITO

FINLAND
200096XX
Elina AHDEOJA
TAMPERE
L111111I
M. HEIKKILÄ, T. KAJASVIITA,
J. KAUHANEN, L. LARIKKA,
S. UHARI, N. KOSKIVAARA,
P. KROGIUS, M. KUUKASJÄRVI,
L. LAMMASAARI, H. OJALA,
P. POIKOLAINEN
OULU
36K21S31
Pasi KINNUNEN, Minna SOUKA
HELSINKI
F222X237
Pauliina KOSKINEN
TAMPERE
L00M1996
Pekka LAATIO, N. KOSKIVARA,
P. KROGIUS, M. KUUKASJÄRVI,

L. LAMMASSAARI, H. OJALA,
P. POIKOLAINEN, M. HEIKKILÄ
T. KAJASVIITA, J. KAUHANEN,
L. LARIKKA, S. UHARI
OULU
K1873C13
Kari LINDSTROM
LAHTI
010101XY
Sue ROSCHIER
ESPOO
MA848281
Eric HIETANEMI, Kathleen
TIPTON
ESPOO
1014920MG
Michael GRELLMAN,
John Stanislav SADAR
ESPOO
395849KU
Richard HOGAN
ESPOO
280467ME
Matthias ENGEMANN
ESPOO
8912016JW
Joowon LEE
ESPOO
250496PA
Matti PONKALA, Petri
TUHKANEN, Païvi HIETANEN
OULU

FRANCE
831012HM
Jérôme ADLER
RAIMBEAUCOURT
025679FX
Jacques ARTIGUES, Jean-Luc
FAGES, Nathalie GARCIA,
Myriam RAVASCO, Mylène
VINCENT, Sokhaevibol YIN
MONTPELLIER
000AJooo
Rodolphe AUGER,
Samuel JUZAC
VILLENEUVE D'ASCQ-LILLE
727273MC
Mukerrem AY,
Quentin GROSLIER
GRIGNY
2424VB24
Vincent BASSEZ,
Hélène VERNIERS
LILLE
265769MQ
Eric BERTHAUD, Karine
BERGERON, Anne DELEVALEE
SAINT DIDIER AU MT.
201049JM
Philippe BEZEME,
Frédéric BOYER
MONTPELLIER
999BD999
Catherine BOCQUET, Sophie
DEJONGHE
LILLE
444444AB
Antoine BOKOLOJOUE, Charly
TANKOUA, Blaise TCHATCHOU
CHARENTON LE PONT
031271BB
Benoit BOLLART
POLINCOVE
194121FS
Pierre-Olivier BRECHE,
Vincent NICOLAI
GRENOBLE
255452RM
Rémy BREGERE,
Patrice GAMEZ, Manuel GRAU
TOULOUSE
010694BB
Vanessa BRIDIER
PARIS
240972JB
Jérôme BRULLE
PARIS
33B0B550
Sandrine BUCLET
GRENOBLE
265456SY
Julien COGNE
ROMANS
246810HC
Hervé COULOMBEL
STRASBOURG
L23164oC
Claude DEBRAY
ROUEN
3165AA82
Stéphane DELIGNY,
Jean-Christophe RIGUAL
TOULOUSE
5111WP59
Renaud DESMALADES,
Laurent ZIMNY,David LECOMTE
LILLE

769PG13
Dominique DESMET,
Jean Pierre VINCESLAS,
Guillemette KARPELÈS
PARIS

746QP94
Virginie DUMAZAU, Othmane
OUJIL, Ali AZAMI, Fabrice
DUCHAUT, Moustapha
ABADY, Nabil LAZZAOUI,
Bouzerkri SALMAN
CHARENTON LE PONT

80005MA
Farali DUQUE PÉREZ, Aude
INQUIÈRES, Xavier LEPLAE
TOULOUSE

42315NV
Nathalie DUSSART,
Valérie NOUQUERET
LLLE

80607CD
Cyril FICHOT, Denis STREBLER
GRENOBLE

216137F
Claire FORT,
Sophie FECHEROLLE
LILLE

351853
Marie Joseph FOURTANÉ,
Moïses DE CHAMBRUN
SAINT MANDÉ

1315MG
Fabienne GARRIGUES, Laetitia
LESAGE, Sofiane HADJADJ
VERRES

4C12L88
Sarah GAY
CHARENTON LE PONT

A597721
Antony GENNARO,
Isabelle BRONNER
T. ISMIER

96278PR
Aurélie GHUELDRE MAYNAR,
Luisella CARBONELL FERNAN-
EZ, María VALBUENA
LAGARDE, Tong-Chin LIN,
Alexis BENARD, Jean-Luc
MAIGNAN, Céline BAUDOIN
CHARENTON LE PONT

BJ2DS8R
Jean Olivier GIRAUD
TOULOUSE

221562CA
Caroline SERRA, Ali MOUSSA,
Eric CHANTELOT
MONTPELLIER

082211SC
Christelle CHAMBON
MONTPELLIER

40178SG
Stéphane FABRE
MONTPELLIER

270872ML
Christophe GEBERT
MONTPELLIER

260469VD
Valérie DRÉANO,
Samuel MALHAUTIER
MONTPELLIER

262721KS
Laurent CASCALES, Virginie
BROCH, Hervé RABINAU,
Sébastien DELABARRE,
Bruno BONNEFOI
MONTPELLIER

190107ZM
Karine HERMAN,
Daniel DELGADO
MONTPELLIER

A160506H
Astrid HERVIEU,
Pierre-Emile FOLLACCI
PARIS

Ludovic JAL BILLET
GRENOBLE

XY777444
Tim KETTLER
MONTPELLIER

761684BO
Sarah KLINGEMANN, Nigel
WHITE, Delphine HOSQUET
PARIS

63BY1518
Anne LECOU, Yann LECCIA,
Barbara VAN OOSTERWIJK
MONTPELLIER

10XN1372
Cedric Cyrill NIESER,
Johanna DETTINGER-KLEMM,
Maike RATHJE
MONTPELLIER

56K2M279
Krebs CORDELIA, Juliane
MICHAELS
MONTPELLIER

010101ZZ
Stéphanie LE COQ,
Laure MARIEU
PARIS

A259186Z
Joana LELIÈVRE
TOULOUSE

596NV215
Nadia LINS DE BARROS,
Vannavong VIRATHAM, Olivier
THOMAS, Elvis DOIZON,
Barbara MIGLIORINI
CHARENTON LE PONT

87ST1235
Sofiane MESSAOUDENE
BAGNOLET

61AC4928
Patrick NANCY, Cécile MARTIN,
Alexander HEIDORN
TOULOUSE

354646MN
Pierre NAVARRO,
Catherine MARION
MARSEILLE

040674CP
Olivier PARIS, Claire LEMATTRE
VILLENEUVE D'ASCQ-
LILLE

123X1069
Xavier PICOT
SAINT BALDOPH

007007JB
Frederic PILON
DOUAI

314116PI
Nicolas QUENARD, Myroslav
GOMOLA, Madeleine HADRICH
PARIS

111271RM
Manuel RAGONS
LILLE

BK009596
Pascal RIFFAUD, Benoit FILLON
NANTES

31J71E75
Julie ROMANET
PARIS

CY150291
Yves-Pascal ROMER
PARIS

JC717273
TIOUCAGNA Nadine, BAILLIF
Evelyne, CAGGINI Anne-Laure
MONTPELLIER

1721088XT
DAURES, Jean-François
MONTPELLIER

E241273N
NEUKUM Eva, RICOUL
Alexandre, GUITARD Etienne,
JUSTRAFRÉ Emmanuel,
SAURA Cyrile
MONTPELLIER

A031547Z
Renaud BARRES, Cyrille
HIGNARD, Chrabar POPOV
MONTPELLIER

666BK999
Alexia GAUTIER, Gaël DUBOIS,
Elsa SORRIBAS,
Bernard MARTINEZ
MONTPELLIER

as070368
Arnaud SÉQUIER
FRÉJUS

3011NS72
Nicolas SIMON
VIGNEUX SUR SEINE

DE181991
Nicolas SULIKOWSKI
ROUBAIX

589475KX
Samuel TAMISIER,
Laure NARCE
MONTPELLIER

12873TF8
Jean-Michel TESTUD, Fabien
RAMADIER, Damien THEVENIN
BERNIN

221170TL
Laurent THIRIONET
LILLE

111111ZZ
Aurelie TOP, Dora MARQUES
LA MADELEINE

QM500500
Alessandro TOSINI
BORDEAUX

279CA413
Sophie TRAMONTI,
Antoine BEAU, Donald BOVY,
Frédéric SELTZER
PARIS

573964MB
Juliette VAILLANT
RONCHIN

210668FV
Francisco VALERO JUAN
PONT-DU-CHÂTEAU

740347ED
David WAUTHY, Etienne
BARTCZAK, Jérôme DE ALZUA
LILLE

724139WD
Marie WOZNIAK,
Arnaud DU PUITS
SARCELLES

GEORGIA
931839AM
George BATIASHVILI,
George AKHVLEDIANI,
Mirdia MURVANIDZE
TBILISI

385842BP
Lada CHMELADZE,
Zaza VACHADZE,
Nika GRIGORASHVILI
TBILISI

UT777772
Bladimer KHMALADZE,
Ekaterina REKHVIASHVILI,
Ann KARKASHADZE
TBILISI

sw123654
Zaza KVIRKVELIA,
Zviad DIAKVNISHVILI,
George PERADZE
TBILISI

GERMANY
398503RB
Regina BAIERL
KAISERSLAUTERN

203471ST
Silke BARTH, Tina SCHLEGEL,
Elke STAUBER
KARSLRUHE

XS103107
Alexander CARL
KAISERSLAUTERN

D999123W
Bernd DAHM, Carsten
WOLFERSDORF
HENNEF

021560DB
Otmar DODEL
KARLSRUHE

H100165A
Hasan DOLAN,
Kezdan ALANGOYA
WINNENDEN

126691Q4
Dirk DUCKART,
Anke STEENKEN
KÖLN

090671IM
Isabel HALBLEIB
KAISERSLAUTERN

SH010473
Sven HAMANN
KAISERSLAUTERN

303963TH
Till HELLER
KAISERSLAUTERN

MS191182
Steffen MARSCHALL,
Marco HEMMERLING
WEIMAR

739623HF
Mario FRIEDRICH,
Andreas HARBATH
WEIMAR

C190776S
Markus STENGER,
Silja WINKLER
WEIMAR

102132BA
Katrin LENZ, Ina NAUMANN,
Anja BLUMERT
WEIMAR

240208PH
Florian POLLMANN,
Stefan HAMBACH
WEIMAR

LB004200
Oliver LAMSFUSS,
Mathias BEYER
WEIMAR

76X00X42
Robert LASER, Ernst SCHARF
WEIMAR

28324HG
Thomas JENOHR
COBURG

0415TE87
Johan KADING
Neustadt

TK720517
Thecla KIRSCH
BERLIN

33J19K71
Jürgen KLIEBER
COBURG

010591NM
Markus LAUBER
STUTTGART

135069FL
Florian LEISCHNER
BERLIN

280471HL
Heike LINDEMER
KAISERSLAUTERN

010801XX
Marina LOSKE
DÜSSELDORF

K091288M
Sala MAKUMBUNDU
KAISERSLAUTERN

J283245S
Johannes MEYER
COBURG

AM180396
Hauke MÖLLER, Kai ABMEIER
OLDENBURG

123456UE
Günter MÖLLER
KAISERSLAUTERN

100268PX
Matthias MÜLLER
KAISERSLAUTERN

200870KM
Thomas PADMANABHAN
AACHEN

LC977779
Wolfgang RAATZ
MÜNSTER

08001CC5
Stefan REHM, Erik SCHNELLER
MÜNCHEN

280272BS
Birgit SCHNEIDER
KAISERSLAUTERN

569030FC
Fabian SCHULTE
KÖLN

152P215A
Peter SCHWARZ,
Agatha KUCZYNSKI
KÖLN

651964MS
Michael STÜBER
KÖLN

HB080965
Jorg THORISSEN
KÖLN

341Y254N
Andrea TIMMERMANNS
STUTTGART

MB934920
Maria VINE LANDIA
KAISERSLAUTERN

071810AS
Antje VOIGT, Silvia BARTNIK
KASSEL

336831So
Henning VOLPP
STUTTGART

QC078734
Patrick, VON RIDDER, Laurenz
KIRCHNER, Stefanie BROSCHE,
Peter SCHELLER
MÜNCHEN

MN242242
Matthias WEBER,
Nicole SCHNELLE
KÖLN

HX001000
Petra ZELLMER, Jan KLIEBE
KAISERSLAUTERN

GHANA
F327986C
Foster OSAE-AKONNOR,
Charles ARTHUR
KUMASI

GREECE
AF576042
Angelos FLOROS
AMPELOKIPI,
THESSALONIKI

1A3K0211
Dimitris KOLONIS
NTEPO, THESSALONIKI

GUATEMALA
Jacqueline MIRO, Alex IRIARTE
GUATEMALA

HUNGARY
1072A1E8
Akos HALASZ, Attila BALOGH,
Eszter BODI
SZOMBATHELY

MA030000
Peter KALMAN, Tamas
KARABA, Barbara TOLNAY,
Zoltán ÖLBEY, Csilla KÉREY,
Zsolt VASÁROS, Zoltán FUCHS
BUDAPEST

TY212831
Fabry ZOLTAN, Peter MENYES,
Peter TUSKÁN
BUDAPEST

IRAN
Seyed-Mohamad-Amin
HASHEMI, Ali NAKHJAVANI,
Sasan SEPEHRI, Reza
TAVAKOLNIA
Shahrak Ghods
TEHRAN

ISRAEL
201268MS
Michael SASSON
MEVASERET-ZION

YD691967
Dor YANIV
TEL AVIV

NZ210372
Nataly ZICRONY
TEL AVIV

ITALIA
FA241170
Francesco ALBINI
MILANO

696971TR
Diego ALLEGRI, Antonio
Emanuel Laundes Caldas,
Massimiliano Vurro
CHIVASSO, TO

13M67A96
Maria Angela ANIELLI
ANAGNI

816327GR
Francesca ARGENTERO,
Caterina TANTILLO,
Barbara DELEDDA
FORMELLO, ROMA

938727NI
Elisa ASTORI, Giovanna
BORASI, Caterina BATTISTINI,
Giulio PUGNO VANONI
MILANO

A216C356
Catia ATTURO,
Anna María BISCETTI
ROMA

PE199622
Emanuela BALZANI
PESCARA

291270XE
Elena BARTHEL
FIRENZE

FG821725
Fabrizio BAVA,
Gianvittorio PORASSO
TORINO

611667AM
Marta BIAGINI,
Alessandra CASELLI
PISTOIA

372862CR
Francesco BOMBARDI,
Edo CASADEI
MELDOLA

58E60C73
Eleonora BONESI,
Clara BONAVENIA
ROMA

111111IE
Liliana BONFORTE,
Martí BORRAS BASTEIRO,
Andrea BORLINI
PAVIA

211996CC
Caterina BONUCCI, Sebastiano
GIANNUZZI, Marco PIGNATTAI
ROMA

28GK2118
Lorenzo BRILLI, Tomasso
BRILLI, Matteo ZETTI
PRATO

BA291974
Barbara BRUNO
TERMOLI, CB

250396DN
Daniele BRUNONI,
Nicola SALAMI
S, GIORGIO, MANTOVA

775778XJ
Melania BUGIANI, Massimo
BOSSAGLIA, Marta VICENTE
CARRIO
MONZA, MI

152822FX
Stefano CACACE,
Sara SFERRAZZA,
Carlo Maurizio LIZZINI
ROMA

TA413278
Angelo CAMPO
PESCARA

125411AC
Alessandro CAPELLARO
Firenze

276RM666
Massimo CARDONE,
Fabio BRAGHETTA,
Manfredo BRAGHETTA,
Maria Claudia CATELLI
ROMA

IB967123
Silvia CARENA, Elisa ALÈ,
Isabella INTI
MILANO

FB363444
Nicola CATTABENI, Paolo
CIUCCARELLI, Elisabetta DE
GASPERRI, Guido DE
NOVELLIS, Fortuna PARENTE
MILANO

PE199625
Nicola CATULLO
CASTEL DI SANGRO, AQ

G777777C
Paolo CAZZARO GUGLIELMI
VICENZA

PE018092
Angelo CENTRONE
PESCARA

162310AG
Alessandra CIANCHETTA,
Gaetano DI STASIO
ROMA

PE751014
Graziana COLUCCI
PESCARA

123666XX
Fabio COMTILLO,
Damilo CAMPAMARO,
Giuseppe CLEMENTE,
Stefano DE MAGISTRIS
FOGGIA

JH189970
Alberto CONTE, Alfonso
CARINO, Fabrizio GIANOTTI,
Pier Paolo RAMAZZA,
Davide MUSMECI
TORINO

299632SL
Maurizio CONTINI, Andrea
CASSINARI, Giacomo DEL
BENE, Nicoletta PIERSANTELLI,
Elisa TESTA, Clauda TROVATI,
Carlo D'APOLLONIO
GENOVA

PE199623
Marcello CORRADO
MARCONIA, MT

311073RP
Chiara CORSICO, Pier Paolo
SCOGLIO, Andrea ZAVATTARO
TORINO

001356ZM
Matteo COSTANZO Gianfranco
BONBACI, Antonella BARTO-
LUCCI, Pietro CHION, Valerio
FRANZONE, Angelo GRASSO,
Veronica POTENZA
ROMA

142C696Z
Tommaso CRUDELE,
Gionata ZANCA
FIRENZE

PE199636
Marco CURATO
FOGGIA

75N5S956
Corrado CHIAPPETTA
RENDE, COSENZA

PE199602
Rossella D'ELIA
GROTTAGLIE, TA

210872AM
Mattia DARÒ, Annalisa
CURRERI, Valentina SERAFINI
ROMA

PE199641
Michele DE ANGELIS
CORRIDONIA, MC

301271MC
Marco DE BORTOLI, Minos
DEGENIS, Matteo CARAVATTI
SAN DONATO, MI

DC199627
Damiano DE CANDIA
PESCARA

465017CL
STUDENTI LABORATORIO II
NAPOLI

Patrizia DE MASI, Marco
Lambertucci, Manuela Petinari,
Harley Francesco STORTI
FERMO, AP

PE199673
Martino DEL MASTRO
PESCARA

PE199628
Concettai DI CICCO
SILVI MARINA, TE

PE199672
Marco DI FELICE
FRANCAVILLA AL MARE

1407VD71
Valentina DROCCO,
Davide ROLFO
TORINO

U459006D
Umberta DUFOUR
GENOVA

45W7619S
Raffaele FABRIZIO, Thomas
BEYER, Jens HOFFMANN
FINO MORNASCO

110782RT
Massimiliano FACCIOLO,
Fabio CASELLI
TORINO

279C111M
Claudia FARACI,
Michelangelo CASTELLETTA
TORINO

7190891I
Marcella GABBIANI,
Carlotta GHILIANO
VICENZA

C22L4569
Lorella GALLETTI,
Cristina FABIANI
POGGIBONSI, SIENA

199331CA
Alessandra GENTILI, Claudia
LIPANI, Arianna DEAMBROGI,
Sabrina FERRARI
GENOVA

001117KU
GretaGIUNTA, Paqui
ALMIÑANA, Stefano CAPPELLO
MILANO

PE017840
Luca GRANARELLI
MONTEMARCIANO, AN

96C69G65
Cristina GUERRINI
FIRENZE

688418LS
Ellen HELLSTEN, Hilde Therese
REMOY
MILANO

A121212H
Alexander HUBER,
Hannes LADSTANTTER
BRUNECK, BZ

333496PE
Luca IPPOLITI, Marco FARS,
Manuela CIERI
MONTESILVANO

70K21To8
Tom KROKE
FIRENZE

SL210496
Alessandro LANZETTA, Cecilia
ANSELMI, Marta ACIERNO,
Gianluca EVELS, Angelo
TODARO, Cristina VENTURA
ROMA

000AB805
Lorenzo LOTESTO
MILANO

FJ371824
Domenico MADDALUNO
FERMO, AP

522913AF
Alberta MAGRIS,
Franco PERISSINOTTO
CONEGLIANO

1903LM96
Mauro MANNA,
Lorenzo PARRETTI
FIRENZE

9L16N523
Rosario MARROCCO
ROMA

927425
Benedetta MASI, Alessandro
LAINATI, Gianmaria SFORZA
FOGLIANI
MILANO

536348SM
Gabriele MASTRIGLI, Gianluca
FICORILLI, David RAVIGNANI,
Stefania CIUFFOLI,
Antonella Sonia PERIN,
Maria Vittoria ZANONI
ROMA

S106926M
Semaan MAZZILLI,
Marco MALENA
FIRENZE

10K16A21
Diana MELFI, Carlo TESTA,
Marco MORANTE
ISERNIA

150973MC
Martina MELUZZI,
Cristina SEGNI
ROMA

VK866944
Eduardo MIGNONE, Filippo
ORSINI, Paola IMPAGLIAZZO
NAPOLI

207LC345
Martino MITIDIERI, Tonino
BUCCIARELLI, Americo DI
CIOCCIO, Gianluca MICHETTI
PESCARA

791428AF
Fabio MOCCIA,
Adele DI CAMPLI
FIRENZE

PP171717
Paolo MONTANARI
PARMA

B737B747
Erika MORANDI,
Cesare GRIFFA,
Julia Ines MORAIS CALDAS
TORINO

A6870F70
Alessio MORETTI, Alessandro
NARDOZZI, Filippo FELLI
ROMA

614124IF
Francesca MUZIO, Pamela
RIGHETTI, Natale VINCENTI
GENOVA

591756YJ
Gianclaudio NEGRI, Simone
SMARGIASSI, Gianluca
CAVAZZA, Agnese MAFFIOLI
BESNATE

181268SG
GiovanniNEGRO
LECCE-LE

RM174536
Francesca NEPA,
Antonella SPADACCINI,
Stefania PARADISO
MONTESILVANO, PE

TR129496
Giuseppe OCEANO, Salvina
IACONO, Alessandro D'AMICO,
Mario SCALISI,
Andrea MIRENDA
CATANIA

MT730817
Maria Tiziana PAGONE,
Liuzzi MICHELE
PALO DEL COLLE, BARI

RP114282
Raffaella PANIÈ, Paolo UGONA
REVIGLIASCO, TO

RC727172
Carlo Alberto PARISI,
Riccardo ALINI, Nicola Righini
MILANO

E995M203
Edgardo PAVESI,
Michele SACCO
MILANO

N654A456
Alessandra PELOSI, Nicola
CASINI, Michela BIGAGLI
SIENA

230573PD
Dario PEREGO
LISONE, MI

22CP0373
Salvatore C. PERRINI, Genny
CALARDELLI, Eliana CAPONE,
Gianluigi COLOMBO
PESCARA

PP241524
Igor PESCE, Andrea POZZATO
MERANO

LM282988
Marco PIETROLUCCI, Livia TANI
ROMA

PE199677
Paola PISTILLO
S. PIO DELLE CAMERE, AQ

196972FI
Paolo POSARELLI, Fabio REALI,
Alberto POSARELLI,
Gianni BELLUCI
LA SERRA, PISA

CM876391
Marco PRATI, Alessio ERIOLI,
Federico BERGAMI, Michele
VITALI, Nada BALESTRI
BOLOGNA

5487KH54
Marco PRIZZON, Piero TAURO
CARITA DI VILLORBA, TV

BP676711
Elena PUCCI, Luciano BUONO
SPELLO, PERUGIA

300467RR
Roberto RAMICOLA
LAMA, TARANTO

4JB74396
Merino RANALLO, Ivan DI
NACCIO, Fabrizio VERRIGNI,
Antonio SABATINO
MONTESILVANO, PE

RB121578
Lucia RAVEGGI, Luca BALDINI
FIRENZE

1414141ZI
Alessandro RIDOLFI,
Andrea VARI, Christian
ROCCHI, Marco ALCARO
ROMA

19A36S28
M. Alessandra ROCCHI,
Silvia MARGUTTI
FIRENZE

PE199657
Marianna RONCI,
Michele BOCCIA
PESCARA

PR780605
Luca ROSSI, Paolo PELANDA
MILANO

SR743910
Francesca Veronica RUBATTU,
Roberto SIMEONE,
Daniele SERRETTI
ROMA

PE017945
Rolando RUBINO
PESCARA

1NF55555
Francesco SACCONI
MILANO

IC185996
Cesare SALVATORI,
Claudio PERROTTI,
Giuseppe FRANCAVILLA
PESCARA

PE199605
Daniele SANTORO
PESCARA

856796IN
Alberto SCABIN,
Paolo BALLARIN
CONTARINA, RO

13A06S68
Alessandro SCARNATO
PRATO, PO

J568F555
Gianluca SCICHILONE, Dario
BINARELLI, Luca BINARELLI,
Spartaco PARIS, Federico
SORDINI, Simone SPADA
ROMA

5G735A74
Antonella SGOBBA, Giulia
NASSI, Pino Violante
FIRENZE

A270622V
Vanesa SIGNORE, Andrea
SCORZA, Alessandro SFORZA,
Vincenzo SPEZIALE
ROMA

M1Z10304
Luca SILENZI, Zoè Chantal
MONTERUBBIANO
PORTO S. ELPIDIO, AP

082210AV
Valerio SILVESTRI,
Andrea RIGLIONI
ROMA

694369SM
Monica TAVERNITI,
Simona PIOLA
LA LOGGIA, TORINO

PR519926
Antonio Maria TEDESCHI,
Filippo BOCCHIALINI, Daniele
GIGANTE, Giuseppe MILANO,
Laurenza NUZZO,
Francesca SORBI
PARMA

TP257972
Giuseppe TOMA
SAN SEVERO, FG

23V8C963
Giuseppe TORTORELLA
REGGIO CALABRIA

121570FC
Cristina TROILO, Antonella
LIARDA, Francesca CARLINO,
Daniela BERTOLETTI,
Alessandra LOIUDICE,
Sara PARACONE
GENOVA

LC183226
Marco TROMBA, Claudio
COLLA, Guido MUSANTE,
Susanna LODDO
GENOVA

358013TV
Marco TROMBETTA, Giorgio
GIRARDI, Filippo MICHELIN
PAESE, TREVISO

243K06A6
Fabio G.E. TUDISCO,
Marina A.E. MIGNECO
ROMA

S333666H
Sabrina TUROLA,
Sabrina PRACCHI
MILANO

JAPAN
EG131106
Miki EGASHIRA, Takeo
FUJIMOTO, Akira UCHIDA
FUKUOKA

709267SH
Shinsuke FUJII
TOKYO

NE296052
Takashi HIGASHITANI, Chikako
MURAOKA, Naoki OGUNI
OSAKA

G15669E6
Takuto HIKI
TOKYO

932506XX
Yukiko IIZUKA, Kengo KAMIYA,
Miki SUGANO, Yachiyo ITO,
Tomohiko IKEDA, Mari
WATANABE
KYOTO-SHI

TA711005
Takashi ITOH
TAMA-KU, KAWASAKI-SHI

282KK971
Nami KOMATSU, Naoki
SONODA, Atsumi HAYASHI,
Hiroyuki MIYABE
YOKOHAMA

TK972526
Tutomu KONDO
KYOTO CITY

FM686868
Ryuichi NOGAMI, Kenji TAKAGI,
Fotini GEORGAKOPOULOU
TOKYO

S47R2607
Hiroyuki OKADA, Jun KONDO,
Koichi SUZUNO, Yuki HASHIBA,
Iku HIROSE, Tomohisa
IKEGAMI
CHIBA

31047S7A
Nasu SATOSHI
TOKYO

M203M102
Matsui TAKASHI, Takahide
AIBA, Tohru HORIGUICHI,
Takumi KATO, Tanaka
YASUMICHI
SENDAI CITY, MIYAGI
PREFECTURE

T730127A
Hirotsugu TSUCHIYA, Azuma
NOBUHIRO
KANAGAWA-PREF.

70Ro8T23
Masanori TSUJIHASHI
TAMA-KU, KAWASAKI-SHI

MK161968
Shinzo UEMOTO, Kooshi OZAKI
NAGOYA

198000GB
Taku WATANABE, Makoto
NAKA, Merina BURHAN, Yukiko
KAWADA
CHIBA

358137AA
Hiroya YOSHIZATO, Daisuke
KANEKO, Yutaka SATO
TOKYO

KAZAKHSTAN
M123457S
Beric MURZAGALIEV
ALMATY

VR315741
Roman VELICHKO
ALMATY

KIRGUIZISTAN
777766PM
Student group Jakov
MAZMANOV
BISHEK

KOREA
S606P701
Hyuk SOO SUNG
INCHON

LATVIA
Inga BUROVA, Andris VALDS
RIGA

LEBANON
300472HD
Mariette ABOU JOAUDE, Tarek
DAJANI, Nadia JAROUDI, Omar
KOLEILAT, Zaher SHATILA
BEIRUT

293721NM
Tuful ABU HUNDAYB, Abla
Dany, Achkar Faurat, Hakim
Samir, Maasri Ghassan, Barada
Mohamad, Hassan Mazen,
Tannir Assem
BEIRUT

75B52F16
Ziad HAMZEH, T.ABOU

HUDAYB, M.ABOU JAOUDE, Z.
HAMZEH, C.MADY
BEIRUT

X912047S
Ghada SABEH AAYON
BEIRUT

LITHUANIA
JR779322
Darius BALCIUNAS,
Ramunas MIKALAUSKIS,
Regimantas RUKAS
VILNIUS

630851SV
Aurimas SASNAUSKAS, Tomas
GRUNSKIS, Edgaras NENISKIS
KAUNAS

NR313505
Marius TORRAU
KAUNAS

MALAYSIA
MY011800
Wan BURHANUDDIN, Lee Chee
WEE, Studio 200A
PULAU PINANG

MEXICO
PM256881
Cupertino ANTONIO ORTIZ,
Ivonne Veronica AUGERS
PLATA, Rafael MERINO FER-
NANDEZ, Luz Maria PEREZ
MORENO, Jose Adam TEXTILE
PEREZ PUEBLA

AA416979
Carlos Felipe ARIAS CORDERO,
Roberto PEREZ RODRIGUEZ,
Daniel Octavio MORENO
BARRAGAN, Dámaso Alejandro
OROZCO CAMACHO
GUADALAJARA, JALISCO

727372GA
Carlos Alberto ARRIOLA
VARGAS, Monica del Rocio
GARCIA AMADOR, Luis Oscar
PINZÓN GONZALEZ
GUADALAJARA, JALISCO

NM946770
Blanca Ivette BALVANERA
ORTEGA, Angelica Elizabeth
CARREÑO CABALLERO, Tania
MALDONADO JIMENEZ TANIA,
Regina GARCIA SERRANO,
Victor David DUARTE
SANCHEZ, Maria del Pilar
DIEGO MINUTTI, Erika
SANCHEZ SALVATORY,
Carlos Alberto
PUEBLA

19U17A96
Erika BONILLA NAVARRETE,
Jose Juan FLORES MAYLLEN
NAUCALPAN, EDO. DE
MEXICO

KB200021
Felipe BUENDIA HEGEWICH,
Minerva HERNANDEZ,
Claudia AGUILAR, Aaron
REINA, Rene CEDILLO
COYOACAN, DF

99849DR4
María Eugenia BUSTILLO
GARFIAS, R.J.GALVAN,
J.O.GONZALEZ, M.P.CERDA,
J.M.RAMIREZ, D.M.ROSALES,
C.S.INFANTES
SALTILLO, COAHUILA

C691118E
Everardo CAMACHO, Rogelio
Alberto III Esquivel del Muro,
Fernando Javier CAMACHO
IÑIGUEZ, Elisabeth JAUREGUI
VAZQUEZ
ZAPOPAN, JALISCO

SX000096
Jose Angel CAMPOS SALGADO,
Claudia AGUILAR CRUZ, Julio
SALCEDO CAMPUZANO, David
OCAMPO VILLAMIL, Georgina
URUCHRTU CRUZ
COYOACAN, DF

MP666999
Mario Alberto CRUZ GONZA-
LEZ, Marcela AGUILERA
MUNGUIA, Giovani D'ANGELO
RAMOS, Armando HERNANDEZ
NOLASCO, Arturo HERNANDEZ
MARQUEZ
PUEBLA

GA891923
Fernando DAVILA SANCHEZ,
Jaime CABRERA HERNANDEZ,
Jose Luis CERAVNTES GASCA,
Ricardo GIL MARTINEZ, Pedro
HUERTA ARROYO, Gerardo
GOMEZ RAMOS
PUEBLA

135783DK
Kai DIEDERICHSEN REHMKE,
Delia PELLÓN MARTÍNEZ,

Alejandro DANEL CENDOYA
SAN JERÓNIMO, DF

LS971132
Jorge ESPEJEL CABRERA,
Guillermo CASTELLANOS
CABRERA, Enrique N.
RAMALES MONTES, Jesus
ROMERO SOLIS, Marcela
ESPINOZA LEYVA, Claudio
TREVEÑO HERNANDEZ,
Mª del Carmen MORALES DIAZ
PUEBLA

P197496D
Patricia Ma. Isabel GARCÍA
DREXEL, Antonio ACEVES
ASCENCIO, Luis Gilberto
OROZCO PÉREZ,
Luis REYNOSO LÓPEZ
TLAQUEPAQUE, JALISCO

150496BA
Illiana GOTT BRAVO, Bernardo
AGUILAR, Hector CARRILO,
Miguel LOPEZ GALVEZ
PUEBLA

VAGG1996
Gerardo Antonio HERNANDEZ,
Giacomo GOYZUETA PUCCIO,
Alfonso VILLANUEVA SANCHEZ,
Víctor FLORES CORONA
MEXICO D.F.

L47X1953
Vicente HERNÁNDEZ CHÁVEZ,
Carlos Jorge, GONZÁLEZ
ROMAN, Octavio PEREZ
MEDINA, Sara CELINA GARCIA
VILASEÑOR
ZAPOPAN, JALISCO

MX271002
Efren Estuardo HERNANDEZ
PEREZ, Eduardo FLORES
CEBALLOS, Pedro VERGARA
ESPINOSA, Juan Manuel
HIDALGO MORAN
GUADALAJARA, JALISCO

KQ111199
Kitzia LIMBERÓPULOS PEREZ,
Odin LOPEZ INZUNZA
GUADALAJARA, JALISCO

51NG7895
Odin LOPEZ INZUNZA, Benito
RODRIGUEZ CUESTA, Alejandro
OROZCO DIAZ
GUADALAJARA, JALISCO

M4816X96
Porfirio Eduardo LUGO
LAGUNA, Hacel CASTRO
MASCARUA, Monica MENDOZA
LERIN, Esteban MEDINA
PENICHET, Rodolfo Omar SOSA
CABRERA
PUEBLA

AB722175
Porfirio Eduardo LUGO
LAGUNA, Javier CARBO Y
AMICH, Jose Gerardo PEREZ
TORRES, Miguel IGLESIAS
VALLARTA, Marcel GALEAZZI
BERRA
PUEBLA

Z479T783
Raul MALDONADO ANCHONDO,
Jorge TARANGO QUEZADA,
Edgar ZAPATA VILLA, Ricardo
CHONG MARTINEZ
CHIHUAHUA

197496PQ
Salvador de Alba MARTÍNEZ,
Claudia CAMARENA, Claudia
Patricia CAMACHO, Patricia
Erika TORRES MEYER
TLAQUEPAQUE, JALISCO

A779977G
Jesús MARTÍNEZ CARBAJAL,
Rodrigo GÓMEZ LUNA
GONZÁLEZ, Francisco Ernesto
MÁRQUEZ MUÑOZ
MÉXICO D.F.

011074XR
Juan Pablo MAZA PASTRANA,
Xavier SANCHEZ VALLADARES,
Ruisdael VIVANCO DE GYVES
MÉXICO D.F.

IM212174
Ivette MISCHINE NESTEL,
Maribel CHAVEZ SANZ
CERRADA
BOSQUES DE LA LOMAS, DF

CA111148
Hugo A. NAVA RODRIGUEZ,
Edgar SANTILLAN AGUILAR,
Rocio JIMENEZ DIAZ, Ignacio
CASTILLO MARITANO, Rodolfo
GARCIA VILLANUEVA, Jose
Fernando GUTIERREZ TORRES,
Enrique LÓPEZ CECEÑA
PUEBLA

JR010503
Raymundo OLVERA MUNGUIA,
Juan Manuel GARCIA CASTILLO
MEXICO D.F.

_940TA
_ael ORTIZ CERVANTES,
_r LOBATON CORONA,
_e MONTEJANO ESCAMILLA,
_CORTES KUMAKURA,
_ua LOBATON CORONA,
_ando MONTEJANO
_AMILLA
_ICO D.F.

_962324
_co ORTIZ PEREZ,
_s Alonso RUIZ DE VELASCO
_AM

_417JL
_e Luis ORTIZ VÁZQUEZ,
_gdalena MACIAS
_ANAJATO

_808KR
_erto OTERO, Kenneth
_STOCK

_974AH
_os PEREZ JIMENEZ, Nadia
_SO, Martin TORRES, Jacobo
_CHUKIAN, Juan Carlos
_INTANA, Arturo SIBAJA,
_os PEREZ
_BLA

_0496X
_e Antonio QUINTANA
_MEZ, Juan Carlos VIDAÑA,
_esa OLMOS, Cynthia
_RALES, Daniella ARÁBURO
_EBLA

_3733RU
_tor Ruben QUINTANILLA
_ADIANA
_NTERREY, NUEVO LEÓN

_5A258V
_tor Arturo REVUELTAS BEAS,
_a Mariana MARTÍNEZ
_MUDIO, Anabel HERNANDEZ
_RNANDEZ
_A. MADERO

_222427
_s Francisco RICO GUTIE-
_EZ, Jose L. SALCIDO URROZ
_ERETARO

_0000AA
_s Francisco RICO GUTIE-
_EZ, E. ESCOBAR, A. RUIZ,
_SALINAS, J. SANTILLÁN,
_ROJAS, B. MONDRAGÓN,
_PADILLA, J. PORTILLO,
_SOBERANES, L. MONROY,
_ORTEGA, J. ZANELLA,
_SHULTZ, R. PEREZ,
_MARTINEZ, L. LOPEZ,
_CALDERÓN
_ERETARO

_1124R9
_drea Catarina RIEDL MC
_CHLAN, Gloria Leticia
_SQUEZ DIAZ, Carmen Edith
_PIA CAMPOS, Gabriela GIL
_NTIAGO
_APOPAN, JALISCO

_4287AZ
_rge Arturo SANCHEZ
_MBOA, Mario Humberto
_RTEAGA MELGOZA, Axel
_LDIVAR MULLER
_EXICO D.F.

_37779CE
_arlos Alberto SANCHEZ
_ONTES, Edgar REYES
_ARRASCO
_UEBLA

_5P5R672
_a. del Pilar SOUSA
_ASTAÑEDA, Iliana ARMAS
_ASTRO, Veruska Vasthi
_ENTERIA HERNANDEZ,
_oberto Teodoro AYALA
_JLIDO
_UADALAJARA, JALISCO

_X117359
_ime TEJADA GUERRERO,
_arlos BEDOYA IKEDA,
_anuel LOBATO MORENO,
_aniel PERSSON ERREJON
_ÉXICO

_N123444
_uis Antonio URIBE JIMÉNEZ,
_uan Carlos LEÓN VÁZQUEZ,
_auro PÉREZ MARTÍNEZ,
_ilberto VILLEGAS AUBERT
_DO. DE MÉXICO

_97804AP
_edro Manuel VIGIL BAYLON,
_osé Antonio GARCIA, José
_NRIQUEZ ESTRADA, Adan
_LEJANDRO RAMIREZ SALAZAR
_HIHUAHUA

_12296MM
_lejandro VON WABERER DE
_A MORA,
_abor GODED DEALBERT,
_erardo LÓPEZ RIVERA,

Jaime ORTIZ CERVANTES
QUERETARO

PERU
287821RP
Vladimir FIGARI TESTINO,
Alfredo LOUREIRO FARROME-
QUE, Mirko GARRIDO-LECCA
MESONES, Georgette
MOLDAUER LUQUE, Martha
MORALES SARAVIA
LIMA 18

POLAND
121125DC
Dagmara CYGLER, Elzbieta
DRAZKIEWICZ, Radoseaw
ZIEJKA
GDANSK

P7637L73
Katarzyna DARGACZ, Dariusz
LEMKA, Grzegorz POREBSKI,
Bartosz LOCH
GDANSK

MG517575
Marcin GALKOWSKI, Monika
ANTOSZ, Tomasz CZERWINSKI,
Bartosz GEISLER
KATOWICE

842WL137
Lukasz GALUSEK, Monika
SZARY, Wojciech SZKLARCZYK
CZECHOWICE-DZ

12D89B26
Agnieszka GROCHOWSKA,
Amadeusz BEBENEK, Tomasz
DANIELEC, Jerzy HNAT
KATOWICE

386671ER
Izabela GRUCA, Anna
DRYGALSKA, Piotr LISEWSKI,
Michal KOLODZIEJCZYK
SZCZECIN

AJ117119
Anna JAKUBCZYK
KRAKOW

24B12K71
Agnieszka KIJANIA, Andrezej
KLOSAK, Lukasz JAROSZEWSKI
KRAKOW

935966PN
Agnieszka KOC, Marek
CHKOPECKI, Tomasz WAGNER
GLIWICE

KM273791
Anna KRAWCZYŃSKA,
Maria STARCZEWSKA,
Wioleta SWEDOWSKA
KODZ

A1A77777
Barbara KUCHARCZYK, Monika
MEDREK, Bartkomiej KOSMAN
BIELSKO-BIAKA

RK300472
Robert KUCHARSKI
Katowice, Giszowiec

AS665565
Aneta KUREK, Joanna DUBIEL,
Sylwia GOWIN
KRAKOW

SM700424
Izidor LYKO, Maciej LEGUTKO,
Stanillaw LIGAS
STALOWA WOLA

7K718S15
Szymon MAJCHERCZYK,
Grzegorz JAGIETTO,
Marcin BRATANIEC
BIELSKO-BIALA

M15137G1
Anna MROCZKA,
Mariusz BEKASIAK
WARSZAWA

A162E167
Elzbieta NAKONIECZNA,
Anna WOLOWICZ
GDANSK

M131492
Bartosz NAROZNY,
Magdalena BABORSKA
WROCLAW

051418ME
Eliza PAWLIK, Marcin
SZCZESIUK, Monika WILCZEK
WARSZAWA

3P21M926
Paulina PIELASZKIEWICZ,
Marcin PAWLOWSKI
KRAKOW

MW731312
Marcin PIWONSKI, Wojciech
ZABORNIAK, Joanna BISTRAM
GDANSK

KR333639
Marcin PLETI, Michal MIETKA,
Maciej TUTAJ
KRAKOW

180273RP
Pawel RUBINOWITZ
SZCZECIN

040311AA
Janusz RUDNIK, Piotr WITCZAK,
Jacek PORTALSKI
GDANSK

781K4P54
Karol SLIWINSKI, Piotr
ANISKO, Piotr ZABICKI
KATOWICE

DB834743
Robert SMOLAREK
SZCZECIN

SE108357
Jacek SYROPOLSKI, Ewa
SANISTAWSKA, Marek
LANCUCKI
WARSAW

SS111111
Pawek SZUMIELEWICZ,
Maciej SOBCZYK
SKARZYSKO-KAM

A99V2973
Veronika THEMERSON,
Anna NAKONIECZNA
KRAKOW

KT130172
Kamil TUMELIS,
Piotr ROMANOWSKI
GDANSK-WRCESZCZ

1974IK96
Izabela WIECZOREK,
Krzysztof KOLIELEWICZ
KRAKOW

111666XX
Edyta WIECHA,
Albert OLBRYCHT,
Krzysztof NALEWAJKA
WROCTAW

MW491172
Michal Boleskaw WYSOWSKI
CZELADZ

KM197729
Katarzyna ZARZECKA,
Magdalena BARTOCHA,
Klaudia RUDZKA
KATOWICE

PORTUGAL
139AF039
Sergio Luis BARROSO BESSA
DE MELO
VALADARES

TU758090
Marcos Alexandre DOBBERT
PEREIRA DA CRUZ,
Luis GARCIA GUIMARAES
PORTO

A2624523
Anísia Alexandra LAGE, Maria
Salomé LOPES PIMENTA DE
FREITAS, Alexandra Margarida
MONTEIRO DE SERPA FULÇÃO
PORTO

02MA0596
Pedro Miguel MACHADO DA
COSTA, C.L.LOURENCO GOMES,
H.E.L.CARVALHO DE
HOLLANDA,R.F. DE ASSIS
MACHADO, S. DA COSTA
DOS REIS
CORROIOS

D2A18657
Domingo ALVES
PORTO

219193AB
Andre FONTES, Lino BABO,
Pedro FALCAO
PORTO

181768VC
Victor Manuel PEREIRA
CORREIA, Paulo Jorge
NOGUEIRA MARQUES,
António Nelson MACEDO
FERREIRA MAIA
PORTO

248196NP
Paulo Jorge NOGUEIRA
MARQUES, António Nelson
MACEDO FERREIRA MAIA
PORTO

Ao13Ho66
Alexandre Filipe QUEIMADO,
Humberto REIS
PORTO

2223424LP
Sophie MATIAS, Delfina
MARCOS, Odilia BRANDAO,
Mariana TORRAO
VILA NOVA, GAIA

666996XP
Paulo M. MORAIS PINHEIRO
DA COSTA, Albino Manuel
ALVES PINHO, José Carlos
NUNES DE OLIVEIRA
MAIA

754691HU
Paula Candida PEREIRA

MORAIS, Susana Maria
ARANTES CARVALHO VIEIRA
MACHADO
VILA NOVA, GAIA

4EP24375
Jorge Manuel PINTO VIEIRA,
Artur FERNANDES, Rui
CAETANO, Susana BALDAIA,
Olga BRANDAO
ERMESINDE

ROMANIA
250496CZ
Adrian BORDA, Antal Dudas,
Ovidiu Benta, Adrian Matei,
Dragos Ciorbatca
CLUJ-NAPOCA

1RA35791
Adrian CRISAN, Raoul Cenan,
Adrian ARAMA, Stefan
PASZCUCZ
CLUJ-NAPOCA

832165BC
Oana Maria FLORICIOIU,
Sebastian BOTA, Voicu BOZAC,
Bogdan FODOR
CLUJ-NAPOCA

223347AT
Circa HOREA, Cristian
BOLTERS, Tomoni LUMINITA,
Pascu CALIN, Golumba RADU,
Oprita CLAUDIU
TIMISOARA

EM259031
Adrian ILIE, George MIRON,
Adrian NICOARA, Adria
ROSCA,Irina MATEI
SF. GHEORGHE

K71312AZ
Katalin MURADIN, Klara
Silagyi, Katalin Moscu,
Susanna Fall, Magda Benovski
CLUJ-NAPOCA

108108TS
Marius NICORICI, Carmen
CALANCE, Sorin CIURARIU,
Ciprian BRANDA, Beatrice
LUCACI, Marius MICLAUS
TIMISOARA

RUSSIA
Edgar BADALIJAN
VOLGOGRAD

777C490C
Ludmila F. FEDOROVA,
Sergey A. SMIRNOV,
Oksana KANTER
NOVOSIBIRSK

120601LF
Elena FRANCHAN
MOSCOW

493326VA
Maria GUDOVICH,
Dmitri ALEXEER,
Alexandre A. AKIMOV
VORONEZH

478077NB
Dmitri IVANOV
MOSCOW

265609KD
Dmitri KHROUSTALEV
MOSCOW

A150496N
Peter KLEPICKOV,
Ana A. MERENKOVA,
Nikolay A. BERSENEV,
Andrew I. RUDACKOV
EKATERINBURG

28AM3782
Peter KLEPICKOV, Anton G.
MAZAEV, Polina A. FEDOTOVA
EKATERINBURG

285DH153
V. I. KORENEV,
Maxim KLASSEN, Kiril BALTIN,
Fedor OGORODNIKOV
TOMSK

152917HH
Anna MINIAEVA
MOSCOW

929RE205
Anna ROZENTAL
Sankt Peterburg

197318DP
Andrei SAVTSCHENKO,
Permjakov OLEG,
Deev VJETSCHESLAV
EKATERINBURG

3119BD69
Victoria SHEFER
SANKT PETERBURG

93M8881Y
Nadejda TERTYCHNAIA
SANKT PETERBURG

777827AA
Alexey TRUSOV, Irina PAVLOVA
SANKT PETERBURG

642797WF
Nataliya VDOVINA,

Irina IZOTOVA,
Eugeniya DOBROVOLSKAYA
MOSCOW

750404TT
Vladimir ZHANDARMOV,
Alexei ANOSHYN,
Vladimir SELIVERSTOV
PENZA

SLOVAKIA
P29B0476
Petra BOUDOVÁ
BRATISLAVA

P102T912
Pavol CECHVALA,
Tibor MIKLOS
PIESTANY

343434PP
Mikulás CERVEŇ,
Lucia ZALMANOVÁ
BRATISLAVA

235715KZ
Igor CIERNY
ZIAR NAD HRONOM

294148CA
Martin DULIK, Blazej BABIK,
Lívia GAJDOSIKOVÁ, Iveta
OLSIAKOVÁ, Boris VOLOSIN,
Gabriel ZAJICEK
NITRA

050770LG
Lubica GABRISKOVÁ
BRATISLAVA

270412PH
Pavol HANZALÍK
BRATISLAVA

RK720823
Robert KALOCAY,
Eduard TREMBULAK
KOSICE

050196HK
Helena KOLADOVA
BRATISLAVA

A252A031
Jan KUKULA, Jura MICHAL,
Romana MATULNIKOVA
HELPA

747374FA
Lukas MIHALKO, Marek
VINICENKO, Marcel PIKULA
BRATISLAVA

669966VB
Zuzana MILKOVÁ
BRATISLAVA

LM120795
Martín NEDOBA
TRENCIN

000007JB
Ján PAVÚK
BRATISLAVA

251073IS
Ilja SKOCEK
BRATISLAVA

1306Z74K
Michal SULO
VRBOVÉ

F211928F
Maria TOPOLCANSKA
BRATISLAVA

587634SD
Ladislav VRBICA, Stanislav
KRCMARIK, Ján KOSTRIAN
BRATISLAVA

JM537427
Milan ZELINA, Juraj HANTABAL,
Michaela PODOLSKÁ, Marko
VALACH, Juraj JOST
BRATISLAVA

SLOVENIA
MJ592412
Jerneja FISCHER KNAP
LJUBLJANA

53155MU6
Tina GREGORIC,
Aleksandra DOLENC
LJUBLJANA

B749176D
Barbara KREITMAYER,
Daniel DRUZETA
LJUBLJANA

77SV2222
Blaz KRIZNIK, Gregor GOJEVIC,
Bojan PURG, Vasja ZUPAN
LASKO

4174M16U
Ursula LAVRENCIC
HORJUL

E30712L9
Polona OTRIN, Ksenija STRNAD
LJUBLJANA

JKo25504
Katja SVAB, Jasna KITEK
LJUBLJANA

SOUTH AFRICA
720076FZ
BORSTELMAN
PORT ELIZABETH

999DB999
Liana CONRADIE
BLOEMFONTEIN

AD660808
Aletta DE LANGE
BLOEMFONTEIN

000000EH
Eugene DU PLESSIS,
Henke GREY
BLOEMFONTEIN

999DP666
Michael HUMPHREYS
BLOEMFONTEIN

74JD3006
Johan JANSEN VAN RENSBURG
BLOEMFONTEIN

478235ww
Paul KOTZE, Lourens HENNING,
Philip DE KLERK
BLOEMFONTEIN

921161NJ
Niccie LOTTERING
BLOEMFONTEIN

SPAIN
932027NS
Olatz ALBA, Marta JANER,
Begoña RULL
BARCELONA

314159LI
Miguel ALCOCER, Mª Rocio
FERNÁNDEZ, Raquel CEREZO,
Miguel Angel TUDELA
SEVILLA

210739AA
Anna ALIER MARTINEZ,
Cristina ALSIUS AGUSTÍ,
Anna BORDAS ROCA
BARCELONA

831745VJ
Beatriz SANTORCUATRO
SALTERAIN, Esperanza PIÑEÑO
SOMOZAS, Ana GAMBOA
PARDO, Loreto Irizar
FERNANDEZ GUTIERREZ,
Austin ADDISON-SMITH
PAMPLONA

482753SP
Elena HERRERO,
Patricia ILARRAZ ITOIZ,
Enrique MORENO RIVAS,
Sara VELAZQUEZ ARIZMENDI
PAMPLONA

123654MV
Cesar BARRIO IGLESIAS,
Virginia DAROCA CASTILLO,
Miguel MONREAL VIDAL,
Maria SOTO FERNANDEZ
PAMPLONA

0188XW66
Iñaki BERGERA SERRANO,
Antonio PIEDRAFITA ZABO-
RRAS, Angel ARTIZ ELKARTE,
Itziar ALLEN GIL, Maria DIAZ
BLANCO
PAMPLONA

3567987X
Jesús ALFARO LAFUENTE,
DANIEL GUTIÉRREZ ZARZA,
David VELASCO PRIETO,
Jesús GÓMEZ ORTUÑO,
Estibaliz BUESA DIAZ
PAMPLONA

190496MR
Ana HURTADO, Sara MARTI-
NEZ, Javier NAVAMUEL, Manuel
PLANELLES, Toni RIBERA
PAMPLONA

B365741M
Rafael BRISACH CLARAMONTE,
Juan C. LINARES FERNANDEZ,
Mª José MORA CATALÁ, Luisa
ORBAICETA GUISASOLA, Marta
SORO NAVARRETE
PAMPLONA

8B351P07
Alberto LORIÁN, Juan
NAVARRO, Óscar ÁLVAREZ,
Jaime MAGÉN, Marta DE LA
ROSA
PAMPLONA

716306BE
Karmele DIAZ URIBARRI,
ClaraESLAVA LABANELLAS,
David FRIED, Beatriz GARCIA
BERNARDEZ, Alejandro
SANFELIPE BERNA
PAMPLONA

600023AS
Alicia BANZO CASTRO, Maite
AGUIRRE VALLES, Itziar
ZUBIRIA, Elena PEÑA MARCOS,
Silvia SAALDAÑA VELA
PAMPLONA

857230AR
Ignacio J. OLITE LUMBRERAS,
Sonia OLZA, Idoia ONECA,
Juan José UNCETA,
William ROBINSON
PAMPLONA

029075AZ
Antonio FERRANDIZ RICO,
J. Luis BENITEZ SEGURA,
Aurora DEL PARDO RUIZ-
JIMENEZ, J.Maria VILLANUEVA
PAMPLONA

713524SZ
Javier ALBERRO,
Iñigo BEGIRISTAIN,
Yolanda MONREAL, Ana OTAL,
Sandra SANTANDER
PAMPLONA

489502OG
Ion BALERDI, José Mª MEDINA
BUZÓN, Mª Eugenia GUTIE-
RREZ ORTEGA, Andrés
FERNANDEZ GÉS, Julio OLORIZ
MARÍN
PAMPLONA

022812RQ
Xabier AGUIRRE ALZURU,
David LOPEZ-ESTERAS,
Javier BELDA GRABALOS,
Joaquin ALBERT PERIS,
Sergio ADELANTADO ALVAREZ
PAMPLONA

546273GF
José Ramón FERNANDEZ
BLANCO, Alberto FERNANDEZ
VEIGA, José Antonio FERNAN-
DEZ USÓN, Víctor HERRERO
ALDAMA, Josetxo VÉLAZ
BALLESTEROS
PAMPLONA

M27J9557
Mireia ALBERDI, Alfonso
ARROYO, IgnacioIBARRONDO,
Cristina MATA, F.J. VILLARROEL
PAMPLONA

326273VA
Ana AIZPURU, Maria Eugenia
MODREGO, Miguel TEJADA,
Miguel URQUIA, Jose COSTOYA
PAMPLONA

89TF2112
Rafael RODRIGUEZ DUARTE,
Vicente GONZALEZ COLINO,
Alazne ETXEBARRÍA PLAZA-
OLA, Celso FUCIÑOS TABOADA,
Igone SANTESTEBAN ELORZ,
Alvaro IZQUIERDO GONZALEZ
PAMPLONA

753NJ248
Maria José PRIETO RODRÍGUEZ,
Arantza FERNANDEZ VAZQUEZ,
Carmen MAZAIRA CASTRO,
Juan Luis TORRES BENAYAS
PAMPLONA

815739LP
Luis GARCIA GUILLEM,
Luz GUASP FERRER,
Pepi MAYOR ZUMETA,
Loreto VIDAL GONZALEZ
PAMPLONA

777024AE
Alex ALSINA SERO,
Eduard CHOPO ZARAGOZA
BARCELONA

514117CP
Angel C. CEPEDA MARTÍN,
Eduardo RODRÍGUEZ ARRIBAS,
Roberto RODRÍGUEZ DÍAZ
VALLADOLID

100712FG
César FERNANDEZ PRADOS,
Adolfo GRACIA MOLINA
VALLADOLID

196971BB
Marta MÍNGUEZ RODRÍGUEZ,
Javier RICO JULIÁN,
Oscar TEIJEIRO CASTRO
VALLADOLID

506250ML
Luis CHAMORRO BRAVO,
María IZA ANDRES
VALLADOLID

152406TS
Rosa CAMINO FERNANDEZ,
María A. GARCÍA OJEDA,
Javier SALCEDA ADAN
VALLADOLID

687296AC
Miguel Angel APESTEGUÍA
NADAL, Albert CIBIACH SOLE
BARCELONA

906090VI
Sergio ARAITOARRO RAMOS,
Pablo ORTIZ DE ZARATE
MARTINEZ, Manuel VAZQUEZ
RODRIGUEZ
GASTEIZ - VITORIA

035975LT
David ARAQUE, Luci CALLEJA
BARCELONA

726249HA
María ARBOLEDAS CIQUE,
Raquel HITA ESCUDERO
MADRID

J066370C
Kassa ARMSTRONG,

María ISOTUPA
BARCELONA

1725MA96
Marcello AROSIO
BARCELONA

9568K89H
Juan ARREGUI LOPEZ,
María FERNANDEZ TORRADO
MADRID

203993SC
Sonia AYALA BODEGA,
Cristina FERNANDEZ PEREZ,
Beatriz GIMENO RIERA
BARCELONA

R945168A
Maria José BAEZA ESPINOSA,
S. ESPLA, J.L. GARCIA,
S. GUERRERO, C.G. LUJAN,
M.A. MORALES, M. PALLARES,
J.L. RIVERO, M. RUBIO,
C. SAAVEDRA, M.J. SANTANA
LAS PALMAS DE GRAN CANA-
RIA

136594NJ
Francisco Javier BALBAS
MADRID

M686970F
Rocío BARCIA VEIGA,
Nacho VILA COSTAS,
Rubén SOTO NICOLAS
OLEIROS, A CORUÑA

37A957Z3
Marta BAYONA MAS,
Lluís CANTALLOPS DALMAU,
Albert VALERO CABRÉ, Amalia
GRANOLLERAS CASTELLÓ
BARCELONA

LC675194
Òscar BEADE PEREDA
MADRID

231972
Francisco BELLÓN ARIAS,
Rafael POWLEY DÍAZ, Rafael
REYES CABANAS, Juan Ignacio
BURGOS BLANCO
MADRID

Aoooooo Z
Jose Abel BENGOCHEA
BASTERRA, Enrique ARRUTI
PERNIA, Rafael BRISACH
CLARAMONTE, Felix Enrique
ZARZUELO PELAEZ
PAMPLONA

117474EF
Agustín BENOSA LALAGUNA,
Maria BENOSA LALAGUNA,
Antoni CATALÀ ROIG, David
BOCHACA, Marc FORES, Lluc
SUMOY VAN DICK, Román
DOMÈNECH BARRENETXE,
Monica BOSSIO, Jaime
ESPARZA BARBERÀ
BARCELONA

434288RP
José Manuel BERMUDO PLA,
Cristina PUJOL PRECIADO,
Tania PARES TEMPLER
BARCELONA

388677EE
Elias BERNABE LANZA, Ester
BOU MONTERDE, Mª Angeles
SÁNCHEZ BETRÁN
VALENCIA

29N11P68
Natalia BERNARDEZ GARCIA,
Pablo PÉREZ LÓPEZ
TAFIRA ALTA, LAS PALMAS
DE GRAN CANARIA

141115DA
Ferran BLASCO VIU,
Dani MODOL DELTELL,
Marisol CARRILLO MUÑOZ,
Lluís ORTEGA CERDÀ,
Blanca NOGUERA PUJOL-XICOY,
Blanca NOGUERA PUJOL-XICOY,
Marisol CARRILLO MUÑOZ
BARCELONA

290496HC
Juan BLESA CERVERÓ,
Andrés ROS CAMPOS
VALENCIA

311282PX
David BOADA I UBACH
BARCELONA

100466DU
Jens BÖHM
BARCELONA

6M9B3157
Mónica BORONDO COBO
MADRID

441714LA
Monica BOSIO, Elisa GHEDIN
BARCELONA

189971MT
Tiziana BOSSI
BARCELONA

BRo11272
Ingo BRACKE,
Ulrike SCHWEBIUS
BARCELONA

397583BU
Paolo BRAMBILLA, Letterio
Luca PIRAINO, Valentina
TESCARI
BARCELONA

MV434343
Mara BRAVO ROMERO, Mariam
SHAMBAYATI, Antonio PÉREZ
ROMERO, Mónica GONZALEZ
PECCI, Carlos INFANTES
GARCIA, Juan Nicolás
CASCALES BARRIO
SEVILLA

TF252513
Angeles Mª BRITO
HERNÁNDEZ, Enrique BRITO
HERNANDEZ
MADRID

OB630122
Javier BUSTOS SERRAT,
Nicola REGUSCI, Joan CUEVAS
BARCELONA

116560NF
Javier CALVO VILLARINO,
Pedro CASTAÑEDA TALADRIZ
MADRID

M151094A
Marta CALLEJON CRISTOBAL
MADRID

765017JM
Jorge Javier CAMACHO DIEZ
MADRID

897654CD
Josep CAMPS I POVILL,
Alfredo LERIDA HORTA,
Marc ZABALLA I CAMPRUBI
BARCELONA

03Yo2A46
Isabel CANTOS GARCIA,
Margarita SUÁREZ MENÉNDEZ,
César MIFSUT GARCÍA
VALENCIA

EG279240
Daniel CARBALLO OSTOLAZA,
Iñigo CABAÑAS ETXEBARRÍA,
Iñaki ELGUEA ORTEGA,
Jorge LOPEZ TUBIA
DONOSTIA- SAN SEBASTIÁN

C123L456
Leonor CARRILLERO BOTELLA
MADRID

MC211071
Carles CASABLANCAS
BALAZOTE, Marta PERIS
EUGENIO
L'HOSPITALET DE LLOBREGAT

090923IS
Isabel CASANELLAS JURNET,
Yolanda OLMO ALONSO,
Sònia ESPADALÉ PLANELLA
BARCELONA

CM260260
Joan CASANOVAS MIÑÁN,
Ramon GRAUS ROVIRA,
Enric CASANOVAS RIPOLL
L'HOSPITALET DE LLOBREGAT

X13L7471
Marta CASES PEREZ,
Judit SEGURA DAURA
BARCELONA

246671RF
Raquel CASTELLANOS TOLEDO
MADRID

6712BG
Alessandro CAVIASCA, Chiara
PLAZOTTA, Valentina AUDRITO
BARCELONA

431269PM
Filippo CEFIS, Isabel Maria
CARVALHO ALVES DA SILVA
BARCELONA

HP245921
Francesc COBO DEL ARCO,
Jordi ADELL ROIG,
Manel CASELLAS OTEO
BARCELONA

987654AA
Anna CODINA RAMELLS,
Anna LLIMONA FERNANDEZ DE
CASTRO
BARCELONA

010101CS
Silvia COLMENARES VILATA,
Carmen Luisa IZQUIERDO
LAZARO
MADRID

419720CS
Eulàlia COMAS BORONAT,
Elisabet CASTELLS NEGRE,
Sara BORDÉS GARCIA,
Josep Oriol SOLANES TAULER
BARCELONA

YZ000077
Mónica COMPANY POMAR,
Fernando VIZOSO RODRIGUEZ
BARCELONA

628464GR
Michael CORNELSEN
BARCELONA

91S5940G
Marisa CORRES GINER,
Anna GRIERA ARTIGAS,
Meritxell GIRONES FONT
TERRASSA, BARCELONA

331747CB
Luis Ángel CÓZAR DEL RÍO,
Carlos GARCIA SAORIN,
Barbara T. RODRIGUEZ
AGUILAR
MADRID

256987BR
Sonia CUADRAT ANGLES
MADRID

197520MG
Gemma CUCH ARGUIMBAU,
Maria ESCOBAR BONET, Marta
MOREJON RODRIGUEZ
BARCELONA

2MN15173
Núria CUELLO PRATS,
Mª Teresa USÓN FORTES,
Mª Carme LLOBET VILASECA
RIPOLLET, BARCELONA

3557746CP
Maria José CUESTA
RODRÍGUEZ, Carlos Víctor
DURAN ALBA
VALLADOLID

220673MM
Agustí CUNÍ PALÀ, Montse
MUÑOZ CABALLERO, Juan
Javier CASTILLEJO FERNÁNDEZ
MONTMELÓ, BARCELONA

27Go6B69
David CHAMORRO GARCIA
MADRID

261626MB
Sergio DE LAS CASAS
RODRÍGUEZ, Luisa RAINER
PAN, Pilar ENFEDAQUE DIAZ
MADRID

34743SB5
Mª Victoria DE LEÓN SANJUÁN,
Alejandro B. VILAR VÁZQUEZ,
José Antonio VAZQUEZ
MARTÍN, Adolfo AGRA
GUTIÉRREZ
A CORUÑA

111282PX
Arturo DE VISA JAMBRINA,
Carlos GRAS FERNANDEZ,
Francesc ROLLÓN RICO
BARCELONA

211282PX
Arturo DE VISA JAMBRINA,
Carlos GRAS FERNANDEZ,
Francesc ROLLON RICO
BARCELONA

62573NV
Nuria DEL VAL ALHAMBRA
MADRID

Booooo0M
Esteban DIAZ AMUNARRIZ,
Rafael ROJO SEMPAU
MADRID

748283AM
Ana María DIAZ GONZALEZ,
Beatriz OLALLA SANCHEZ,
Ana GOMEZ ALVAREZ,
Lara Eulalia RODRIGUEZ
SANCHEZ
MADRID

163429AZ
Maria Inés DÍAZ LÓPEZ,
J. DÍAZ-LLANOS, V. MORÓN,
B. ASCANIO, L. BELÓN,
I. MELIÁN, F. AGUARTA,
C.E. DÍAZ, G. MORALES
LAS PALMAS DE GRAN CANARIA

697169DD
Thierry DOILLON, Alain
MAINBOURG, Pascal BREDA
BARCELONA

SYoo1979
José Luis ECHEVARRÍA MANAU
BARCELONA

112353NU
Hakan ERICSSON
BARCELONA

162534PR
Paul ERIKSSON
BARCELONA

RF437962
Rafael ESCOBEDO DE LA RIVA
MADRID

4R5C1000
Toni ESCUDÉ POULENC,
Patricio MARTINEZ GONZALEZ,
Marc OBRADÓ CEBADA,
Cristina ALGÁS OCHOA
BARCELONA

348215CB
Thomas FALTH, Torstein
PILTINGSRUD, Tormod RAEN
MADRID

RA50800
Ramón FAURA COLL,
Xavier OSARTE SALVANY,

Santi IBARRA ORIOL
SANT CUGAT DEL VALLÈS

19VN3367
María FEBLES ACOSTA,
D. MALLO, B. DOMINGUEZ,
S. PEÑA, A. LASSO, J. COSME,
D. GARCÍA, J. DOMINGUEZ,
X. DIAZ, D. RODRIGUEZ,
D. HERNANDEZ
LAS PALMAS DE GRAN CANARIA

J333999M
Manuel FERNÁNDEZ ÁLVAREZ,
Javier PÍRIZ GONZÁLEZ
BARCELONA

135672OP
Mª Antonia FERNANDEZ NIETO,
Javier HERNANDEZ ROMERO
MADRID

240837AN
Ana FERNANDEZ-PALACIOS,
V. SAJNANI, M. SANJUAN,
R. ARQÜESO, A. BURGOS,
R. PEREZ, A. PEREZ,
M.E. RIVERO, H. ALVAREZ,
M. ALVAREZ, S. DOMINGUEZ,
A. HIJAZO, M. LAHORA
LAS PALMAS DE GRAN CANARIA

JP373501
Pilar FERRERES ALTABA,
José Luis GISBERT DE ELÍO,
Javier PEPIOL PICOT
TORRENTE, VALENCIA

3D3F7963
David FERRERO ANTON
MADRID

78M12P39
Martí FLORES PEREZ,
Jordi OLIVE MIGUEL,
Caterina PUIG MELENDRES
BARCELONA

011011XY
Oscar FRANCO SIERRA,
Ignacio TORRÓ MICÓ,
Santiago CASTILLO SABADELL,
Salvador ESTERAS CAYUELA,
Xavier DIJORT RODRÍGUEZ
BARCELONA

JI237569
Cristina FUERTES MIQUEL,
E. FERRER. B. JIMENEZ,
L. MORA, A. LOBO, C.
CABRERA, F. DE FELIPE,
M. DELAY, M.J. PEREZ,
B. LEÓN, A. NIETO, C. RICO,
I. LUIS, A. GOMEZ
LAS PALMAS DE GRAN CANARIA

987654YZ
Javier GALLEGO TORNEIRO,
Juan CORREA, Silvia ESPINO,
Fátima ESPINO, Alexis HANNA,
Angel MARTÍN, Francisco DEL
PINO, Ignacio VILLEGAS,
Simón NUÑEZ DE ARENAS,
J. Antonio RIULOBA,
Eva LLORCA, Francisco
FALCÓN, Ernesto SANZ
LAS PALMAS DE GRAN CANARIA

MGo10101
Marcos GARCES PAC
EL MASNOU, BARCELONA

534621PJ
Marta GARCÍA APARICIO
MADRID

921699VB
J. Gabriel GARCIA CARRILLO,
Paula CARDELLS,
José Mª FLORES MORENO,
Juan MARCO MARCO,
Clara E. MEJÍA VALLEJO,
Chelo PENADÉS SANZ
PAIPORTA, VALENCIA

230024AJ
José María GARCIA DEL
MONTE, Ana María MONTIEL
JIMÉNEZ
MADRID

563061LM
Rebeca María GARCÍA
GONZALEZ
MADRID

7P22C121
Alejandra GARCIA PRIETO Y
RUIZ, Carlos ROQUES MATA,
Teresa ESCRIG MELIÁ, José
RUBIO MORATINOS, Teresa
SOTO VICARIO, Pau TUR
ESCOFET
VALENCIA

21T21533
Antonio GARCIA SALANOVA,
Ferran BONANZA QUEROL,
Oscar JOSE GONZALVO,
Toni GARCIA SALANOVA
BARCELONA

QF272425
Beatriz GIL HORRILLO,
Gonzalo BÁRCENAS MEDINA,
Ana Raquel BENEDITO GARCÍA
MADRID

IA574574
Susana GIL PLASENCIA,
Rita HERNANDEZ ALFAGEME
Ana Carmen BOUZA DOMIN-
GUEZ, Javier CHILLON GOME
Ana FÚSTER GALBANY
GAVÀ, BARCELONA

070574EM
Emilio GOMEZ RAMOS
MADRID

SU147711
Ulrich GÖTZ, Soeren CHUN,
Dieter GÖTZ
BARCELONA

CG225687
Lucia GUIJARRO ANDÚJAR,
Basilia GONZÁLEZ GÓMEZ,
Quim CUSCÓ TORTAJADA
ESPARREGUERA, BARCELO

333104CS
Francesc Xavier HAUF COLOI
Ataülf FERRER MESTRES,
Ferran GRAU VALLDOSERA
BARCELONA

575642HL
María Luisa HERNANDEZ
LOPEZ
MADRID

876RT354
Raquel HERRERO ALCAIDE,
Antonio FUENTES MARTIN,
Jose Manuel GRANADOS
BAÑOS
MADRID

6970SW96
Sven HOLZGREVE,
Werner KANDUTH
BARCELONA

200350MJ
Roger HORTONEDA PUJALS,
José IGNACIO ESTRELLA CRU.
BARCELONA

116871GH
Gema HUGUET GUITIERREZ
MADRID

24525HM5
José Mª HURTADO DE
MENDOZA WAHROLÉN
MADRID

Wo66371J
María ISOTUPA,
Armstrong KASSA
BARCELONA

758375KJ
José Javier IZQUIERDO
RONCERO, Miguel Angel
JIMENEZ PEREZ, Martha
MAGRO ENRÍQUEZ, Domingo
MERINO RUPÉREZ
VALLADOLID

H1007Eo7
Carlos JIMENEZ LOPEZ,
Miguel BAIGET LLOMPART,
David Jorge PEREZ FERNANDE
Javier BARTRET SAN JUAN
MADRID

CKo81071
Christine KALUS
BARCELONA

131071GP
Gabriele KEMME
BARCELONA

3311JT23
Jukka KETTUNEN,
Tomas WESTERHULM
BARCELONA

353644DK
Alejandro LAVÍN DELLA
VENTURA, Franciso Miguel
LAVIN DELLA VENTURA, Felipe
DEL CASTILLO TEJADA
STA. CRUZ DE TENERIFE

3004PA70
Patricia LEAL LAREDO, Jorge
RIBADENEIRA VENEROS,
Cristina HERNANDEZ VICARIO,
Ana ESPINOSA GARCIA
VALDECASAS
MADRID

06A911B1
Beate LENDT
BARCELONA

P1122Vo7
Victoria LENZ,
Pernilla MAGNUSSON
BARCELONA

104464BF
Fabian LIPPERT,
Beatrice BORASI
BARCELONA

625617JL
Javier LIZANO VAQUERO
MADRID

222422AR
Maria LÓPEZ DE ASIAIN
ALBERICH, David CAÑAVATE
CAZORLA, Rubén ALONSO
NALLEN
SEVILLA

14159
e LOPEZ VELOSO,
ABRERA, D.GIL, E. SOSA,
UAREZ, N. AGUADO,
GOMEZ, P. HERNANDEZ,
. LEON, M. SOSA,
. DIAZ, P. LOPEZ,
ARCHENA, K. MARTÍNEZ,
MAR, M.C.ROMERO,
SUAREZ
PALMAS DE GRAN CANARIA

699999
ia LÖVHAGEN
RCELONA

834AZ
ula LLOVERAS CAMINOS,
erto SANCHEZ CABEZUDO
RID

BT1230
rja de MADARIA ESCUDERO
LENCIA

18
900VI
entina MAINI, Irene JAUMÀ
RCELONA

001AZ
di MANCILLA, Jorge PEREA
RCELONA

950VI
ide MARELLI, Carlo Enzo
GIUELE, Margherita DE
O THUMIGER, Beartice
RASI
RCELONA

B07M70
vid MARÈS YLLA,
di BOSCH MEDA
NT JUST DESVERN

3622FR
rena MARISTANY JACKSON,
ep RICARD ULLDEMOLINS,
vi ROS MAJÓ,
ger TUDÓ GALÍ
RCELONA

210MJ
ar MARTÍ PI
TADEPERA, BARCELONA

6666JL
ario MARTÍN DE VIDALES
DRID

3EN111
rge MARTÍN ORTEGA,
aite MOYA PELLITERO,
nalia MANSO MORUNO
RCELONA

6969PN
ancisco Javier MARTINEZ
COSTA, Ignacio Antonio
AEZ, F.J. LURI SAN VICENTE
RCELONA

3456AB
ejandro MARTINEZ
ENENDEZ
ADRID

1111EM
ena MARTÍNEZ OLIVERAS,
arta PASCUAL MARUGAN,
ara RODRIGUEZ PEREZ-PORRO
RCELONA

00256A
smeralda MARTÍNEZ
ALVADOR,
sefa DEL VALLE CABRERA,
ola RODRÍGUEZ SUAREZ
ALENCIA

46112EC
scar MASOT MATA,
iguel ARNAS GARCIA,
aul FERNANDEZ DE LA
EGUERA VILLAR
ARCELONA

351522L
sé Luis MATEOS ROQUE
ARCELONA

28CS922
sé M. MEDINA EUGENIO,
. PEREZ, F. ROCA, M. DUQUE,
. HERNANDEZ, A. LOPEZ,
. PEREZ, R. SANTANA,
. MOLINA, C. PEREZ
.AS PALMAS DE GRAN CANARIA

V487384
ar MELCHOR VENTULÀ,
sabel RABAL LLUCH,
iana VERT PEIRÓ
ARCELONA

921AA29
rancisco MESTRE JORDÁ
ALENCIA

93171PF
arlos MIRANDA BARROSO,
uanjo LAPEÑA RINCON,
mara GONÇALVES DIEZ,
ernando GEIJO BARRIENTOS
ALLADOLID

87247MT
ordi MONGE TOMAS,
Montserrat MONTALBO TODOLI
ARCELONA

841594MI
Pilar MONTAÑA IGLESIAS,
Víctor RODRIGUEZ ROMERO
A CORUÑA

M124727M
Marc MONTAÑEZ MIRALLES
BARCELONA

100B200U
Juan MORALES HERREROS,
Ricardo VARELA FERNANDEZ
A CORUÑA

P120916N
Pilar MOREJÓN PÉREZ,
Diego CARREÑO DE VICENTE,
Patricia DE ISIDORO MARTIN
MADRID

969WM696
Francesc MORROS FIGUEROLA
BARCELONA

000777JR
Xoan M. MOSQUERA MUIÑOS,
Ricardo PARIENTE VILLASUR
A CORUÑA

PM074366
Marlu MULLER-ORTLOFF
BARCELONA

766163SU
Daniel MUZÁS GIMÉNEZ
MADRID

K3D00001
Jesús NAVARRO MORCILLO,
Pablo ESTEBAN VICENTE,
Ramón GIMENO CAMBRES,
Helías GISBERT SARRIÓ,
Alfonso LOPEZ FABIA,
Hector MARTÍN ESCRIVÁ,
Paz NAVARRO MORENO,
Jorge SCALS CENJOR
VALENCIA

656743ÑH
Adrian NAVARRO RIOS,
Ignigo COBETA
MADRID

000002BK
David NEGRIN GENS, Urbano
YANES TUÑA, Tatiana KIEPER
LAS PALMAS DE GRAN CANARIA

290496PM
Manuela NICOLAS AMOROS,
Mª Francisca BERENGUER
SAMPER
VALENCIA

Y176A692
Yves NIEDERREUTHER,
Ariel HUBER
BARCELONA

13EM0815
Monika OBRIST, Els GROBBEN
BARCELONA

550275MM
M. Teresa OCHOA MAZARRO,
Pedro MORA ESTEBAN,
Salvador DEL MORAL ORTEGA
MADRID

AS914523
José OJEDA MARTOS, Cristina
NAVARRO GUTIERREZ, Enrique
RIVADA ANTICH, Luis VALERO
DIEZ, Agustín LARA CARRILLO
DE ALBORNOZ, José Manuel
HOLGADO RAMOS, Francisco
PIMENTEL MARTINEZ, José
Carlos BUENO CHALÉ,
Matthias GNEHM
SEVILLA

008265EJ
Pablo OLALQUIAGA BESCÓS,
María BOTELLA
MADRID

M111111M
María Asun OSES ALONSO,
Maider ALUSTIZA LARRAÑAGA,
Irma OTEGUI GOIBURU, Marta
PALACIOS GARCÍA, Aitziber
RUBIO EREÑO
PAMPLONA

152204GT
Thomas OSWALD,
Gudrun FLEISCHMANN
BARCELONA

661276SA
Sonia OTERO ARRAZOLA
MADRID

RV257912
Jaume PARET GARCIA,
Jaime José FERRER FORÉS
BARCELONA

260672MP
Marta PARRA CASADO, Agustín
MARTIN SALAS, Oscar ATASSI
MORALES, Ernesto SANCHEZ
TRIGO
MADRID

NR222222
Ignacio José PASCUAL
VÁZQUEZ, Ramón MALVAR
VÁZQUEZ
A CORUÑA

161122AR
Antonia PASQUALINO DI
MARINEO
BARCELONA

697096NR
Ignacio PASTOR SEGOVIA,
Rafael OBRERO GUISADO
SEVILLA

210871AA
Amaya PATIÑO FIGUEREDO
MADRID

PN091092
Iván PEREZ BARES,
Álvaro CASANOVAS LEAL
BARCELONA

281974RE
Reyes PEREZ GAMARRA,
Constanza TEMBOURY, Fabián
FERNANDEZ DE ALARCON
MEDINA, Ignacio OLIVARES
YZENGA, Belen VICO LOPEZ
MADRID

Z170310A
Nuria PEREZ ROJO, Jesús
PERUCHA CID, Miguel Angel
del VALLE ALEIXANDRE
GUADALAJARA

432001MA
Mariana PLANA PONTE,
Miquel Angel JULIÀ HIERRO,
Olga SCHMID RASET
BARCELONA

17M73P11
Matteo POLI
BARCELONA

A777D777
David POUS DUNJÓ,
Antonio ORTIZ MARCH
FIGUERES, GIRONA

3X00B612
Lluís PUIG COLL,
David MARTÍNEZ GARCIA,
Bienvenido GARCÍA TORRES
BARCELONA

GQ130272
Graeme QUIGLEY
BARCELONA

41T93B20
Tomeu RAMIS FRONTERA,
Bet ALABERN CORTINA
BARCELONA

B412021E
Xavier RAMONEDA PLANAS,
Pau MILLET LOPEZ, Daniel
ROSSELLO DIEZ
BARCELONA

905455
Felipe RODRIGUEZ BADIA,
Robert YEBRA SOUSA
BARCELONA

58M85885
Susana RODRIGUEZ CARBA-
LLIDO Marta RODRIGUEZ
FERNANDEZ
SANTIAGO DE COMPOSTELA

DX000004
Antonio Francisco RODRIGUEZ
GONZALEZ, J. MOSQUERA,
M. TAFAZOLI, A. GÓMEZ,
J. PLÁCIDO, A. GARCÍA,
J. GARCÍA, O. MARINER,
Y. TRILLO, C. LARA, M. GODOY,
J. JIMENEZ
LAS PALMAS DE GRAN CANARIA

J30A4003
Domingo RODRIGUEZ
MONTESDEOCA, E. AGARÁTE,
M. ACEBO, A. NOÉ, M.A.
GÓMEZ, F. RODRÍGUEZ, J.
BENITO, C. GUTIERREZ, F.J.
ANAYA, J.PASCUAL, J.C.TALLO,
R. MARTÍN
LAS PALMAS DE GRAN CANARIA

242166ER
Carmen ROIG LOPEZ,
Francisco BELLO NARANJO
LAS PALMAS DE GRAN CANARIA

291421JL
Juan Manuel ROJAS FERNAN-
DEZ, José Luis AGREDA
YECORA, Laura DOMINGUEZ
HERNANDEZ
SEVILLA

127963AD
Fco. Javier ROLLAN SANCHEZ,
Alicia LUZ MAHON, Victor
Manuel SANTIAGO PEDRAZA,
Adoración FERNANDEZ ALBA
MADRID

3E111B96
Núria ROMAN MALLADA,
Sònia JARDÍ LLORENTE,
Maite CABRERO MOLINA
BARCELONA

2RG22529
Daniel ROMEO LORENZO, Marc
GOMA MARTINEZ, ESTANISLAO
RODRIGUEZ MONTENEGRO
BARCELONA

189918GR
Pablo ROMERO BELTRAN,
José Luis GIMENO SERRANO
BARCELONA

EL581992
Esperanza ROMEU PARDO,
Luis MARQUEZ BARRERO,
Mª Val VAZQUEZ SEQUEIROS,
Elisa ROMEU PARDO
POZUELO DE ALARCÓN,
MADRID

246575RR
Rebeca RUBIO FORTUN
MADRID

000333DR
Maite RUF ALMIRALL,
Johannes MÜLLER-BAUM,
Daniel HAARMANN
BARCELONA

R857931K
Justo RUIZ GRANADOS, Maria
del Mar SANCHEZ LLORENS,
Virginia GONZALEZ REBOLLO
MADRID

60L3M758
David RUSCALLEDA CHOBI-
LLON, Josep GALLEGO
ALVAREZ, Arnau SOLE SIMON
BARCELONA

196872GS
Immaculada SABATER
ESTAYTEGA, Gumersindo
TRUJILLO DOMÍNGUEZ, Sandro
ESCANELLAS GENOVARD,
Javier TRUJILLO DOMÍNGUEZ
LA SENIA, TARRAGONA

21G08M04
Ignacio SAERA MONSONIS,
Alipio SINTES BATLE,
Bernat ALZINA MORRO
BARCELONA

000010IX
Maria SALAZAR GONZALEZ,
Cristina AMIJADO HUIBAN,
Silvia SANCHEZ GONZALEZ
MADRID

28354LC
José Manuel SANZ,
Luis RENEDO HERNANDEZ
MADRID

AA201220
José Manuel SANZ, Ana Isabel
ALBARRÁN PAZ, Ana MARTÍNEZ
MARTÍNEZ, Ana PUIG QUIXAL,
Ana Belén ROBLES DELGADO
MADRID

EH100174
José Manuel SANZ,
Eva HORNO ROSA
MADRID

SV302168
José Manuel SANZ,
Sonia CEREZO QUESADA,
Mayte JURADO TRIGO,
Victoria URBINA ROSELL
MADRID

706016RR
José Manuel SANZ,
Rocio SANCHEZ MARIN
MADRID

AR558105
José Manuel SANZ,
Alberto PEREZ REBOLLEDA
MADRID

026122CA
José Manuel SANZ,
Carlos ALBARRAN LISO,
Marta GUIRAU GOMEZ
MADRID

GO270496
Gregor SAUER, Oliver SEIDEL
BARCELONA

343KZ192
Olga SBERT, Ruth PUJOL BOIRA
BARCELONA

K132199S
Steffen SEIDEL
BARCELONA

660420LU
Gabriel SEMPERE RIPOLL
ALCOI, ALACANT

34045YN
Ángel SEVILLANO MARTÍN
MADRID

723309JS
Jaime SICILIA FERNANDEZ-
SHAW
MADRID

009615GM
David SOLDEVILA RIERA,
Enric MARTINEZ XUCLA,
Jordi GUARDIOLA ARJONA
BADALONA, BARCELONA

33332JP
Pere SOLER SERRATOSA,
Jordi PERRAMON PELLICER
BARCELONA

721144XX
Roberto SOTO FERNANDEZ,
David JUAREZ, Juan ESCOFET,
Nadia CASABELLA
BARCELONA

242571ES
Allan Aagaard STARK,
Hedvig ERSMAN
BARCELONA

21A16B59
José Mª TABUYO RODRÍGUEZ,
Ibán CARPINTERO LÓPEZ,
Mario SANJUAN CALLE
MADRID

2A68M336
Marcia THAM, Antje BORGS-
TEDE
BARCELONA

610014LC
Gerard TORRENT IZQUIERDO,
David PARERAS ACEVES,
Marta CAMAÑES
BARCELONA

1M11T777
María TORRES ALONSO
MADRID

749203MC
Alex TORRES PUIGHERMANAL,
Mònica LAVALL DOMINGO,
Clàudia CASADEVALL MASSUET
PREMIÀ DE MAR

023023BT
Jose Luis VALLEJO MATEO,
Belinda TATO SERRANO
POZUELO DE ALARCÓN

14LT1516
Meritxell VAQUER,
Liam DEWAR
BARCELONA

94FE2203
Elena VEGA VERDURA
MADRID

1909ES27
Matilde VERGARA, Marta
CHAVES GALAN, Elisa PEREZ,
Sandra BADÍA
POZUELO DE ALARCÓN

37IV0132
Ivo-Eliseo VIDAL CLIMENT
VALENCIA

KA638964
Anna VIDAL LARRIBEAU, Jordi
COMAS MORA, Marc TAKIKAWA
BARCELONA

69X96Y69
Sonia VIDALES AZNAR, Mónica
AVALOS ARIN, Estefanía
SANCHEZ, Begoña BLAZQUEZ
MADRID

001984GO
Sònia VILELLA NEBOT,
Núria SALVADÓ ARAGONÉS
ALMOSTER, TARRAGONA

521476MM
Marta VILLUENDAS CASALS,
Montse CARRERA DAVI
GRANOLLERS, BARCELONA

7B439E17
Santi VINUESA POZA, Núria
SOLÉ TENA, Mª José PACHECO
MANZANO, Ricard TORRES
MONTAGUT
CERDANYOLA DEL VALLÈS

14D920H4
Hannes WERNER, Ricardo
ISSAURALDE
BARCELONA

714868DA
Astrid WUTTKE,
Daniel MACHOLZ
BARCELONA

C221971A
Pedro ZABALETA TORRES,
Cristina MANZANO GAMARRA
MADRID

384A52L7
Ana ZUBELZU VIARJE,
Nazario FABREGAT, Antonio
CASTRO AGUILERA
MONTCADA I REIXAC

SWITZERLAND
37Y57094
Peter ABT
ZÜRICH

101325PA
Marc DITESHEIM,
Sylvain CARRERA
CHESEAUX

S626F109
Ferdinando D'AGOSTINO,
Sandro DE FELICE
VACALLO

2971CL16
Juan Carlos GUERRERO RAMOS
LAUSANNE

D4M00000
Ronny HARDLIZ
BREMGARTEN

A123456Z
Roderick HÖNIG,
Julia NEUBAUER
WINTERTHUR

FJ100472
Frédéric JORDAN, Matei
AGARICI, Simon KEMPF
EVIONNAZ

650218LN
Jörg KAROW
ZÜRICH

290567RR
Ramón RODRÍGUEZ RÍOS
ZÜRICH

G192519R
Sophie ROMANENS,
Svenne GROTEN
ZÜRICH

061295AA
Dagmar STANGL,
Ivo LÜTOLF, Urs GEIGER
ZUG

UIA Barcelona 96

XIX Congrés de la Unió Internacional d'Arquitectes

COMITÈ D'ORGANITZACIÓ ORGANIZING COMMITTEE COMITÉ DE ORGANIZACIÓN

President **President** Presidente
JOSEP MARTORELL

Ponent General **General Reporter** Ponente General
IGNASI DE SOLÀ-MORALES

Administrador **Administrator** Administrador
ANTONI FERRER

Secretària **Secretary** Secretaria
CATERINA RAMIS

Comissari **Commissioner** Comisario
JORDI FARRANDO

CONCURSOS COMPETITIONS CONCURSOS
Assessor professional **Professional advisor** Asesor profesional
ALBERT FERRÉ

Logística **Logistics** Logística
ANNA BEYKIRCH

Secretaria tècnica **Technical secretariat** Secretaría técnica
OPHÉLIE ROVIRA, CRISTINA SOLER

Assessorament **Advisors** Asesoramiento
MARTÍ ABELLA, JOSEP M ALIBÉS, JOSEP M BALLESTEROS, JOSEP CASALS, BERNARDINO PARDO, EILEEN QUINN, MIQUEL ROIG

Recepció i manipulació **Reception and handling of entries** Recepción y manipulación
HÉCTOR ALCAÑIZ, CRISTINA BALLESTER, MONTSERRAT GALINDO, EVA GIRONA, ÀLEX ORTIZ,
CARLES RIBÓ, DAVID RIBÓ, SARAI SOTO, GALDRIC VIÑAS, CARLES, JOSÉ MARÍA

Exposició temporal **Temporary exhibition** Exposición temporal
CALIDOSCOPI

Agraïments **Acknowledgements** Agradecimientos
JAUME BARNADA, JOSEP M BOLEDA, MONTSE CAROZ, JOAN TORREDEFLOT

Z A L
Arquitecte representant **Representing architect** Arquitecto representante
JORDI CARBONELL

Comitè tècnic **Technical committee** Comité técnico
JOSEP Mª FORCADA, AQUILES GONZÁLEZ

Jurat **Jury** Jurado
DIANA AGREST, FARSHID MOUSSAVI, ANTONIO ORTIZ, RICARD PÉRDIGO, ALAIN VIARO

F C B
Arquitecte representant **Representing architect** Arquitecto representante
JOSEP MARTORELL

Comitè tècnic **Technical committee** Comité técnico
JOSEP CASALS, SEBASTIÀ JORNET, CARLES MAGRAZO

Jurat **Jury** Jurado
JOSÉ ANTONIO ACEBILLO, RAFAEL DE CÁCERES, KRISTIAN GULLICHSEN, HELLE JUUL, JOSEP LLUÍS NÚÑEZ, ROBERTO SEGRE

C H B
Arquitecte representant **Representing architect** Arquitecto representante
PERE CABRERA

Comitè tècnic **Technical committee** Comité técnico
FÈLIX ARNAL, JOSEP M BALLESTEROS, CARLES PASQUINA, JAUME VALOR

Jurat **Jury** Jurado
RIFAT CHADIRJI, MANUEL GALLEGO, SABINE KRAFT, VÍCTOR PÉREZ ESCOLANO, ADÈLE NAUDÉ SANTOS, DIETMAR STEINER, WOLF TOCHTERMANN

MONOGRAFIA MONOGRAPH MONOGRAFÍA
Responsable de l'edició **Editor** Responsable de la edición
ALBERT FERRÉ

Col·laboradora **Collaborator** Colaboradora
ANNA PUYUELO

Traduccions **Translations** Traducciones
JOAQUINA BALLARÍN, CLAUDE ENGLE, ELAINE FRADLEY, CHARMAINE LAY, CLAIRE NELSON, JORDI PALOU, ANNA TETAS

Disseny gràfic **Graphic design** Diseño gráfico
RAMON PRAT, DAVID LORENTE

Fotografia **Fotographs** Fotografía
DAVID CARDELÚS (projectes i jurats **entries and juries** proyectos y jurados)
JORDI BERNADÓ (solars **sites** solares)
GERÈNCIA DE L'ÀMBIT D'URBANISME I MEDI AMBIENT DE L'AJUNTAMENT DE BARCELONA (fotoplans **aerial photographs** fotoplanos)
FOTO SÉNDER, ARXIU QUADERNS (p. 56-57)

Edita **Published by** Edita

Col·legi d'Arquitectes
de Catalunya

Producció **Producción** Production
FONT I PRAT ASSOCIATS SL

Distribució **Distribution** Distribución
A C T A R
CRISTINA LLADÓ, ANNA TETAS
Roca i Batlle 2-4 08023 Barcelona
Tel (+34 3) 418 77 59 Fax 418 67 07

Impressió **Printing** Impresión
ÍNGOPRINT SA

ISBN 84-89698-04-X
DL B-25.117-96

Promoció de Ciutat Vella, S.A.

F.C.B.

Port de Barcelona

BANCA CATALANA

TECHNAL

IBERIA